QIYE XINCHOU FENPEI DE
NEIBU PINGHENG JIZHI

重庆工商大学出版基金资助

企业薪酬分配的
内部平衡机制

■ 余 璇 陈维政 / 著

中国财经出版传媒集团

经济科学出版社
Economic Science Press

图书在版编目（CIP）数据

企业薪酬分配的内部平衡机制/余璇，陈维政著．—北京：经济科学出版社，2016.12

ISBN 978 - 7 - 5141 - 6499 - 2

Ⅰ．①企…　Ⅱ．①余…②陈…　Ⅲ．①企业管理－工资管理－研究　Ⅳ．①F272.923

中国版本图书馆 CIP 数据核字（2016）第 324915 号

责任编辑：李　雪　蒯　冰
责任校对：杨　海
责任印制：邱　天

企业薪酬分配的内部平衡机制

余　璇　陈维政　著

经济科学出版社出版、发行　新华书店经销
社址：北京市海淀区阜成路甲 28 号　邮编：100142
总编部电话：010 - 88191217　发行部电话：010 - 88191522
网址：www. esp. com. cn
电子邮件：esp@ esp. com. cn
天猫网店：经济科学出版社旗舰店
网址：http://jjkxcbs. tmall. com
北京汉德鼎印刷有限公司印刷
三河市华玉装订厂装订
710×1000　16 开　17.75 印张　330000 字
2016 年 12 月第 1 版　2016 年 12 月第 1 次印刷
ISBN 978 - 7 - 5141 - 6499 - 2　定价：54.00 元
（图书出现印装问题，本社负责调换。电话：010 - 88191510）
（版权所有　侵权必究　举报电话：010 - 88191586
电子邮箱：dbts@ esp. com. cn）

前　言

　　企业薪酬分配的研究一直引起学界和企业界的关注，实现薪酬分配的内部平衡是理论界和实务界共同关心的热点问题。那么如何确保薪酬分配在企业内部建立平衡机制？企业薪酬分配的内部平衡对员工的薪酬分配公平感及后续的行为反应会产生何种变化？这些都是我们亟须解决的问题。本研究从企业管理学的视角，聚焦于分析企业薪酬分配中"公平标准"和"收入差距"的内部平衡机制。具体而言，主要探讨员工对"公平标准"和"收入差距"的认知差异对薪酬分配公平感、任务绩效和工作偏离行为的影响，以及薪酬分配公平感的中介作用和组织伦理气候的调节作用。

　　主要研究问题包括：（1）企业薪酬分配中公平标准包括哪些类型？（2）公平标准和收入差距对薪酬分配公平感产生何种影响？组织伦理气候是否在其中起到调节作用？（3）公平标准和收入差距对任务绩效产生何种影响？薪酬分配公平感是否在其中起到中介作用？（4）公平标准和收入差距对工作偏离行为产生何种影响？薪酬分配公平感是否在其中起到中介作用？（5）企业薪酬分配中"公平标准"和"收入差距"的内部平衡机制如何设计？围绕着这5个研究问题，分别研究以下5项主要内容。

　　研究1：开发公平标准的问卷

　　通过文献分析、深度访谈和内容编码，本研究开发了公平标准的问卷，并探讨公平标准的六种类型，结果表明：在此开发的公平标准包括六大类型，即"按工作要求付薪"、"按个体贡献付薪"、"按岗位条件付薪"、

"按团体绩效付薪"、"按市场水平付薪"和"按个人特征付薪"。所开发的公平标准问卷有较高的信度和较理想的效度。

研究2：公平标准和收入差距对薪酬分配公平感的影响

运用文献梳理和理论分析，本研究构建了公平标准和收入差距对薪酬分配公平感的影响模型，并对其进行实证研究，结果发现：

（1）员工对"按工作要求付薪"、"按个体贡献付薪"、"按岗位条件付薪"、"按个体特征付薪"、"按团体绩效付薪"和"按市场水平付薪"这六类公平标准的认知差异与薪酬分配公平感显著负相关关系。其中，对薪酬分配公平感影响最大的是员工对"按个体贡献付薪"的认知差异。在员工对这六类公平标准的认知差异分别对薪酬分配公平感产生的影响中，关怀导向伦理气候具有正向调节作用，规则导向伦理气候不具有调节作用，自利导向伦理气候具有负向调节作用。

（2）员工的薪酬分配公平感在"同类岗位普通员工之间"的无差异组（公平差别阈＝客观薪酬差距，下同）和差异组（公平差别阈≠客观薪酬差距，下同）上不存在显著差异；在"普通员工与基层管理者之间"、"普通员工与中层管理者之间"、"普通员工与一般高层管理者之间"以及"普通员工与公司'一把手'之间"这四类比较中的无差异组和差异组上存在显著差异，且无差异组的员工的薪酬分配公平感要显著大于差异组。在"同类岗位普通员工之间"这一类比较中"差异组＆无差异组"对薪酬分配公平感产生的影响中，关怀导向、规则导向和自利导向伦理气候均不起到调节作用。在"普通员工与基层管理者之间"、"普通员工与中层管理者之间"、"普通员工与一般高层管理者之间"、"普通员工与公司'一把手'之间"这四类比较中"差异组＆无差异组"对薪酬分配公平感产生的影响中，规则导向伦理气候起到正向调节作用，关怀导向、自利导向伦理气候均不起到调节作用。

研究3：公平标准和收入差距对任务绩效的影响

运用文献梳理和理论分析，本研究构建了公平标准和收入差距对任务绩效的影响模型，并对其进行实证研究，结果发现：

（1）员工对"按工作要求付薪"、"按个体贡献付薪"、"按岗位条件付薪"和"按个体特征付薪"这四类公平标准的认知差异与任务绩效显著负相关关系,而员工对"按团体绩效付薪"和"按市场水平付薪"这两类公平标准的认知差异与任务绩效的相关关系不显著。其中,对任务绩效影响最大的是员工对"按个体特征付薪"的认知差异。

(2)员工任务绩效在"同类岗位普通员工之间"、"普通员工与公司'一把手'"之间这两类比较中的无差异组和差异组上存在显著差异,且无差异组的员工任务绩效要显著大于差异组;员工任务绩效在"普通员工与基层管理者之间"、"普通员工与中层管理者之间"、"普通员工与一般高层管理者之间"这三类比较中的无差异组和差异组上不存在显著差异。

(3)薪酬分配公平感在员工对"按工作要求付薪"、"按个体贡献付薪"、"按岗位条件付薪"这三类公平标准的认知差异对任务绩效的影响中具有完全中介效应,在员工对"按个体特征付薪"这一类公平标准的认知差异对任务绩效的影响中具有部分中介效应。

研究4:公平标准和收入差距对工作偏离行为的影响

运用文献梳理和理论分析,本研究构建了公平标准和收入差距对工作偏离行为的影响模型,并对其进行实证研究,结果发现:

(1)员工对"按工作要求付薪"、"按个体贡献付薪"、"按岗位条件付薪"和"按个体特征付薪"这四类公平标准的认知差异与工作偏离行为显著正相关关系,而员工对"按团体绩效付薪"和"按市场水平付薪"这两类公平标准的认知差异与工作偏离行为的相关关系不显著。其中,对工作偏离行为影响最大的是员工对"按个体特征付薪"的认知差异。

(2)员工工作偏离行为在"同类岗位普通员工之间"、"普通员工与基层管理者之间"、"普通员工与一般高层管理者之间"、"普通员工与公司'一把手'之间"这四类比较中的无差异组和差异组上存在显著差异,且无差异组的员工偏离行为要显著少于差异组;员工工作偏离行为在普通员工与中层管理者之间这一类比较中的无差异组和差异组上不存在显著差异。

(3)薪酬分配公平感在员工对"按工作要求付薪"的认知差异对工作偏离行为的影响中具有完全中介效应,在员工对"按个体贡献付薪"、"按岗位条件付薪"和"按个体特征付薪"这三类公平标准的认知差异对工作偏离行为的影响中具有部分中介效应。

研究 5：企业薪酬分配的内部平衡机制探讨

本研究认为企业薪酬分配的内部平衡机制设计核心在于心理契约。依据薪酬分配中"公平标准"和"收入差距"的组合，分别把员工的心理契约分成代表不同满足程度的类型一（象限Ⅰ：企业实际高、员工期望高；象限Ⅱ：企业实际高、员工期望低；象限Ⅲ：企业实际低、员工期望低；象限Ⅳ：企业实际低、员工期望高）和类型二（象限Ⅰ、Ⅲ：两者相等；象限Ⅱ：客观薪酬差距大于公平差别阈；象限Ⅳ：客观薪酬差距小于公平差别阈）。讨论发现当处于"公平标准"中的象限Ⅳ（企业实际低、员工期望高）和"收入差距"中的象限Ⅱ（客观薪酬差距大于公平差别阈）时，员工的心理契约满足感最低，薪酬分配处于最不平衡的一种状态。据此，本研究按"不平衡诱因—内部平衡机制—平衡结果"分析了企业薪酬分配过程中的问题，从而得出企业薪酬分配的内部平衡机制设计框架。

在以上 5 项研究内容的基础之上，本书总结并指出了该研究的局限，针对研究结论给出了相应的管理启示。

本课题在研究过程中得到重庆工商大学出版基金、国家自然科学基金项目"企业员工工作疏离感影响因素、形成机制及干预策略实证研究"（71272210）以及重庆市社会科学规划青年项目"重庆市渝东南民族地区精准扶贫的治理机制与模式创新研究"（2016QNGL56）和重庆市高校网络舆情与思想动态研究咨政中心一般项目"重庆市高校大学生疏离感的影响因素，形成机制与作用效果研究"（KFJJ2016010）的资助，在此一并表示感谢。

目　录
CONTENTS

I

第1章 绪 论

本章首先说明本书的研究背景、研究目的与意义、研究内容，其次阐述本书的研究思路与研究方法，提出拟解决的问题和创新点，最后指出本书的结构安排。

1.1　研究背景和研究问题的提出

1.1.1　研究背景

在现代社会中，薪酬与每一个人息息相关。在人力资源越来越凸显重要性的今天，薪酬更是企业吸引、激励、保留员工的重要手段和平衡企业组织内部利益相关者物质利益冲突的主要工具。同时，企业薪酬分配属于初次分配，是维系社会经济稳定的重要环节。因此，企业薪酬分配的研究一直引起学界和企业界的关注。近三十年，中国经济和社会一直都处于转型和变革之中，多种有制共存，各种分配形式、分配制度、人事体系并存，从计划经济体制下全国统一的工资标准体系，到市场经济体制下的自主决定分配，企业组织内的分配在制度层面上存在诸多不公平、不合理以及不完善的现象。由于个体对公平的直接认知主要来自于自己所服务的组织，而薪酬是员工因向所在的组织提供劳务而获得的各种形式的酬劳。因此，在企业薪酬分配关系中如何平衡和兼顾组织和员工各自的诉求、实现薪酬分配公平是理论界和实务界共同关心的热点问题。那么如何确保薪酬分配在企业内部建立平衡机制？企业薪酬分配的内部平衡对员工的薪酬分配公平感及后续的行为反应会产生何种变化？这些都是我们亟须解决的问题。

在以往研究者针对公平问题进行的调研结果显示，针对公平的看法，绝大部分员工也从最初认为"平均就是公平"到目前已然接受"收入应当有差距"。当被问及为何产生不公平感时，企业员工首先抱怨组织的分配制度，而对程序公平、互动公平却不那么重视。比如周浩和龙立荣（2014）指出分配制度公平是影响中国组织薪酬分配公平感的决定性因素，而他们开发的制度公平问卷题项主要涉及两个方面：薪酬的分配标准和收入差距合理与否。另外，在本研究前期针对国有、民营和外资企业这 3 类企业 188 名员工的调研结果显示：薪酬是否分配公平主要涉及到"公平标准"和"收入差距"两方面，且调研发现薪酬分配不公平的主要诱因在于"公平标准"和"收入差距"出现了不平衡状态。可见，探索企业薪酬分配中的公平标准和收入差距的内部平衡机制对确保薪酬分配公平、改善员工心理及行为无疑具有非常重要的理论及现实意义。

然而，目前有关企业薪酬分配中"公平标准"和"收入差距"的内部平衡机制研究匮乏。一方面，管理学领域缺乏专门针对公平标准的实证研究。目前国内外针对分配公平的研究主要集中在分配公平感的范畴，通常直接以分配公平感作为分配公平研究的逻辑起点或是影响其他结果变量的中介机制（Colquitt et al. ，2001；Cohen – Charash & Spector，2001），而针对公平标准（也称公平观）的有关研究则主要分散在哲学、社会学、政治学、法学等领域的著作中，通常是以抽象论述为主，从管理学视角的论述较少。尽管公平标准和分配公平感都属于一种主观公平，但两者有非常明显的差别。分配公平感是指员工对分配结果是否公平的判断和感受，而公平标准是探讨资源怎样分配才是公平，应遵循什么样的分配标准才是公平的。这种理解会影响员工对客观公平现象的知觉、判断和评价。基于这种知觉、判断和评价，员工会产生对客观公平现象的主观感受（Folger，1998；Cropanzano et al. ，2001），龙立荣和刘亚（2004）也指出组织公平观在很大程度上是组织成员产生公平感的前提和依据，是影响员工组织公平感的重要因素。另一方面，人们在进行公平比较时，不能简单地说收入差距导致不公平感，确切地应该是收入差距的不合理才会造成不公平感。这个"不合理"是指收入差距过大或过小，超越了人们心理承受力的范围。尤其是近年来国有企业高管与员工之间由于收入差距过大等薪酬分配问题持续引发社会各界的关注。对此人力资源与社会保障部启动了新一轮的国企薪酬改革。2014年 8 月 29 日，中共中央政治局召开会议审议通过了《中央管理企业负责人薪酬制度改革方案》（下简称《方案》），《方案》指出央企负责人统一薪酬组成包括基本年薪、绩效收入和任期激励三个部分。其中，基本年薪是央企在岗职工平均工资的 2 倍, 绩效收入不超过基本年薪的 2 倍, 任期激励不能超过年薪总水平 (基本年薪 + 绩效工资) 的 30%。据此估算, 央企负责人的货币性薪酬为在岗职工平均薪酬的 7 ~ 8 倍。那这种差距是否合理呢? 因此, 我们有必要研究收入差距保持在什么范围才是合理的, 才能最大限度提升员工的薪酬分配公平感。现有关于收入差距多大才合理的研究大致可以分为两种研究视角: 第一种是经济学的研究视角。该视角强调研究者应该站在客观立场上研究收入差距应该保持在哪种水平, 有何作用效果? 比如拉齐尔和罗森 (Lazear & Rosen, 1981) 提出的锦标赛理论认为在组织内部不同岗位层级之间应该采取差距较大的薪酬结构, 能强调职位晋升在组织中发挥的重要激励作用。第二种是管理学的研究视角。该视角强调研究者应该站在企业或员工立场上研究可接受的收入差距处于哪种范围, 何种范围的收入差距对员工和企业的作用效果最好, 即对员工主观心理进行研究, 并能给企业提供针对性的建议。较具代表性的研究如俞文钊 (1991) 的公平差别阈理论, 该理论指出公平差别阈是使两个条件不等的人刚能产生公平感时的适宜的差别比值, 并通过调查表明员工与承包者收入的公平差别阈是 1 : 1.30, 工人与中层干部收入的公平差别阈是 1 : 1.30 ~ 1 : 1.50, 工人与厂领导收入的公平差别阈是 1 : 1.8 ~ 1 : 2.5。然而, 这项研究工作主要是集中在 20 世纪 80、90 年代完成, 具有非常强烈的时代色彩, 其具体的结论不一定适用于现在。

因此, 有必要从企业管理学的视角深入分析薪酬分配中如何实现 "公平标准" 和 "收入差距" 的内部平衡机制。

1.1.2 研究问题的提出

事实上, 中国人所持有和认同的公平标准是多种多样的, 现实中并不存在什么唯一的、普遍的、绝对的、科学的、客观的公平标准。尽管目前普遍公认的公平标准主要有贡献律、平均律和需要律, 但事实上中国企业采用的公平标准远远不止这 3 种 (余凯成和何威, 1995; 陈维政等, 2004; 陈曦等, 2007)。那么, 中国企业员工持有的公平标准包括哪些类型? 这些公平标准对员工会产生哪些影响？有关这方面的实证研究非常匮乏。另外，俞文钊在 80 年代提出了"公平差别阈"，并调查了工人与不同层级管理者之间的公平差别阈之后，鲜有学者对其进行跟踪研究。已有研究主要停留在对"公平差别阈"进行描述性分析和理论性探讨，有关其测量方式也不具体，可操作性不强，针对当前员工主观的"公平差别阈"及其作用效果的相关实证研究十分有限。如前所述，公平标准和收入差距是员工进行分配公平判断的重要考量因素，因此，本研究选取了薪酬分配公平感及与薪酬分配公平感密切关联的员工任务绩效和工作偏离行为这两个一正一反的变量，把这三者作为"公平标准"和"收入差距"的效果变量，从而进一步开展研究。

另外，社会科学领域的学者们普遍指出个体和组织情境之间的交互作用对工作场所态度及行为的解释能力要明显好于个体和组织情境彼此独立的解释能力（Murphy，1996）。同样，对中国企业员工的薪酬分配公平感研究也是如此，如果只从个体或组织情境来单独分析它们对薪酬分配公平感的影响是缺乏有效性和全面性的，因此非常有必要考虑两者的交互作用对薪酬分配公平感的影响。中国是一个典型的集体主义国家，中国企业的员工在分配价值理念上与美国员工存在一定差异（Chen，1995；He et al.，2004），张志学（2006）指出中国人特有的分配公平观（即公平标准）源于中国社会长期的文化传统，并指出这种观念的独特之处在于中国文化为各种角色预设了相应的角色义务与伦理规范，从而使得中国人在进行公平判断时，除要考虑合作双方的贡献，还不得不考虑各种关系施加给自己的义务和要求。另外，中国员工容易受到"不患寡而患不均"思想的影响，因此较难接受过高的收入差距。而美国员工崇尚个人奋斗与成就，更偏向个人贡献导向的分配价值观。同时，美国人认为只要报酬来源合法，即使再大的收入差距也能够认同。可见，尽管市场经济的建立以及西方价值观的冲击使得中国人的观念发生了变化，但传统的观念和思维习惯仍然影响着中国人的对公平标准以及收入差距的看法。因此，本研究推测企业组织作为中国社会的一个重要组成部分，其内部的组织文化势必会影响员工的观念和思维习惯，进而影响分配公平判断。而作为组织文化重要组成形式的组织伦理气候，比组织文化更加具有操作性，况且分配公平判断本身就是一种非常重要的伦理决策，因此也会受到伦理环境的影响，由此可知，"公平标准"和"收入差距"对薪酬分配公平感的影响这一分配公平判断过程也会受到组织伦理气候的影响，而有关这方面的研究很少。

针对以上研究问题及现状，本书拟从企业管理学的视角入手，一方面，分析公平标准包括哪些类型，并探讨不同类型的公平标准对薪酬分配公平感、任务绩效和工作偏离行为产生何种影响，公平标准对薪酬分配公平感的影响在不同组织伦理气候下是否会表现出差异；另一方面，探讨目前中国企业的客观薪酬差距和员工公平差别阈集中在哪些范围，收入差距是如何对薪酬分配公平感、任务绩效和工作偏离行为产生影响，收入差距对薪酬分配公平感的影响在不同组织伦理气候下是否会表现出差异。上述问题的研究有助于我们厘清公平标准的类型以及客观薪酬差距、公平差别阈的所在区间，也有助于我们分析"公平标准"和"收入差距"对薪酬分配公平感、任务绩效和工作偏离行为的作用效果及其情境影响因素，从而采取相应的管理措施，确保实现薪酬分配的内部平衡，进而提升薪酬分配公平感、增加任务绩效、减少工作偏离行为。

1.2　研究目的与研究意义

1.2.1　研究目的

本课题围绕企业薪酬分配的内部平衡机制进行研究。主要有两大目的：

第一个研究目的即探究中国企业员工持有的公平标准包括哪些类型？公平标准对薪酬分配公平感、任务绩效和工作偏离行为有何影响？公平标准对薪酬分配公平感的影响在不同组织伦理气候下是否会表现出差异？如何建立公平标准的内部平衡机制？

第二个研究目的即探究中国企业目前的客观薪酬差距和员工公平差别

阈处在哪些范围？差异组（"公平差别阈"≠"客观薪酬差距"）与无差异组（"公平差别阈"＝"客观薪酬差距"）之间的差异（简称差异组＆无差异组，下同）对薪酬分配公平感、任务绩效和工作偏离行为有何影响？收入差距中"差异组＆无差异组"对薪酬分配公平感的影响在不同组织伦理气候下是否会表现出差异？如何建立收入差距的内部平衡机制？

1.2.2　研究意义

1.2.2.1　理论意义

（1）本研究开发企业薪酬分配中的公平标准问卷，弥补了以往关于公平标准及其作用效果实证研究的匮乏，可以为未来开展相关理论研究提供方向和借鉴；

（2）本研究把"公平标准"区分为员工期望的"公平标准"和企业实际的"公平标准"，并把"公平差别阈"和"客观薪酬差距"纳入到实证分析框架，分析了它们是如何对薪酬分配公平感产生影响，从而有助于理解企业员工的薪酬分配公平感的具体来源，为制定企业薪酬分配的内部平衡机制提供了较好的指导思路；

（3）本研究分析了组织伦理气候在公平标准和收入差距中"差异组＆无差异组"对薪酬分配公平感影响中的调节作用，从而丰富和拓展影响薪酬分配公平感的组织情境因素。

1.2.2.2　实践意义

（1）本研究有助于管理者利用开发的公平标准问卷，针对本企业的公平标准进行诊断及梳理；

（2）本研究有助于管理者利用员工期望"公平标准"和企业实际的"公平标准"的得分和两者的差值以及"公平差别阈"和"实际入差距"的得分，在企业内部构建合理、适度且有最优激励效果的公平标准和收入差距，建立企业薪酬分配中"公平标准"和"收入差距"的内部平衡机制；

（3）本研究梳理了公平标准和公平差别阈对薪酬分配公平感会受到何种组织伦理气候的影响，从而为企业管理者在薪酬分配过程中如何塑造合适的组织伦理气候，才能最大化地提升薪酬分配公平感提供了建设性的参考思路。

1.3　研究内容与研究思路

1.3.1　研究内容

本研究主要分析企业薪酬分配中"公平标准"和"收入差距"对薪酬分配公平感、任务绩效和工作偏离行为的影响以及两者的内部平衡机制设计的核心、视角和框架。研究内容可以分为以下几个方面：（1）开发公平标准的问卷。（2）公平标准和收入差距对薪酬分配公平感的影响。（3）公平标准和收入差距对任务绩效的影响。（4）公平标准和收入差距对工作偏离行为的影响。（5）企业薪酬分配的内部平衡机制探讨。

1.3.2　研究方法

本书采用规范的实证方法，定性分析与定量分析相结合的方式，针对具体的研究内容展开研究，具体而言，本书主要采用了如下研究方法：

（1）文献研究法。好的研究应该建立在掌握大量文献研究的基础上。本书对公平标准以及收入差距相关的文献资料进行了大量的检索、收集、整理与分析，特别针对研究中所涉及到核心变量的概念内涵、分类、测量工具以及作用效果等主要问题方面进行了系统的分析与整理。通过对大量文献的阅读与梳理，总结有关该课题领域的研究现状，明晰该研究课题的发展脉络，确认已有研究基础和成果，积累相关的研究方法，并在此基础上明确了本研究的研究问题以及相应的解决思路。

（2）访谈研究法。通过拜访有代表性的企业，深入到企业内部对管理人员与普通员工进行访谈，具体采用的访谈方式包括个人访谈和小组访谈。在确定访谈之前，研究者事先设计好结构化的访谈提纲，按照访谈提纲对受访者进行访谈，主要收集问卷开发的具体词条以及测算公平差别阈的取值区间，以此为基础确定公平标准问卷题项的具体条目，并确定公平差别阈问卷的具体题项。

（3）问卷调查法。本研究主要遵循问卷设计的基本原则和程序，依据研究的理论框架，编制公平标准的调查问卷，编制的问卷具有较高的信效度。另外，把公平标准问卷与其他成熟的调查问卷一起形成调查问卷册，通过大规模问卷调查取样获得研究数据，并用研究数据验证理论假设，分析探寻变量之间存在的变化的规律。

（4）数据分析法。本研究运用统计分析手段分析变量之间存在的关系，主要运用 SPSS 软件进行数据的初步分析，包括描述性分析、变量相关分析、独立样本 T 检验、方差分析、探索性因子分析、测量变量的信效度分析等统计分析；同时采用结构方程建模完成公平标准问卷的验证性因子分析以及竞争模型的比较等。

1.3.3 技术路线与内容安排

1.3.3.1 研究技术路线

本书的研究技术路线如图 1-1 所示。

绪论：研究背景和问题提出、研究目的和意义、研究内容和思路、研究创新等

拟定问卷题目		问卷的编制与修订
预测和题目精炼		预测试信效度分析
问卷信效度检验	分类结构探讨	正式问卷制定
公平标准问卷		大规模正式调查

调查研究

| 公平标准 | 收入差距 | 薪酬分配公平感 | 组织伦理气候 | 任务绩效 | 工作偏离行为 |

相关变量的选取　　　**文献研究**

| 研究设计（研究思路、内容和步骤） | 理论依据 |

研究假设提出　　**研究设计**

| 数据整理与分析 | → | 问卷质量检验 | → | 研究假设检验 | **数据分析** |

| 结果分析与讨论 | → | 管理启示 | **研究结果** |

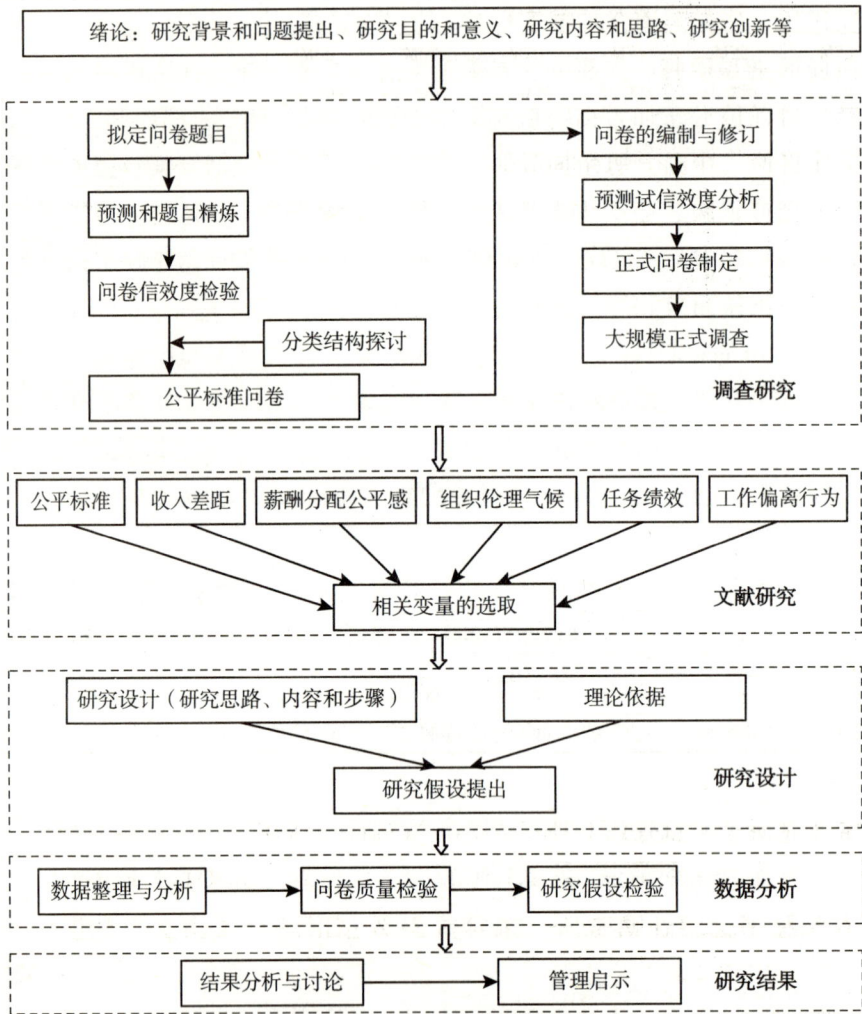

图 1 - 1　研究的技术路线

1.3.3.2　论文内容安排

本书的论文篇章结构安排如图 1 - 2 所示。

第1章 绪论	内容：研究背景、研究目的与意义、研究内容、研究思路与研究方法
第2章 理论基础与文献综述	内容：薪酬、公平正义、公平标准、收入差距、薪酬分配公平感等的相关研究
第3章 公平标准的问卷开发	内容：词条收集与整理、项目分析、探索性因子分析、验证性因子分析
第4章 研究设计与研究假设	内容：变量关系的文献基础与逻辑推理，提出研究假设；相关测量方法与工具；调查过程与样本概况；信效度检验
第5章 样本的描述性分析与信效度检验	内容：描述样本的基本情况及特征，研究所涉及主要变量的信效度检验
第6章 公平标准和收入差距对薪酬分配公平感的影响	内容：公平标准和收入差距对薪酬分配公平感的影响分析，检验对假设的验证情况
第7章 公平标准和收入差距对任务绩效的影响	内容：公平标准和收入差距对任务绩效的影响分析，检验对假设的验证情况
第8章 公平标准和收入差距对工作偏离行为的影响	内容：公平标准和收入差距对工作偏离行为的影响分析，检验对假设的验证情况
第9章 企业薪酬分配的内部平衡机制探讨	内容：探讨公平标准和收入差距的内部平衡机制设计的核心、视角和框架
第10章 研究结论与管理启示	内容：归纳与总结本研究的研究结论、研究局限、管理启示等

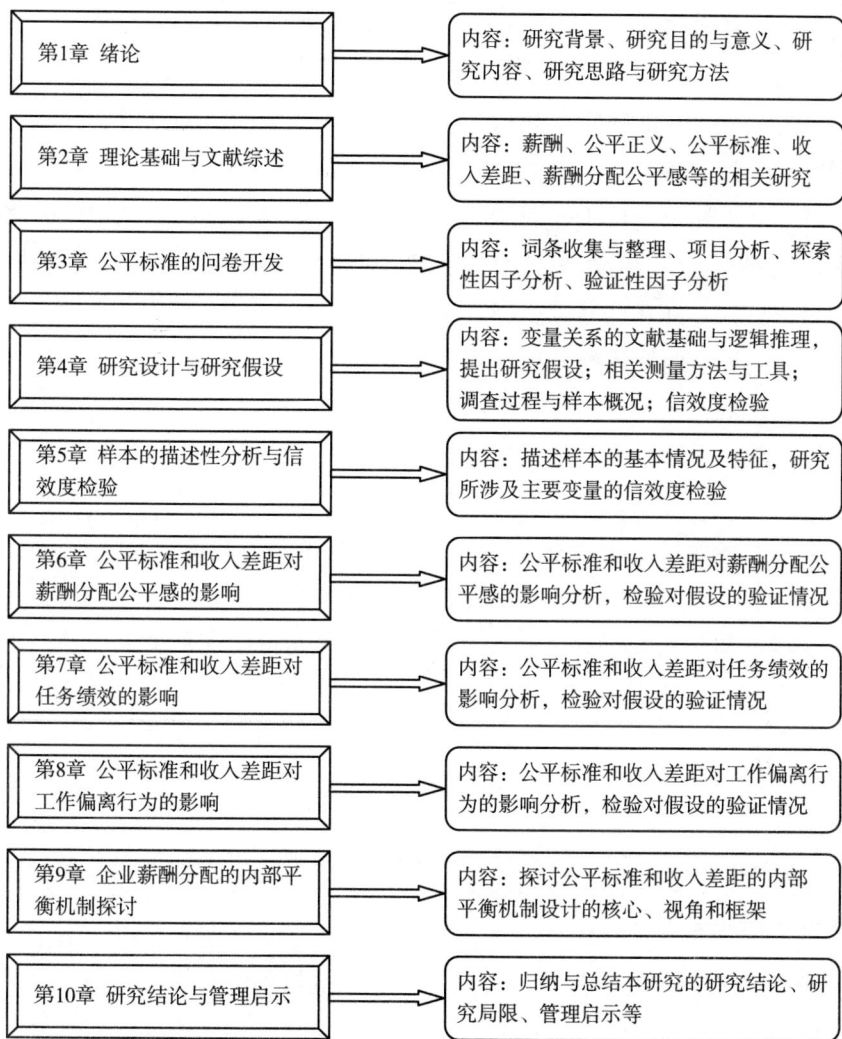

图1-2 本书的篇章结构安排

每章节具体内容如下：

第1章绪论。主要介绍研究背景、研究目的与研究意义、研究内容，阐述本研究的研究方法、技术路线、主要创新点和论文的结构安排等。

第2章理论基础与文献综述。主要围绕薪酬的定义与类型、公平正义的辨析，公平标准和收入差距的定义、类型、测量及其作用效果，薪酬分配公平感、任务绩效、工作偏离行为及组织伦理气候的定义与分类等方面进行总结。

第3章公平标准的问卷开发。主要采用规范化的问卷开发程序构建公平标准的测量问卷和类型划分。

第4章研究设计与研究假设。在文献研究与逻辑推断的基础上，得出公平标准和收入差距对薪酬分配公平感、任务绩效和工作偏离行为的关系，形成研究框架，并在此基础上提出相关的研究假设。

第5章样本的描述性分析与信效度检验。主要描述样本的基本情况及特征，以及对研究所涉主要变量进行信效度检验等。

第6章公平标准和收入差距对薪酬分配公平感的影响。采用统计分析方法分析公平标准和收入差距对薪酬分配公平感、任务绩效和工作偏离行为的影响、各变量之间的关系分析，检验其对假设的验证情况。

第7章公平标准和收入差距对任务绩效的影响。采用统计分析方法分析公平标准和收入差距对任务绩效的影响、各变量之间的关系分析，检验其对假设的验证情况。

第8章公平标准和收入差距对工作偏离行为的影响。采用统计分析方法分析公平标准和收入差距对工作偏离行为的影响、各变量之间的关系分析，检验其对假设的验证情况。

第9章企业薪酬分配的内部平衡机制探讨。探讨公平标准和收入差距的内部平衡机制设计的核心、视角和框架。

第10章研究结论与管理启示。通过对大规模面上数据的分析结果进行进一步的提炼与总结，归纳出企业内部有关提升员工薪酬分配公平感、改进任务绩效、遏制工作偏离行为的管理策略，同时指出了本研究的贡献、局限性和展望。

1.4 研究创新

本研究的特色与创新之处体现在以下三个方面：

（1）本研究开发了公平标准问卷，指出公平标准可以分为六大类：
"按工作要求付薪"、"按个体贡献付薪"、"按岗位条件付薪"、"按个体特
征付薪"、"按团体绩效付薪" 和 "按市场水平付薪"。同时，本研究区分
了员工期望的"公平标准"和企业实际的"公平标准"，并分析了员工对
两者的认知差异对薪酬分配公平感、任务绩效和工作偏离行为的影响，从
而弥补了以往关于公平标准及其作用效果实证研究的匮乏，有助于企业制
定有效的公平标准；

（2）结合俞文钊 20 世纪 80 年代提出的公平差别阈理论，本研究明晰
了公平差别阈的测量方式和操作性条目，并分析了目前中国企业员工的公
平差别阈限，针对客观薪酬差距和员工主观的公平差别阈及其两者差异的
作用效果进行了实证研究，有助于人们理解薪酬分配公平感的来源，并在
企业内部构建合理、适度，且有最优激励效果的收入差距；

（3）由于传统的观念和思维习惯仍然影响着中国人对公平标准及收入差
距的看法。而企业内部的组织文化势必会影响员工的观念和思维习惯，进而
影响分配公平判断，因此本研究选取组织伦理气候这一组织文化情境因素，
分析个体和组织情境之间的交互作用对薪酬分配公平感的交互影响，即组织
伦理气候在员工对"公平标准"的认知差异和收入差距中"差异组 & 无差
异组" 对薪酬分配公平感的影响中如何起到调节作用，从而为中国企业塑
造合适的组织伦理气候，提升员工的薪酬分配公平感提供借鉴思路。

1.5　本 章 小 结

本章主要阐述了本书的研究背景、研究目的及意义、研究内容，并介
绍研究思路与研究方法，提出拟解决的问题和主要创新点以及本研究的结
构安排。通过对上述问题的系统梳理，为后续的理论分析以及实证研究的
开展奠定了坚实的基础，同时也是后续一系列研究展开的逻辑分析起点，
明确了本研究在理论上与实践上具有的意义与启示。

第 2 章　理论基础与文献综述

本章针对国内外相关理论基础及相关研究文献进行回顾，旨在对本研究的理论基础、各个概念的操作性定义与分类等基本问题进行分析和界定。

2.1　理论基础

2.1.1　相对剥夺理论

相对剥夺的概念由来已久，亚里士多德（Aristotle）就曾指出影响社会稳定的人群并不一定出自贫苦阶层，而可能出自那些认为自己并未获得应有所得而产生剥夺感的人群。斯托夫（Stouffer et al.，1974）发现战士的不满情绪更多来自于与同组其他成员的对比，与实际艰苦程度关联不大，奠定了相对剥夺理论的研究基础。朗西曼（Runciman，1966）第一次对相对剥夺进行了严格定义。他认为与更穷的人对比并不激发相对剥夺感受。收入为 X 的人在与较其富有、收入为 Y 的人比较后，会产生相对剥夺感受 Y－X。个人在其没有 X、发现别人有 X、自己在过去或可预见的未来本可有 X、想要 X，或认为获得 X 理所应当时，也会具有相对剥夺感。格尔（Gurr，1970）则分别采用耗损型剥夺（decrement deprivation）、渴望型剥夺（aspiration deprivation）和渐进型剥夺（progressive deprivation）来描述失去所拥有的、未获得所期待的以及两者兼具的相对剥夺感受。此后克罗斯比（Crosby，1976）及泰勒（Taylor et al.，1992）也分别提出了相似定义。通过此一系列对于相对剥夺的定义可知，相对剥夺感受具有多种来源，但都与"对比"有关，而这正是相对剥夺理论的核心内容，即人们会因为与他人或自己预期比较而产生降低自身效用水平的主观感受。正因如此，比较对象（亦被称为参照组）的选择成为相对剥夺理论研究的关键。韦伯（Webber，2007）认为相对剥夺可根据参照群组选择不同而分为两类，其一类是对比自己与同组其他人后产生的自我剥夺感（egoistic deprivation），属个人感觉；另一类是对比自身所在组与其他组后产生的同盟剥夺感（fraternal deprivation），这是可令具有相似不公平感的个人产生共鸣的群体感觉。在此基础上，叶连娜（Elena，2007）构建了基于收入指标的社会个体单维剥夺模型（Social Individual Single-dimensional Deprivation Model），此后贝蒂和韦尔马（Betti & Verma，2008）使用模糊理论将该模型扩展至多维，进一步完善了评价指标体系。由以上相关的相对剥夺理论的研究回顾可知，许多实证研究和案例分析均已证实现实情况中员工会将自己的收入与他人进行比较，并因此影响自己到效用水平，继而产生策略行为选择的调整。

相对剥夺理论最主要的假设：人们在和他人进行比较时，将采用主观的而不是客观的标准（克罗斯比，1979）。相对剥夺感的相对性是指人们在进行比较时会采用具体的参照物或标准（沃克和佩蒂格鲁（Walker & Pettigrew），1984）。在比较中，选定他人或他群作为参照物，个体或群体将自己的利益得失与参照物进行比较，若认为自己比参照物得到的少，就会有不公平感产生，认为自己本应该得到的东西没有得到。相对剥夺感是弱势群体的基本心理特征，是普遍存在的现象，相对剥夺感将导致员工对组织目标的漠视和负面的工作行为，使得企业凝聚力下降。

本研究的重点就是利用相对剥夺理论解释现时期企业员工对薪酬分配中"公平标准"和"收入差距"的影响后果。

2.1.2 公平及公平差别阈理论

2.1.2.1 公平理论

亚当斯的公平理论又称社会比较理论，由美国心理学家约翰·斯塔希·亚当斯（John Stacey Adams）于 1965 年提出：员工的激励程度来源于对自己和参照对象（Referents）的报酬和投入的比例的主观比较感觉。该理论是研究人的动机和知觉关系的一种激励理论，在亚当斯的《工人关于工资不公平的内心冲突同其生产率的关系》、《工资不公平对工作质量的影响》、《社会交换中的不公平》等著作中有所涉及，侧重于研究工资报酬分配的合理性、公平性及其对职工生产积极性的影响。其基本内容包括三个方面：

（1）公平是激励的动力。公平理论认为，人能否受到激励，不但受到他们得到了什么而定，还要受到他们所得与别人所得是否公平而定。这种理论的心理学依据，就是人的知觉对于人的动机的影响关系很大。他们指出，一个人不仅关心自己所得所失本身，而且还关心与别人所得所失的关系。他们是以相对付出和相对报酬全面衡量自己的得失。如果得失比例和他人相比大致相当时，就会心理平静，认为公平合理心情舒畅。比别人高则令其兴奋，是最有效的激励，但有时过高会带来心虚，不安全感激增。低于别人时产生不安全感，心理不平静，甚至满腹怨气，工作不努力、消极怠工。因此分配合理性常是激发人在组织中工作动机的因素和动力。

（2）公平理论的模式：$Q_p/I_p = Q_o/I_o$。式中，Q_p 代表一个人对他所获报酬的感觉。I_p 代表一个人对他所做投入的感觉。Q_o 代表这个人对某比较对象所获报酬的感觉。I_o 代表这个人对比较对象所做投入的感觉。

（3）不公平的心理行为。当人们感到不公平待遇时，在心里会产生苦恼，呈现紧张不安，导致行为动机下降，工作效率下降，甚至出现逆反行为。个体为了消除不安，一般会出现以下一些行为措施：通过自我解释达到自我安慰，逐个上造成一种公平的假象，以消除不安；更换对比对象，以获得主观的公平；采取一定行为，改变自己或他人的得失状况；发泄怨气，制造矛盾；暂时忍耐或逃避。公平与否的判定受个人的知识、修养的影响，即使外界氛围也是要通过个人的世界观、价值观的改变才能够其作用。亚当斯（1965）的观点是，当员工发现组织不公正时，会有以下六种主要的反应：改变自己的投入；改变自己的所得；扭曲对自己的认知；扭曲对他人的认知；改变参考对象；改变目前的工作。

公平理论的基本观点是：当一个人做出了成绩并取得了报酬以后，他不仅关心自己的所得报酬的绝对量，而且关心自己所得报酬的相对量。因此，他要进行种种比较来确定自己所获报酬是否合理，比较的结果将直接影响今后工作的积极性。比较有两种，一种比较称为横向比较，另一种比较称为纵向比较。

（1）横向比较。所谓横向比较，即一个人要将自己获得的"报偿"

（包括金钱、工作安排以及获得的赏识等）与自己的"投入"（包括教育程度、所作努力、用于工作的时间、精力和其他无形损耗等）的比值与组织内其他人作社会比较，只有相等时他才认为公平。如下式所示：$O_P/I_P = O_C/I_C$。其中，O_P 表示自己对所获报酬的感觉；O_C 表示自己对他人所获报酬的感觉；I_P 表示自己对个人所作投入的感觉；I_C 表示自己对他人所作投入的感觉。当上式为不等式时，可能出现以下两种情况：一是前者小于后者。员工可能要求增加自己的收入或减少自己今后的努力程度，以便使公式左方增大，趋于相等；或是可能要求组织减少比较对象的收入或让其今后增大努力程度以便使公式右方减少趋于相等；此外，还可能另外找人作为比较对象以便达到心理上的平衡。二是前者大于后者。员工可能要求减少自己的报酬或在开始时自动多做些工作，久而久之会重新估计自己的技术和工作情况，终于觉得他确实应当得到那么高的待遇，于是产量便又会回到过去的水平了。

（2）纵向比较。所谓纵向比较，即把自己目前投入的努力与目前所获得报偿的比值，同自己过去投入的努力与过去所获报偿的比值进行比较，只有相等时他才认为公平。如下式所示：$O_P/I_P = O_H/I_H$。其中，O_H 表示自己对过去所获报酬的感觉；I_H 表示自己对个人过去投入的感觉。当上式为不等式时，人也会有不公平的感觉，这可能导致工作积极性下降。当出现这种情况时，人不会因此产生不公平的感觉，但也不会感觉自己多拿了报偿从而主动多做些工作。调查和实验的结果表明，不公平感的产生绝大多数是由于经过比较认为自己目前的报酬过低而产生的；但在少数情况下也会由于经过比较认为自己的报酬过高而产生。

亚当斯的公平理论重点研究两个条件相等的人的收入公平感，认为人们总是将自己所作贡献与所获报酬与一个和自己条件相等的人的所作贡献与所获报酬进行比较，如果两者比值相等，双方都会觉得公平，否则均不会觉得公平。该理论注重分析两个条件相等的人所进行的公平比较，而没能解释两个条件不相等的人所进行的公平比较。然而事实上现实企业中很难找到两个条件完全相等的人。

2.1.2.2 公平差别阈理论

公平差别阈理论是指俞文钊（1991）提出的理论，该理论是对亚当斯公平理论的补充和发展，认为亚当斯的公平理论模式强调条件相等时的公平感，而公平差别阈理论强调条件不相等时的公平感，即两个条件不相等的人产生公平感时的适宜差别的比值。他在对上海职工公平差异阈的研究中发现，人们对报酬偏低的敏感性远远高于感受报酬偏高的敏感性。该理论能够较好地平衡人们在社会分配领域中的心态，消除平均主义分配与悬殊差距分配两种极端化分配形式造成的社会弊端和人们的不公平感。

俞文钊（1991）认为亚当斯的公平理论对于薪酬的分配具有重要的指导意义，但是在实际操作中却具有一定的困难。一个突出的表现就是在一个企业中，很难找到在各个方面条件都相等的两位员工，人们不仅仅将自己的收入和贡献与和自己条件相等的人比较，同时还要将自己的收入和贡献与和自己的条件不相等的人进行比较，在后一种情况下，公平理论的解释性就受到质疑。俞文钊教授在长期理论与实践研究的基础上，沿用了亚当斯公平理论的合理部分，但又有所补充、发展、修正，重建了这一理论的某些方面，提出了公平差别阈这一理论模式。公平差别阈理论认为，在现实生活中，既存在两个人的条件相等的情况，也存在着条件不相等的情况，如资历、工龄、职务、劳动投入量等方面的差异。在这种情况下，无差距的分配不仅不能产生公平感，反而会产生不公平感。在这种情况下，公平应当定义为，在两个人之间的条件不相等时，适宜的差距分配才能使人产生公平感。依照对于公平的这种理解，我们可以对于公平理论赋予新的含义，即当人们要将自己所作的贡献与所得的报酬，与一个和自己条件不相等的人的贡献和报酬进行比较时，如果两者之间的比值保持适宜的差别，双方才会有公平感。如果仍用亚当斯公平理论的公式来表示，则情况如下：如果 $I_p \neq I_o$（即贡献不等），而 $O_p = O_o$（奖酬相等）时，人们会产生不公平感；反之，只有在 $O_p \neq O_o$ 时，人们才会产生公平感。由此可见，在这种情况下亚当斯的公平理论的公式应改为：(O_p/I_p) 甲 $<$ (O_o/I_o) 乙公平；(O_p/I_p) 甲 $=$ (O_o/I_o) 乙不公平；(O_p/I_p) 甲 $>$ (O_o/I_o) 乙公平。即 $O_p/$

$I_p \neq O_o/I_o$。这说明在两个条件不相等的人之间进行比较时，其贡献与报酬之间的比值不相等时，人们才会产生公平感。事实上，按劳分配是一种不等量的分配，其实质是强调，在不等量劳动时，人们要有不等量的适宜差距的分配；反之，在不等量劳动时，人们获得了等量分配时，就会产生不公平感。不能一概而论地认为收入差距会导致社会分配的不公平感，确切地说，应该是收入差距的不合理才会造成不公平感。这个不合理是指差距过大或过小，超越了心理承受力的范围。我们提倡，应该有在人们心理承受力范围内能的差别，这种合理差别才能使人们产生公平感。这说明，当两个人条件不相等时，无差别分配与悬殊差别分配都会产生不公平感，只有适宜差别分配才能产生公平感。这个适宜、合理差距的比值，我们采用公平差别阈的概念和值来加以表示。

公平差别阈的定义为，能使两个条件不相等的人刚能产生公平感时的适宜差别的比值。公平差别阈被命名为 EDT（Equity Difference Threshold），这是一个可以测量的值。这个概念和量值适用于分配领域的各个方面，如工资、奖金及各种形式的分配。例如，研究表明，各级管理者与员工之间的报酬差别的比值应当在一定的范围之间，即管理者与员工之间的报酬收入差别最多为多少倍。如果大于这个倍数员工是不能接受的，如果小于这个倍数管理者也是不能接受的。由此可见，当两个人的条件不相等时，收入差距大于或小于公平差别阈时，都会引起不公平感，只有收入差距等于公平差别阈时，双方才会有公平感。

相比公平理论，公平差别阈理论更适合解释现实企业情境中的公平比较问题。公平差别阈的量值受主客观因素的影响。从客观上看，因各个国家的政治、经济、文化传统不同，人们对公平差别的认知有很大的不同，在一个国家或一个民族中能被接受的公平差别阈的量值，在另外一个国家可能很难被接受。因此，公平差别阈是受客观因素制约的动态量值，是随政治、经济、文化条件的变化而变化的，并不固定。从主观上看，个人对公平差别阈的容忍力有很大的个别差异，有人能容忍大的差距分配，有人则不能容忍哪怕是很小的差距分配，这是与人的觉悟水平、社会经验、文化素养等有关的。总之，公平差别阈不是静止不变的，而是动态变化的，但这种动态发展的平均趋势是可以测量的。

本研究的重点就是利用公平及公平差别阈理论分析收入差距的作用效果以及分配公平感的中介机制。

2.1.3　社会比较理论

社会比较理论是美国社会心理学家利昂·费斯廷格（Leon Festinger）在 1954 年提出来的构思，是每个个体在缺乏客观的情况下，利用他人作为比较的尺度，来进行自我评价。在费斯廷格创立的社会比较过程理论之后不断有新理论出现，使社会比较的领域扩大了：

（1）不明确性与社会比较。一般而言，不明确性的存在，往往会导致有关的社会比较。然而这种说法并非在所有情境下都成立。如果事物的不明确性与自己的关系不大甚至没有关系，则不可能引起相应的社会比较。有的事物虽然与自己有关，但一涉及这个事物，就会引起痛苦、恐惧等不良情绪，因而主体宁可回避这个事物，不愿进行有关的社会比较。由此可见，不明确性与社会比较的关系是有条件的。

（2）自我评价与社会比较的功能。人们往往借助于社会比较而进行自我评价，借以确认自己的属性。这叫做自我评价的社会比较。社会比较具有双重性：它不仅在于确认自己的属性，而且还包含着主体的积极愿望，即希望得到肯定性情感的游足。能力比较中的"向上性动机"，就是这种倾向的积极表现。有人提出"自我增进功能"的社会比较，也是强调自我评价社会比较的双重性作用，认为主体即使已确认自己的某种属性，但还要借助于这种社会比较，获得肯定性情感的满足。怕招非议的人喜欢跟比自己较差的人相比较，这种倾向实际上是社会比较的自我增进功能的消极形式的具体化。费斯廷格认为"自我评价的物理手段不能利用时，就出现社会比较"，这一看法未必妥当。有关的社会比较的事实证明，即使人们通过物理手段确认了事物的属性，但他们还要利用社会比较再予以确认，以达到某种积极性期望的满足。可见社会比较的领域扩大了，才使其具有普遍性。

（3）与不同的他人比较。费斯廷格认为"社会比较主要是和自己类似的他人相比较"，这是不全面的。在人际交往中，人们所进行的社会比较，一方面以类似的他人为比较对象，用以确认自己与他人相类似的属性，这是主要的千种社会比较；另一方面还可以不同的他人相比较，从反面确认自己的属性，以提高自我评价的可信度，同时有利于自己社会行为的发展。这是一种辅助性的社会比较，明智的人善于把这两方面的社会比较结合起来，以完善自我评价。

（4）暂时比较和团体间比较。社会比较过程理论研究的是某一时刻自己和他人的比较，亦即个人间横断面的比较。艾伯特（S. Albert）认为个人间横断面的比较可能转变为个人内纵断面的比较，据此他提出暂时比较的概念。我们把自己看作认识对象，这是通过和他人的相互作用而形成的；通过社会比较来评价自我意见、能力等属性，显然是自我概念的一部分。可是除此之外，为了自我概念的明确化，有必要超越时间而形成自我同一性，使现在自我、过去自我。将来自我统一于社会生活之中。艾伯特认为，在自我同一性所形成的基础中，含有现在自我的属性同过去自我、将来自我属性的比较，可见个人间比较能够转变为个人内比较。因此，个人间比较是暂时比较。当自我不能获得实际的客观证明时，就想通过过去自我和现在自我的比较来了解自我同一性，于是和现在自我相类似的过去自我就容易造作为比较对象，进行个人内比较。泰费尔（H. Tajfel）提出了团体间比较。我们在社会生活中至少必须属于一个团体，所以我们的自我概念有一侧面受自己所属团体的属性所规定。泰费尔把自我概念的这种侧面称为社会的同一性，并认为自己理解团体的属性是通过和别的团体相比较才能明了，理解团体间比较对社会同一性的形成是必不可少的。这就把费斯廷格的同一团体内个人间比较扩大到团体间比较，使更有可能把社会出较扩大到整个社会心理学领域来探讨。

本研究中借鉴社会比较理论确立了公平差别阈限中的比较对象，并由此测算出了中国企业员工目前公平差别阈的测量条目。

2.1.4 参照点理论

参照点理论是一种决策理论，人们在对决策方案（如得益或损失、各备择方案的可能结果分布等）进行判断和评价时往往都隐含着一定的评价参照标准，这就是研究者们常说的"参照点"（reference point）。有关参照点的理论可以解释许多非理性决策行为和决策偏差（如禀赋效应、风险回避与风险偏好、框架效应以及敏感性降低等）。

人们在对决策方案（如得益或损失、各备择方案的可能结果分布等）进行判断和评价时往往都隐含着一定的评价参照标准，这就是研究者们常说的"参照点"。有关参照点的理论可以解释许多非理性决策行为和决策偏差（如禀赋效应、风险回避与风险偏好、框架效应以及敏感性降低等）。以卡尼曼和特沃斯基（Kahneman & Tversky, 1984）为代表的学者认为，个体在进行决策时依据的不是决策方案各种可能结果的绝对效用值，而是以某个既存的心理中立基点（即参照点）为基准，把决策结果理解为实际损益量与心理参照点的偏离方向和程度。他们在"前景理论"（Prospect theory）中首次提出了"参照点"的概念，认为参照点潜在决定了被试将某特定结果编码为收益或损失，进而影响其随后的决策过程。参照点通常是个体习惯的一个状态，有时是由社会规范或习俗规定，有时是一种期望水平或抱负水平。它的位置一般与个人的财富水平和社会现状有关。此外，近期财富变化、财富期望及与他人的社会比较等都会影响到参照点位置的确定。耶茨和斯通（Yates & Stone, 1992）定义了两类参照点，一类是现状参照点（status quo references）；另一类是非现状参照点（non-status quo references）。所谓现状参照点是指个体以目前所处的现实情况为参照点，如当前的财富水平、当前的绩效水平等；而非现状参照点则是指无客观现状参照的情况，如以目标绩效、个体的期望或抱负水平等对未来的知觉作为参照点就属于非现状参照点。

本研究中按照耶茨和斯通（1992）对两类参照点的定义，员工期望的"公平标准"、"公平差别阈"可以作为非现状参照点。企业实际的"公平标准"和"客观薪酬差距"可以作为现状参照点。

2.1.5　心理契约理论

心理契约的研究文献可谓是汗牛充栋，大致可分为三类：心理契约的类型、心理契约的内容、心理契约的动态发展过程。

1. 心理契约的类型

（1）绩效要求/时间结构模型

卢梭（Rousseau，1995）根据"绩效要求"和"时间结构"两个维度把心理契约分为四种类型：交易型（transactional）、过渡型（transitional）、平衡型（balanced）、关系型（relational）（见表 2 - 1）。时间结构是描述雇佣关系持久性的维度；绩效要求指的是作为雇佣条件的绩效描述的清楚程度。

表 2 - 1 绩效要求/时间结构模型

时间结构 ＼ 绩效要求	具体、明确	模糊、不确定
短期的	交易型	过渡型
长期的	平衡型	关系型

交易型心理契约是一种短期的、任务明确的、以经济交易为主的员工—组织关系，例如一些企业里的临时合同工；过渡型心理契约是一种短期的、任务不明确的员工—组织关系，一般出现在组织结构变更或过渡时期，是容易形成冲突的雇佣关系；平衡型心理契约是一种稳定平衡的员工—组织关系，以组织的良好经济效益和员工良好的职业发展生涯为条件；关系型心理契约是一种长期的开放式的员工—组织关系，基于双方的信任和忠诚感，员工的奖酬与其绩效之间的关系比较松散，主要是因为员工是组织的一个有机组成部分。

（2）责任认知模型

利恩·肖尔和凯文·巴克斯代尔（Lynn M. Shore & Kevin Barksdale，1998）根据员工对自己与组织的相互责任的认知将员工—组织关系分为四类进行研究，如图 2 - 1 所示。

员工 责任	员工 额外责任	共同 高责任
	共同 低责任	员工 责任不足

组织责任

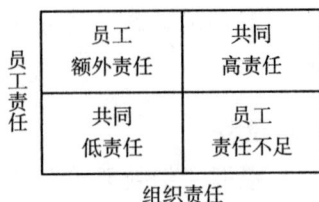

图 2 - 1　责任认知模型

①共同高责任（Mutual high obligation）。员工认知的员工—组织关系包含了高水平的员工和组织责任，员工认为他们在很大程度上拥有组织（如感到履行各种合同条款的责任），组织也对他们很负责。

②共同低责任（Mutual low obligation）。员工和组织的责任都比较低，员工只用有限的努力来维持雇佣关系，他们对组织回报的期望也很有限。

③员工额外责任（Employee Over-obligation）。员工认为自己的责任高于组织，员工对组织过去的好待遇心怀感恩，想履行由于组织的好待遇带来的责任，从而使他们获得交换的平衡。

④员工责任不足（Employee under-obligation）。这些员工很可能认为交换中属于自己的责任过去已经履行了，而组织还没有履行相应的责任来回报，因此员工认为自己的责任低，而组织的责任高。

上述分类是员工对相互责任的认知，可总结为"责任认知模型"。肖尔和凯文通过对 327 名 MBA 学生的调查，用聚类分析证明这四种类型的确存在，且员工对双方责任的认知为"共同高责任"时，员工的组织支持认知、职业生涯发展和情感承诺都比其他类型高，离职意向则比其他类型低。

2. 心理契约的内容

这方面的研究主要考察心理契约包括的具体内容和结构，以及各内容之间的相互关系。心理契约结构主要有二维说和三维说。麦克尼尔（MacNeil，1985）率先指出心理契约包括交易和关系。1994 年，罗宾斯（Robinson）、卢索（Rousseau）等对心理契约的内容进行了研究。他们将访谈基础上概括出的员工认为"组织的责任"的 25 个项目进行聚类分析，得到 7 个项目：丰富化的工作、公平的工资、成长机会、晋升、充分的工具和资源、支持性的工作环境、有吸引力的福利。利用因素分析也证明了 7 个因素的存在。他们将员工认为"员工的责任"进行聚类分析得到 8 个项目：忠诚、加班工作、自愿去做那些非要求的任务、接受工作调动的要求、拒绝为竞争对手提供支持、保护组织的私有信息、离职前提前通报、在组织中至少工作两年时间。陈加洲等（2003）指出员工心理契约的员工责任和组织责任均由现实责任和发展责任组成。卢宗等（Rousseau et al.，1998）指出心理契约包括关系维度、交易维度和团队成员维度。科伊尔 - 夏比洛和凯斯勒（Coyle - Shapiro & Kessler，2000）认为"雇主责任"可以划分为培训责任、交易责任与关系责任。朱晓妹和王重鸣（2005）研究指出"员工责任"包括创业导向、组织认同、规范遵循，"组织责任"包括发展机会、物质激励和环境支持。李原、孙健敏（2006）针对 796 名被试，研究指出员工和组织的心理契约均包括发展型责任、规范型责任和人际型责任 3 个方面。

3. 心理契约的动态发展过程

这方面的研究主要考察心理契约的形成、改变和违背的过程以及影响因素。1996 年弗雷兹（Freese）和肖克（Schalk）在研究基础上提出，正常情境中员工对于组织为他们提供的内容的认知与员工认为自己为组织提供的内容是平衡的，在此范围内可能有一些波动但能被双方接受，不需要修改心理契约中内容（即平衡型）。当员工感觉到组织（或员工）提供的内容超出了被认可的范畴（正向或负向），则会出现两种可能性：或者重新修订心理契约（修改型），形成内容与过去有所不同的新契约；或者终止已有心理契约（遗弃型）。1998 年托马斯（Thomas）和安德森（Anderson）考察了入伍英国部队的新兵在组织社会化过程中，心理契约内容上的变化。发现总体上"新来者"的心理契约越来越接近老兵的社会规范，变化的内容尤其在前八周时间里最为显著。在社会化过程中，"社会信息的获取"是重要的影响因素。因此，组织在这个时候与新成员进行充分沟通和交流，对于理解相互责任和建立相互关系十分关键。

4. 心理契约违背的形成过程

在这个领域中，心理契约的违背（psychological contract violation）尤其

成为研究的热点。其原因在于为了适应当前激烈竞争和不断变化的外界环境，大多数组织不得不改变已有的管理模式、人员结构以及雇用关系，这些变化增加了原有心理契约被违背的可能性。另外，变动的环境也增加了员工对组织产生误解的可能性，即使客观上没有出现心理契约的违背，也可能主观上认为这种情况出现了。罗宾斯和卢索（1994）的纵向研究考察了一些毕业生的第一次工作经历和与之相伴的心理契约的发展情况，发现两年之内，半数以上的员工（55%）报告说他们心理契约中的一项或多项内容被违背。

研究表明，关系型取向的心理契约被违背后，契约中的交易型成分加强，关系型成分减弱。员工对组织的情感投入减少，更多关注于经济利益方面。赫里欧（Herriot，1996）等人的研究也指出，交易型契约的违背导致明确的谈判、对自己投入的调整或终止工作。当关系型契约被违背时，情绪扮演着重要的角色（失望和不信任感），同时契约中的交易型成分增加。另外，由于心理契约被违背，员工对二者的相互关系重新评估后，倾向于认为组织应给他们的回报更多，而他们应给组织的贡献更少。不过，也有研究结果表明，心理契约的违背通常是不可避免的，而且未必产生消极的不良反应。

莫里森和罗宾斯（Morrison，E. W. & Robinson，S. L.，1997）指出，由于契约违背的界定上存在一定的分歧，因此造成一些研究结果的不一致。他们强调应将心理契约的违背与契约未履行（psychological contract breach）的认知两个概念区分开来。契约未履行的认知指的是，个体对于组织未能完成其在心理契约中应承担的责任的认知评价。心理契约的违背指的是，个体在组织未能充分履行心理契约的认知基础上产生一种情绪体验，其核心是愤怒情绪，个体感觉组织背信弃义或自己受到不公正对待。图2-2提供的模型表明心理契约的违背的形成过程。

5. 心理契约失信的行为反应

因为心理契约是建立在雇用双方信任的基础上的，心理契约违背会导致较低的组织承诺和较少的组织公民行为。当员工察觉到心理契约失信时，有四种可能的行为反应模式，它们分别体现在两个维度上：积极的-消极的、建设性 - 破坏性，如图 2 - 3 所示。

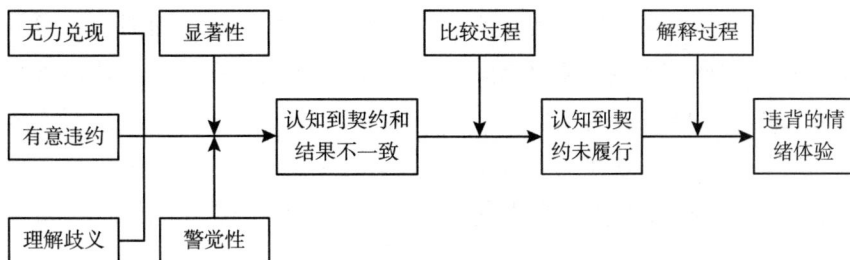

图 2 - 2　心理契约的违背的形成过程

资料来源：李原，郭德俊.（2002）.组织中的心理契约.心理科学进展［J］.10（1），108 - 113.

图 2 - 3　心理契约失信的行为反应模型

它们分别是：

①表达的反应模式。这种反应模式主要通过表达和沟通可以降低双方的失落感，消除双方理解上的误差，重新建立彼此的信任关系。

②忽视的反应模式。这是一种积极的、破坏性的反应结果，往往出现在沟通渠道不畅通或者长期存在突出矛盾的组织中。

③沉默的反应模式。员工有时只能忍受不公正的组织环境，并且寄希望于组织自身的改善。

④退出的反应模式。这常常是处于心理契约失信的最后手段，即雇用关系的终止。其中既包括员工主动终止与不值得信任和不可靠的组织的关系，又指组织因员工工作绩效不能满足要求而解雇员工的行为。

当员工认知到他们与组织的心理契约被违反时，常常产生不公平感。结果他们往往按照他们自认为公平的方式来降低对组织的付出。从这个意义上讲，员工对心理契约失信的知觉感受很大程度上影响其行为的反应方式。

本研究认为企业薪酬分配属于心理契约中的交易型心理契约，当员工认知到"公平标准"和"收入差距"后，其心理契约会发生变化，进而会影响到后续的心理及行为反应。

2.1.6　管理理论中的平衡思想

管理学是建立在资源稀缺性原理和投资收益规律基础之上研究"企业黑箱"运作的科学。我们将知识的无限性、投资收益规律以及人本原理作为企业管理的指导思想。这些指导思想的核心是平衡，诸如外部的资源与环境的平衡、内部的目标与发展的平衡，企业产供销、人财物的平衡等。平衡是指实现组织与环境之间、组织系统各要素之间以及组织行为决策的相互约束和相互协调。应当说，管理理论和管理实践中时时处处体现着管理的平衡思想。

科斯 1937 年在《企业的性质》一书中，采用交易成本向我们解释了企业的定义和企业的边界，提出了"平衡管理"。科斯认为，企业内部的组织成本要低于外部市场的交易成本。因此，"企业组织"节约了一部分市场运行成本，从而产生了企业的组织形式。企业在追求利润最大化动机的刺激下，必然期望于更多扩大外部交易成本与内部交易成本之差，这意味着企业规模的不断扩大。而规模的不断扩大同时会带来效率下降、边际成本上升、边际收益下降、管理收益递减等问题，从而抵消因规模带来的收益，这就产生了企业边界。从中我们可以体会到，企业的产生和企业边界的确定就是一种"平衡"的产物，是两种力量此消彼长的结果。如上所述，规模扩大，增加了节约的交易成本，但是作为矛盾的另一方，内部的管理效率、组织成本等却在削弱由交易成本带来的优势，最终的结果就是两者在某一点上达到平衡，形成了企业和企业的边界。

阿尔曼·艾尔钦和哈罗德·德姆塞茨在 1972 年发表的《生产、信息成本和经济组织》一文中，从团队生产的视角解释了企业这种经济组织的平衡问题。首先，从团队生产的效率视角看，为了有效地激励团队成员，需要尽可能地使劳动者的报酬与其劳动生产率相平衡、相对称。其次，从团队生产中的偷懒现象看，需要对团队成员进行生产监督，这也是矛盾平衡的结果。再次，从古典企业本质定义的合同结构看，每个团队成员跟企业所有者签订双边合同，形成了雇主——雇员关系，这就构建了企业所有者和雇佣者之间、资本和劳动力之间的平衡体系。

张五常在 1983 年发表的《企业的合约性质》一文中指出，企业是合约安排的一种形式。最简单的理解，在私人拥有生产性投入（产权私有）的情况下，所有者通过某种合约安排，把投入的使用权委托给代理人，换取一定的收入，这就出现了企业。说"企业"代替了"市场"，也就是一种生产要素的件工合约替代了产品交易的市场合约。另外，权利的让渡必须要以一定的回报为代价。这种企业的合约性质本质上就是所有权各方的责、权、利的安排和平衡，比如代理权与控制权、所有权与经营权、投入与产出等各相关利益之间的协调。

奥立佛·威廉姆森 1985 年发表的《企业的约束：激励和行政特征》给我们描述了另一幅企业的"平衡"景象。正如科斯所讲的，在利润最大化的刺激下，企业有无限扩张的强大动机。那么，每个企业的"平衡态"最终是由什么原因确定的呢？威廉姆森认为，企业规模上的根本限制，决定于在资产专用性不显著的情况下内部组织的治理成本劣势。威廉姆森从激励和行政特征（行政成本）两个角度分析了对企业无限扩张动机的平衡问题。首先，企业无论是在高能激励下，还是在低能激励下，都需要对部门、员工进行监督，以约束其行为，这就是企业内部管理中激励和控制的平衡。如果单有激励，部门和员工就会拼命耗用设备，增加眼前的收入，因而必须加上控制和约束，形成一种互动配套关系，以保证实现组织目标。其次，企业内部行为的行政特征，都将产生一定的行政成本，进而削弱企业的竞争力。企业规模越大，一体化程度越高，这些行政特征就暴露得越明显，行政成本也就越高，这就构成了对企业扩张的约束。总之，威廉姆森从激励和行政特征角度描述了企业的另一本质特征——企业是一个平衡体。

在企业管理的诸多经典理论宝库中，我们可以发现，企业处于一种扩张与约束、收益与损失、激励与控制、权利与义务、投入与产出、授权与监督等的平衡状态之中。要保持这种平衡状态，企业及其管理者的平衡思想、平衡艺术和平衡操作是至关重要的。平衡管理是企业在生产过程中对一系列活动及行为的平衡和协调，它对于企业的稳定运营和健康发展有着极为重要的意义。

本研究利用平衡思想研究企业薪酬分配中"公平标准"和"收入差距"的内在平衡机制，当这两者都实现了内在平衡时，员工会产生积极的心理和行为。

2.2　相关文献综述

2.2.1　薪酬的定义及类型

2.2.1.1　薪酬的定义

薪酬的定义起源于"工资"（wage）。1920 年以前，薪酬主要指"工资"。1920 年以后，薪酬被定义为"薪水"（salary）。薪酬（compensation）的概念直至 1980 年才开始被人们接受（刘爱军，2007）。米尔科维奇和纽曼（2002）认为薪酬是指雇员作为雇佣关系中的一方所得到的各种货币收入，以及各种具体的服务、福利的总和。后来，随着组织支付给员工的报酬形式越来越多样化，人们也开始引入"总体薪酬"（Total compensation）的概念。彭剑峰（2003）就认为总体薪酬既包括组织提供给员工的经济性报酬与福利，又包括员工在工作过程中感受到的工作环境、工作特征和组织特征等带来的各种非经济性效用。

薪，指薪水，又称薪金、薪资，所有可以用现金、物质来衡量的个人回报都可以称之为薪，也就是说薪是可以数据化的，我们发给员工的工资、保险、实物福利、奖金、提成等都是薪。做工资、人工成本预算时我们预计的数额都是"薪"。酬，报酬、报答、酬谢，是一种着眼于精神层面的酬劳。可见，薪酬是指由于员工给他（或她）所在的企业提供劳务而收获的各类酬劳。狭义的薪酬指的是货币及各种可转化为货币的报酬。广义的薪酬既包括狭义的薪酬，又包括收获的各种非货币形式的满足等。

2.2.1.2　薪酬的类型

格哈特和米尔科维奇（Gerhart & Milkovich，1992）指出了薪酬的各种二分维度，比如非货币类与货币类薪酬、变动与固定薪酬以及系统化与个性化薪酬。米尔科维奇和纽曼（2002）认为薪酬的形式主要有基本工资、绩效工资、短期和长期的激励工资、福利以及服务。马尔托奇奥（2002）把薪酬区分为两个部分：外在薪酬和内在薪酬。前者包括各种货币以及非货币的报酬，后者指员工获得的各种心理方面的报酬。贺伟和龙立荣（2010）以马斯洛需求层次理论为基础，依据员工对经济性薪酬偏好水平进行分类，将经济性薪酬按偏好水平的高低排序分别为生存类薪酬、保健类薪酬、合作类薪酬和自我实现类薪酬。龙立荣等（2010）提出了我国员工对企业经济性薪酬内隐分类的 SPISA 结构模型，具体包括工资类收入（salary）、绩效奖励（performance）、社保类福利（insurance）、企业自主福利（sponsored）、津贴与补助（allowance）五类。

可见，薪酬有多种形式的分类。最常见的是依据薪酬的支付形式区分为工资、福利以及一次性奖金。其中，奖金主要作用是对与生产或工作直接相关的超额劳动给予报酬，也是一种工资形式。可见，工资和福利是企业薪酬体系的两大主要组成部分。从支付形式上工资属于直接的货币性薪酬，个人工资收入水平以及与同事间的差异都直接体现为货币，因此员工对工资收入的认知更加敏感和精确（贺伟等，2011）。从支付形式上福利属于间接的货币性薪酬，是企业提供给员工的各种物质补偿或服务（米尔科维奇和纽曼，2002），因此员工对福利收入的认知敏感性与精确性都相对更低（贺伟等，2011）。俞文钊（1991）在测量工人与其他人之间的收入差距也只采用了工资和奖金。另外，本研究在调研访谈中发现，在我国企业货币性薪酬构成中，绩效占了很大比重，而且常常和工资分开进行计算。

因此有必要将绩效和工资奖金共同纳入进货币性薪酬的整体框架。基于以上分析，本研究中涉及的"薪酬"概念是狭义上的薪酬，主要是指货币类薪酬，包括工资、奖金和绩效三类。

2.2.2 公平正义的辨析

本研究中的核心概念"公平"在当前理论和实务界都在一定程度上存在认识和界定上的相互矛盾与不一致。为了明晰公平的内涵，因此需要对与"公平"密切联系的"正义"进行内涵界定，并深入辨析公平正义这两者的差异。

何谓公平正义？很多人张口就能回答"公正即公平正义"，即公正包含两个方面：公平和正义。因此，公平和正义是构成公正的两个并列平行的要素或构面，公平不能简单等同正义，正义也不等于是公平，尽管两者密不可分。一个和谐公正的社会，既要有公平，也要有正义。正如习近平主席在 2014 年新年贺词中提出"让社会变得更加公平正义"，前总理温家宝也曾说"公平正义比太阳还光辉"。但遗憾的是，现实中人们常常将公平与正义混淆，甚至简单等同。理论界对公平与正义的认识和界定也存在相互矛盾和不一致。由于存在这一理论研究的不足，本研究从理论上追根溯源，厘清中、西方情境下公平、正义等概念的内涵。

2.2.2.1 中国情境下公平正义的内涵

1. 公平正义的内涵

《说文解字》中"公"解释为"平分也。从八从厶"，表示"与私相背"。"平"字解释为"語平舒也，从亏从八"。"平"的本义是语气平和舒顺，后引申为均等、平坦之意。"公"和"平"连在一起则表示对公共之物平和而又不偏私的分配。《现代汉语词典》认为公平是"处事合情合理，不偏袒哪一方面"。学者们推测公平就是一种合情合理的处事方式（余凯成、何威，1995；赵志裕，1991）。由于中国文化为各种角色预设了相应的角色义务与伦理规范，中国人在进行公平判断时，个人除考虑合作双方的贡献，还不得不考虑各种关系施加给自己的义务和要求，这或许是中国人公平观的独特之处（张志学，2006）。在不同的情景脉络中公平会有不同的含义，所以它是特殊、相对及具体的。

"正"的甲骨文写法为上口下止。口，象人所居之邑；止，表示脚走向城邑，走（奔）向某一目标（城邑）必须方向正确，引申为"不偏、不斜"之义。"义"解释为"己之威仪也，从羊从我"。徐铉在校《说文解字》时指出"此与善同意，故从羊"。《现代汉语词典》中"正义"解释为"公正的、有利于人民的道理"。不少本土研究学者把儒家伦理和正义观念联系起来，认为儒家哲学中的"义"就代表了中国社会的正义观（黄光国，1991；赵志裕，1991；严奇峰，1993）。"义"的本质实际上是一套以身份关系为依托的伦理规范。黄光国（1991）把这套正义观念称为"地位伦理"，并指出这套正义观念与人们对他人的关爱有一定的联系。赵志裕（1991）认为正义的核心在于个人满足他人对自己的期望，正义要求每一个中国人在与他人交往时要履行自己的角色义务。赵志裕（1991）认为中国社会中的四种社会调节原则有助于理解中国人的正义判断。这四种法则包括：履行角色行为、分担群体责任和后果、调节个人动机与道德及抑制冲突法则。黄玉顺（2009）指出"义"的语义应包括"应当"、"道义"和"礼义"三方面的内容。

2. 组织公平正义的内涵

卢嘉等（2001）将组织公平划分为分配公平和程序公平两个方面。程序公平又包括参与管理、参与工作和投诉机制。刘亚等（2003）认为由于文化、制度和组织型态的不同，中国人的组织公平感从内容、结构等方面也可能不同，在中国文化背景下开发的组织公平感的 4 因素：程序公平、分配公平、领导公平和信息公平。何振（2007）提出人们的公平感的产生不一定非来源于亲身经历的事件，通过观察发生在别人身上的遭遇，人们会产生替代公平感，有时甚至会大于亲身经历所产生的不公平感。汪新艳（2009）认为中国员工的三类公平在组织公平感结构中的解释力从大到小依次为互动公平、程序公平和分配公平。周浩（2014）指出在中国组织情境下，较之程序公平和互动公平（人际公平、信息公平），分配制度公平对分配公平感的解释力最强；在分配制度不公平的情境下，程序公平和人际公平才会影响分配公平感，仅仅起到亡羊补牢的作用。杨柳和贾自欣（2014）运用个体深度访谈的方法，通过分解文本、命名概念、划分类别、形成范畴，研究发现组织公平的内涵具有"一视同仁"和"人文关怀"的双层结构。

中国情境下组织正义的研究非常少，台湾学者将"Organizational justice"译为"组织正义"，认为组织正义包括分配正义、程序正义和互动正义三个构面，不少学者都认为中国人的分配正义观会受到一般性社会规范制约，由于个体将人际和谐作为追求的目标，他们会按照符合社会规范的方式去从事分配（朱真茹、杨国枢，1976；Hui, Triandis & Yee, 1991；严奇峰，1993）。相比分配正义而言，华人学者对程序正义和互动正义的研究很少，Farh（1997）等通过一系列的实证研究提出，组织正义包括分配正义、程序正义两个维度，并指出程序正义又分为正式程序、互动正义。而正式程序还分为参与机制和申诉机制。赖志超和黄光国（2000）指出组织正义在程序和分配的基础上，细分为意见参与、申诉沟通、分配正义性、奖励正义性和惩罚正义性。

近年来，中国大陆的学者也开始尝试研究组织正义。王鉴忠（2010）指出现有组织公平理论的价值和意义仅仅局限于操作层面上如何确保组织"决策结果、过程和实施"的公平，而缺少更高"理念"层面的指导原则。企业组织公平的治理，同样应贯彻罗尔斯的"正义二原则"，具体操作应体现在"组织程序、结果和互动公平"上。吴斯丹（2014）在《第一财经日报》的报道指出，中山大学岭南学院王晓晖教授指出"中国当前职场的乱象呼唤一个健康、良性的职场氛围和生态，呼唤组织内部的公平正义"，并认为企业社会责任（Corporation Society Responsibility，CSR）应该有显性的 CSR 和隐性的 CSR，有外在的 CSR 和内在的 CSR。内在的、隐性的 CSR 的焦点应该放在职场的健康生态和组织正义之上，需要通过社会对话建立起职场的合作关系。李培挺（2015）提出"组织生态正义"，并深入分析了现代组织生态令人担忧的现状，呼吁基于组织运作的价值回归来改善组织生态恶化的现状，进而改善现代组织中被诱发的处于积极生存状态中人的工作境遇。Guo 和 Giacobbe – Miller（2015）通过验证性方法的归纳，分析了中国大陆企业组织正义的维度：员工参与、平等和无偏对待、按贡献进行报酬分配、频繁及时地交流、信息透明和仁慈原则，并比较了其与西方正义维度的差异（见表 2 - 2），但该研究也明确指出他们在文中所采用的正义和公平是可以互换的。

表 2 – 2　　　　　　　　　　　中、西方正义维度的比较

西方正义的维度	中国正义的维度
通用的维度	
西方结论	中国本土结论
代表性原则（Leventhal，1980）、发言权（Greenberg & Folger，1983）	员工参与
一致性原则 & 可修正性；精确性；无偏见原则（Leventhal，1980）	平等和无偏对待
公平规范（Adams，1965）	按贡献进行报酬分配
可辩护（Bies & Moag，1986）；社会归因（Konovsky & Folger，1991）	频繁、及时地交流
充分性原则（Shapiro et al.，1994）	信息透明
文化特有维度	
西方特有的维度	中国特有的维度
得体和尊重（Bies & Moag，1986）	仁慈原则（仁）

目前少有研究探讨中国文化背景下的组织公正结构，洪振顺（1998）首次将组织公正划分为分配公正、程序公正和制度公正三部分。周鸿雁（2005）认为管理公正应该包括人性化原则、机会平等原则、按贡献分配原则、调剂原则和整体利益原则。吴沁芳（2007）指出中国的"公平正义"最主要的内涵应该包含三方面：①平等的前提（从起点看），强调人们在"有劳有得"、"不劳不得"基础上的平等关系。②差异的回报（从结果看），根据每个人在劳动过程中的贡献大小给予相应的报酬——"多劳多得"、"少劳少得"。③需求的补偿（社会调节），对那些缺乏劳动能力的或暂时无法获得生活来源的人，基于人道的关怀，必须给予其最基本的生活需求的满足，这是一种合情合理的公正选择。王熹（2012）通过实证调研、数据分析得出我国文化背景下互动公正的二维结构，即尊重与认可、解释和领导方式，而其他大部分研究都是翻译西方的问卷，自上而下的建

构比较少。

2.2.2.2 西方情境下公平正义的内涵

在西方的国际化语言英语中，公平正义这一概念家族包含着 justice、right、fairness、impartiality、equity 等，但其中的基本语词只有 3 个，即 fairness、equity、justice。我们引用的西方文献论证的依据实际上源于翻译者本身的理解。因此，如果翻译者本身并没有对中文语境下公正和正义作出有意识区分的话，那么这种引用西方文献将"justice"翻译成公正或正义实际上是无意义的。因此，为了避免翻译偏差，英文"equity"和"fairness"统一翻译为"公平"，"justice"统一翻译为"正义"。

1. 公平正义的内涵

《牛津高阶英汉双解词典》中"equity"被解释为：①平等对待的情形；②公司的普通股；③衡平法。"fairness"被解释为：公平合理性。《哲学大辞典》中"fairness"是指"在集体、民族国家之间的交往中，公平指相互间的给予与获取大致持平的平等互利，同时也包含有对待两个以上的对象时的一视同仁。"

古希腊时期，梭伦认为公平就是不偏不倚。伯利克利认为法律对所有人都同样地公平。普罗塔哥拉认为公平是规矩认可的行动。亚里士多德认为公平即：（1）在相关方面相同（平等）的人应受到相同的对待（平等的对待）；（2）在相关方面不相同的人（不平等）应按他们之间差别（不平等）大小给予不同的对待。中世纪时期，基督教教义中的公平等同于合理性、合法性，即把公平视之为至善。近现代时期，自由主义者认为按各人的贡献分配经济负担和经济利益就是公平的。平等主义者主要认为公平是为条件平等。马克思认为公平是个历史范畴。本研究认为在以基督教义为核心的西方文明中，"全人类生而自由平等，都有天赋不可夺的权利"。所以，西方情境下公平的核心是无论个人之间有何差异，人人都应受到平等的对待。公平是普遍、绝对及抽象的。

"justice"来自拉丁语 justitia，由拉丁语中"jus"演化而来。"jus"是个多义词，有公正、公平、正直、法、权利等多种含义。《牛津高阶英汉双解词典》中"justice"被解释为：①对待人一视同仁；②公平合理。西方正义（justice）定义的首创者乌尔比安认为"正义是给予每个人应得的部分的这种坚定而恒久的愿望"。后来不少学者都支持这种定义如米尔恩，查士丁尼和西塞罗。古希腊罗马哲学家德漠克利特认为正义有两层含义：①正义要人尽自己的义务；②正义的力量在于坚决和无畏。柏拉图认为正义是"每个人作为一个人应当只做适合他本性的事情"。

在西方的公平正义概念家族中，"正义"是最根本的概念（徐大建，2012）。弗兰克纳认为正义就是给予人们以应得的奖赏或按其价值给予奖赏；毕达哥拉斯、苏格拉底、亚里士多德、艾德勒、南茜·弗雷泽和德沃金都指出"平等是正义概念的核心"。穆勒、弗兰克纳、诺兰和诺齐克指出"正义在于保障权利"。可见，正义是一个综合的概念，包含了公平的含义。

2. 组织公平正义的内涵

西方对组织公平的研究始于亚当斯（Adams，1965）对分配公平的研究。他是用社会交换理论的框架来评估公平（equity）。亚当斯认为，人们判断分配公平与否不仅仅是看收入的绝对值，更重要的是与参照对象比较的相对值的大小。亚当斯提出的公平感主要是指报酬数量分配的公平性，比较偏重于分配的结果。其后学者们采用的分配公平问卷基本上是按他的理论来编制的（Farh，1997；科尔基特，2001）。

格林伯格（Greenberg，1987）率先将其应用于组织正义研究的文献中，将其描述为个人对组织环境中正义的认知。自此，组织正义被界定为组织成员的正义认知，即员工认为怎样是正义的，以及他们对正义与否做出的反应。肖勒等（1987）认为组织正义是指员工主观地认知组织在分配资源、决定各种奖惩措施时，是否有正义的性质。摩尔曼（Moorman，1991）提出组织正义是用来描述工作场所中，员工是否被平等对待的变数，这项变数会进一步影响其他与工作有关的变数。

组织科学中对分配正义的探讨则始于亚当斯（1965）对分配公平问题的开创性研究，后来被称为"分配正义（distributive justice）"。蒂博和沃克（Thibaut & Walker，1975）在研究法律程序中的正义问题时提出"程序正义"的概念。利文撒尔等（Leventhal et al.，1980）等把程序正义的观点用到组织情境中，提出的程序正义的六条标准。他们不是直接针对程序本身，而是针对分配程序的属性。六条标准如下：（1）一致性规则（consistency rule）；（2）避免偏见规则（bias suppression rule）；（3）准确性规则（accuracy rule）；（4）可修正规则（correctability rule）；（5）代表性规则（representative rule）；（6）道德与伦理规则（moral and ethical rule）。格林伯格（2005）对如何判断程序正义提出了五条主要原则：（1）决策中的发言权；（2）执行规则的一致性；（3）基于准确的信息；（4）被倾听的机会；（5）保障无偏见。贝斯和莫格（Bies & Moag，1986）则关注的是当执行程序时人际处理（interpersonal treatment）方式的重要性，提出了"互动正义"（Interactional Justice）的概念。它涵盖了"给予下属有关分配决策的清晰而合理的原因"和"在与下属信息沟通时给予礼貌和尊重的对待"两方面的行动。贝斯和莫格（1986）从管理者的角度提出了建立正义的人际对待应遵循的四项规则：尊重、得体、正当：为作出的决策提供充分的解释、坦率。由此，组织正义理论的研究又深入到正义知觉中的人际关系层面。福尔杰（Folger，2001）提出的"道义正义理论"认为正义问题与利他主义类似，不仅是为了满足自己的期望，同时也为了满足其他人的期待（福尔杰，2001），指出道义正义是一种道德美德，是一种内化的道德义务和责任感。具有道义正义的个体认为，只要行为符合道德义务的规范，该行为就是正义的，不只为了自己，也为了他人。

有关组织正义的结构和维度还没有形成统一的认识，存在四种主要的观点：（1）双因素论：将组织正义分成分配正义和程序正义；（2）单因素论：认为前面两种正义联系十分紧密，以至于无法真正在二者之间做出区分；（3）三因素论：正义由分配正义、程序正义和互动正义三部分组成；（4）四因素论：正义由分配正义、程序正义、人际正义和信息正义四部分组成。

2.2.2.3　中西方情境下公平正义的辨析

其一，通过文献梳理，我们得知尽管公平是一种调节人际关系的规范，但"公"和"平"连在一起则表示对公共之物平和而又不偏私的分配。茅于轼（2003）认为真正的公平既非起点的公平，也非终点的公平，而是竞争规则的公平，即每个人在实现自身价值的过程中应遵守同样的制度规则。可见，中国情境下"公平"强调在利益分配上一视同仁，在含义上与"利"基本一致。"正义"强调履行自己的角色义务，亦指做自己"应当"做的事情，在含义上与"义"基本一致，本质上是一套以身份关系为依托的伦理规范，具体而言，"正义"或"义"包括三层含义：（1）公正合宜的道德、道理或行为，也称道义。（2）情意。通常指对人的感情。它所指的范围要比"情义"大。（3）应尽的责任。中国情境下的公平和正义两者有交叉但并不相等。西方情境下"公平"的一般含义是指对人平等对待，强调地位上"一视同仁"，在承认差别的基础上，要求以某种原则、标准作为衡量尺度去消除差别，纯粹是指导利益分配的理性法则。尽管西方先贤哲人们的观点各异，但以"新教伦理"作为文化根基，以"契约精神"作为核心价值的现代西方社会认为正义的基本含义是"每个人都得到其应得的"或"不侵害任何人的正当权益"。"正义"是一个综合的概念，有正直、公平、法、平等、权利等多种含义，即正义包含了公平。

其二，国内学者将"organizational justice"译为"组织公平"、"组织公正"或"组织正义"，并对三者进行混淆使用。事实上，组织正义和组织公平在西方文献中是可以互换使用的（科尔基特等，2005）；目前国内学者对组织公正或组织正义的研究都是从组织公平的角度去研究，也就是说，国内学者翻译的国外文献中所提到的组织公正或组织正义实际上指的是组织公平，即分配公正或正义、程序公正或正义、互动公正或正义和道义公正或正义实际上指的是分配公平、程序公平、互动公平和道义公平。组织公平、组织正义和组织公正概念是研究三者的逻辑起点，对其内涵的完整和科学揭示将决定它们的构成维度、测量、影响因素等后续研究。中文"组织正义"与西文"organizational justice"存在着可对应性和非等同性。两者的内涵和外延都不一样，国内学术界没有考虑到公平、正义和公正三者在中西方不同文化背景下的语义和语境，对"组织公正"、"组织公平"和"组织正义"直接翻译和简单互换，更没有针对三者的内涵、关系及结构进行系统研究，这都是有失偏颇的。

综上所述，中西方情境下的公平正义是存在差异的，中西方学者容易混淆"公平"和"正义"这两个概念。事实上，在中国情境下组织公平和组织正义是有区别的，而且中、西方情境下的组织公平、组织正义也是不一致的。基于此，本研究对公平正义进行了深入辨析，强调本研究组织中的"公平"是指在利益分配上一视同仁，在含义上与"利"基本一致。这也是本研究采取货币性薪酬的主要原因，同时也正是因为强调"利益分配上一视同仁"。因此，本研究在下文才引出"公平标准"并对其开展实证研究。

2.2.3　公平标准的相关研究

2.2.3.1　公平标准的定义及类型

公平标准是指人们对在资源分配中要实现公平所应遵循的规律与原则，是人们借以判断一项分配是否公平的标准，是人们对怎样分配才是公平所持的观点、认识与价值观，所以也可称为公平观或公平规范（余凯成和何威，1995）。也有学者将其称为公平原则、公平定律（陈曦等，2007；马新建，2007）。其中，此处的"公平"的含义即为上文论述的"在利益分配上一视同仁"。现有研究中公平标准特指分配中的"公平标准"。

在宏观研究领域，《社会科学报》在1990年7月12日列出了人们评价分配公平与否标准的八种见解：（一）公平在经济上指的是社会应以公正、不偏袒的态度对各个劳动者提供与其劳动相适应的报酬，它在一定程度上维护着社会的稳定。（二）公平不等于结果的平等，而是指起点的平等。（三）社会主义初级阶段的公平原则，既包含了个人利益的差别性，又包含着根本利益一致前提下的个人利益的差别性。（四）公平有三层含义：一是结果公平；二是起点公平；三是过程平等在现阶段谋求结果公平是不切实际的，要尽可能地实现起点公平和过程公平。（五）评价收入分配是否公平的标准，一要看是否诚实劳动所得，二要看是否合法，三要看是否正确处理拉开收入差距和坚持共同富裕的关系。（六）要用历史的眼光评价收入分配公平与否，分配不公实质是目前发展阶段中必然存在的，新体制在发育过程中想解决而又无力解决的、须逐渐改变社会价值观念等三类性质不同的问题。（七）要用商品经济标准评价收入分配。（八）社会主义初级阶段是"三重一体"的公平关系，即大体平均分配保证基本生存条件的公平关系，凭借劳动投入和要素收入获得相应报酬的关系，商品经济所要求的机会均等、公平竞争的关系。

在组织管理研究领域，多伊奇（Deutch，1975）在研究中指出至少存在十一种公平标准：（一）人们所获应正比于人们每人所作出的贡献；（二）每人均应受到平等的对待，人人所获均等；（三）按照每人的需要，分配给相应的资源；（四）按照每人所作出的努力，分配给相应的资源；（五）按照每人的能力，分配给相应的资源；（六）给予每人以相等的竞争机会，不带任何偏见与歧视；（七）按照每人所取得的成就，分配给相应的资源；（八）按照互利原则来分配；（九）按照市场供求情况分配；（十）按每人所获都不低于某一预设的基线来分配；（十一）按照共同利益来分配。他还指出，上述 11 种规范中只有前三种属于社会最基本的公平规范，可分别称之为贡献律，平均律和需要律。Dornstein 和 Miriam（1989）认为员工会根据三条原则来判断结果公平性：（一）衡平原则，指企业根据个人贡献来分配薪酬；（二）平均原则，指企业平均分配员工的薪酬；（三）需要原则，指企业根据个人需要来分配薪酬。余凯成和何威（1995）研究中国大陆职工分配公平感时，将公平标准分成绩效律、学历律、努力律（或苦劳律），政治律、需要律、资历律和年轻律。特朗布莱（Tremblay et al.，1997）指出资源的分配可根据个人贡献比率进行分配（公平规则），或根据雇员的个体需要（需要规则），或给予所有人同样的价值（均等规则）。宓小雄（1998）认为资本主义社会中基本上保证每个人获得的机会是平等的，参与比较的两个人的机会大致相等，但在我国投入只有与机会结合，才能体现并产生工作业绩，所以公平的公式应当为 $O_P/I_PC_P = O_C/I_CC_c$，这里的 C_P、C_c 分别是当事人与其参照对象所获得的机会。费希尔等（Fischer et al.，2004）认为薪酬分配中存在公平规则、均等规则以及需要规则这三种分配规则。陈维政等（2004）指出亚当斯公式建立在人们所获得的报酬应正比于其贡献的公平标准上，但现实中这并非是中国企业设计分配制度时唯一采用的公平标准。实际上存在多种公平标准，包括贡献律、平均律、需要律、市场供求律、资历律、工作条件律、风险律、代价律、投资回报律、机遇律。陈曦等（2007）研究指出中国人认同的分配公平遵循三项原则，分别是绩效原则、能力原则和互惠原则。马新建（2007）指出公平定律有四种：贡献律、需要律、平均律和等级律。其中，所谓"等级律"主张应按个人的身份、地位以及层级来进行分配。

2.2.3.2　公平标准的测量

在分配不同奖酬类型时，同一个人会选择不同的规范（Foa et al.，1975；Foa et al.，1980）。甚至对同一类奖酬，还会同时使用多种标准，不过赋予不同的权重（Yu et al.，1989），从而形成了错综的规范组合与顺序。可见，人们不仅偏爱和选择对不同类的公平标准，而且选择模式本身也十分复杂，这就使得在测量公平标准方面显得十分困难。

余凯成和何威（1995）关于大陆企业职工的一项研究旨在找出在实际分配企业奖酬时，职工认为哪些具体因素影响他们的公平感，以及他们赋予这些因素的权重是如何随奖酬类型的不同而改变。自变量选择了六种奖酬类型（工资、奖金、住房、提升、尊重与荣誉、培训机会）。因变量选择了五类14种投入性的因素：（一）贡献性因素（包括当今绩效、过去的贡献、工作要求、工作条件）；（二）人口统计因素（包括年龄、资历、学历、职位与性别）；（三）需要或平均性的因素（包括现有生活条件、特殊考虑）；（四）人际性因素（包括与上司的关系、与同事的关系）；（五）政治表现。研究者采用问卷调查法，要求被试分别在前述6种奖酬的分配中，已选定的14种影响因素中各自实际所起的和应当所起作用的重要性（即权重）。按照5级评分标准进行评分，两者分数之差反映他们对现状的不满程度，亦即不公平感的强度。

余凯成和何威（1995）关于大陆企业职工的另外一项研究将分配公平观念分为绩效律、学历律、努力律、政治律、需要律、资历律和年轻律。

为了避免直接提问的弊端，问卷主体是一篇描述假想管理情境的短文，假想自己是一个部门负责人，手下有 7 名下属，分别代表 7 个持有分配公平观念的人物（这些人物某一种要素特别突出，而其他要素一般）。问卷要求被试读完短文后，利用一套 7 级问卷显示：在分配 5 种奖酬（工资提升、奖金发放、住房分配、职位晋升、荣誉授予），被试会优先采取哪种先后顺序向那 7 名下属分配奖酬。问卷中 7 为应该优先分配的奖酬者，6 为次优先，以此类推。通过这种情境模拟，从而间接推出被试对那些公平规范序列的认识。

萨林和马哈詹（Sarin & Mahajan，2001）采用问卷调查测量团队薪酬分配导向，其中，平均分配导向的测量条目 2 个，典型题项如"所有团队成员平均分配团队奖金，不管其对团队的贡献大小"；按贡献分配导向的测量条目 4 个，典型题项如"团队奖金在团队成员之间分配时以团队成员的贡献大小为依据"，所有问卷题项采用李克特 6 点计分。许新强和李薇（2009）认为分配规则包括 8 个变量，即业绩考核、工作难度和技巧、工作努力程度和责任心、创新意识、职位等级、相关职位的需求程度、团队贡献以及个人需求，采用李克特 5 点计分。赵海霞和龙立荣（2012）认为团队薪酬分配的方式有平均分配和公平分配两种，对团队薪酬分配方式采用按贡献分配导向来表示，导向越强则越接近公平分配，导向越弱则越接近平均分配，采用李克特 6 点计分。其中，对贡献的操作定义包含以下 3 种形式：以团队成员个人的岗位工资（或称固定工资）为标准、以个人当期的绩效评价结果作为标准、综合考虑岗位工资和当期的绩效评价结果。

2.2.3.3 公平标准的作用后果研究

余凯成和何威（1995）关于大陆企业职工的研究指出绩效率已经被广泛地接受；政治率作用很大；需要率排在绩效率和政治率后；相对来说，资历率、学历率、年轻率作用较小。努力率作用居中，可能被看作一种态度，与贡献有关，这在一定层面上反映了职工心中对公平标准的认识，如果不符合职工心中对公平标准的认识，就会产生强烈的不公平感。绩效薪酬制度强调薪酬由绩效水平决定，即按贡献律分配的一种形式。Campbell et al.（1998）研究表明绩效薪酬能提高员工对薪酬的控制能力，从而可以显著提高员工的薪酬公平感。李晔和龙立荣（2003）指出人们对公平会产生不同的判断标准，有人觉得大家一样会比较公平；有人觉得按社会地位分配比较公平；有人觉得多劳多得比较公平；有人觉得按需要分配比较公平；还有人觉得按能力分配比较公平等等，可见，持有不同公平标准的人对分配公平的认知都不一致。Van Yperen et al.（2005）针对大学生的角色互换实验结果显示基于绩效的薪酬比基于岗位的薪酬更加公平。Chang 和 Hahn（2006）以韩国企业员工为样本，调查显示当绩效考核实践承诺度较高时，实施绩效薪酬有利于提高员工的薪酬公平感，处在越注重绩效水平的岗位，员工越容易觉得薪酬是公平的。陈曦等（2007）认为在排除能力差别的影响后，职位上的差别并没有导致不公平阈限的显著差异，也即是说，如果没有更高的能力作为支撑，人们会认为高职位带来的高回报是不公平的。Bozionelos 和 Wang（2007）针对一家国有控股企业的 106 名员工进行了问卷调查，同时访谈了部分管理者，研究指出与以平等（equality）为基础的回报相比，员工更容易接受以公平（equity）为基础的回报，然而"关系"和"面子"对绩效评价的影响导致员工产生不公平感。杜旌（2009）认为在个体层面绩效工资能有效提升员工分配公平感。赵海霞（2011）认为当采用公平分配规则时被试的团队薪酬公平感要显著高于采用平均分配规则的情境，可见，团队薪酬的分配规则是团队成员团队薪酬公平感的重要决定因素。赵海霞和龙立荣（2012）指出团队薪酬按贡献分配的方式与人们所接受的分配观念是一致的，因此容易增加团队成员的公平感。周浩和龙立荣（2014）开发制度公平问卷中前 3 个最重要的条目实际上反映的是按贡献律原则进行分配，并指出在中国组织情境下，分配制度公平对员工的分配公平感有最根本的影响。

Welbourne et al.（1995）研究指出组织中利润分享计划由于采用平等分配原则，从而使每位员工享有相同数量的奖金，导致这种基于组织绩效的绩效工资会被员工认知成一种福利，容易降低利润分享计划作为绩效工资的激励效果。可变薪酬（或绩效薪酬）是以绩效为条件的薪酬（赵海霞，2009），它实际上是一种按贡献律分配的薪酬。Deckop et al.（1999）认为作为一种竞争性激励，绩效工资常常会削弱员工之间的凝聚力和合作精神，绩效薪酬制度与角色外行为存显著负相关关系。Menguc 和 Barker（2003）认为实施绩效薪酬计划有助于提升销售类员工的绩效水平。Werner 和 Ward（2004）认为绩效薪酬减少了组织公民行为（与组织的价值体系契合度较低的员工），增加了团队工作中难以满足的工作期望和员工抱怨。Pfeffer et al.（2006）认为绩效薪酬的效果不够理想，在某些情况下容易诱导员工产生错误行为。因为绩效薪酬鼓励员工为追求物质财富而努力工作，可能滋生无视或轻视道德约束的心理，会导致员工行为偏离组织目标。杜旌（2009）认为在个体层面绩效工资有助于提升员工的自我发展行为。Bamberger 和 Levi（2013）认为团队薪酬的平均分配导向能够强化个体作为团队一分子的成员身份，向团队成员传递个体作为团队成员的身份的平等性，从而弱化了团队成员之间的竞争，增加团队成员之间的帮助行为。Pearsall et al.（2010）指出平均分配会导致团队成员产生更多的"搭便车"行为。赵海霞和龙立荣（2012）指出团队薪酬按贡献分配导向并不会降低团队成员之间的合作，反而会促进团队成员的互动和团队绩效的提高。赵海霞和龙立荣（2012）团队薪酬分配与团队知识共享正相关，按贡献分配导向与团队知识共享的关系强于平均分配导向与团队知识共享的关系。赵海霞等（2013）认为团队薪酬按贡献分配在一定程度上有助于增加团队个体成员的公民行为。张勇和龙立荣（2013）采用 296 对上下级匹配数据，研究指出绩效薪酬对创造力有倒 U 型影响。张勇和龙立荣（2013）运用 HLM 6.0 对来自 51 名团队主管和 329 名团队成员的匹配数据进行统计分析，研究指出绩效薪酬与探索行为之间为倒 U 型关系，与利用行为之间为正相关关系。

2.2.4　收入差距的相关研究

2.2.4.1　客观薪酬差距的相关研究

1. 客观薪酬差距的定义及类型

客观薪酬差距（即企业的实际收入差距）是企业内部薪酬结构的客观

指标体现。薪酬结构是指在同一组织内部不同职位或不同技能薪酬水平的排列形式。它强调薪酬水平等级的多少，不同薪酬水平之间级差的大小以及决定薪酬级差的标准（米尔科维奇和纽曼，2002）。因此，薪酬差距反映了同一组织内部基于不同职位类型和职位层级的工作，或是个人绩效，以及个人绩效差异而存在的薪酬水平的离散程度，通常用薪酬差距的概念在理论研究中进行阐释与测量。Gupta et al. (2012) 将薪酬差距定义为一个集体内部所有成员薪酬水平的差异程度。这个集体既可以是一类具体的职业（如医生、教师、司机等），也可以是一个工作团队、职能部门或一个组织。

根据研究对象的不同，可以将该集体内部的薪酬差距分为 3 种类型：总体薪酬差距、水平薪酬差距以及垂直薪酬差距。Gupta et al. (2012) 将这 3 类薪酬差距的关系绘制为图 2 - 4 所示。

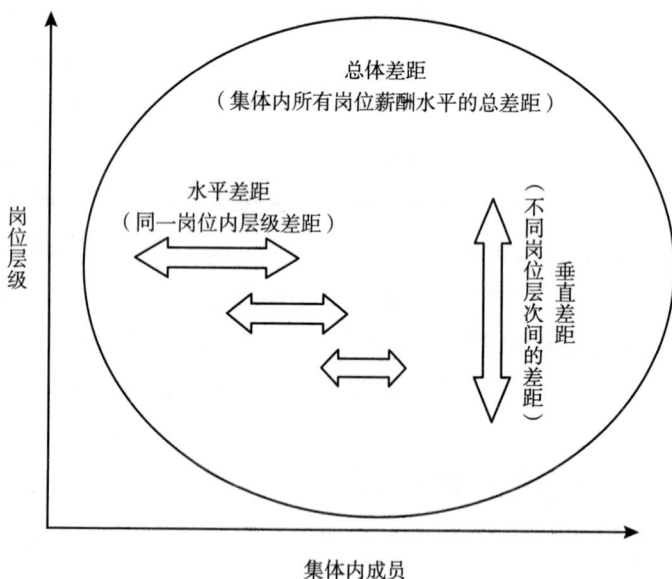

图 2 - 4　薪酬差距的分类

水平薪酬差距反映了处于同一岗位层级或处在相同岗位上的员工在薪

酬水平上的差异程度 （Kepes et al. ，2009；Siegel & Hambrick，2005）。造成这种水平薪酬差距的个人因素较多，例如个人的工作绩效、技能差异以及一些政治因素 （领导偏好） 等。

垂直薪酬差距反映了集体内部不同职位层级之间的薪酬水平的差距 （Siegel & Hambrick，2005）。造成垂直薪酬差距的因素较多，既包括人的因素 （即集体内上、下级成员在知识、能力与技能水平上的差异），也包括岗位的因素 （即上、下级岗位在工作属性、岗位价值以及职能范畴上的差异），同时还包括一些外部的市场因素 （即不同岗位在外部劳动力市场上的价值高低）。

集体内的总体薪酬差距不仅反映了同一岗位层级内的水平薪酬差距、不同岗位层级间的垂直薪酬差距，同时还涵盖了一些因为一些不可解释的因素而引起的薪酬差距。Trevor et al. （2012） 将这些与产量相关联的投入要素形成的薪酬差距统称为有效的薪酬差距 （Diapersion in Explained Pay，DEP）；相反，他们将那些因为与产量无关的投入要素 （例如组织政治、歧视、主管偏好，以及决策的随机性等方面） 形成的薪酬差距成为无效薪酬差距 （Diapersion in Unexplained Pay，DUP）。

Downes & Choi （2014） 认为可以依据分配差距是否以绩效为基础以及分配差距是垂直还是水平这两个维度将薪酬差距分为四种类型：绩效基础垂直差距 （PBV），绩效基础水平差距 （PBH），非绩效基础垂直差距 （NPBV），非绩效基础水平差距 （NPBH），如图 2 - 5 所示。每一种类型都可以看作是整个薪酬差距的一部分。

	绩效为基础	非绩效为基础
垂直	绩效基础垂直差距	非绩效基础垂直差距
水平	绩效基础水平差距	非绩效基础水平差距

图 2 - 5　客观薪酬差距的分类

2. 客观薪酬差距的测量

学者们根据不同的研究对象和目的，开发出繁简各异的多种客观薪酬差距计算方式，主要包括绝对薪酬差距、相对薪酬差距率、基尼系数、变异系数和赫芬达尔—赫希曼指数五种方式。

（1）绝对薪酬差距

绝对薪酬差距（Pay Difference，PD）是针对单纯以薪酬水平层级数作为测量方法的改进，它不考虑组织内薪酬水平的层级数量，而是用组织中最高薪酬水平与最低薪酬水平的收入差距来衡量组织内部的薪酬差距程度，具体计算公式如下：

$$PD = Pay_{max} - Pay_{min} \qquad (1)$$

薪酬差距仅反映了一系列薪酬水平中某两个薪酬水平点的绝对差距，最适用于测量相邻层级间的薪酬差距。

（2）相对薪酬差距率

相对薪酬差距率（Ratio of Pay Difference，RPD）是绝对薪酬差距占起始薪酬水平的相对比率。例如，当高管团队中有总裁、副总裁、一般总裁三个层级，分别对应三个薪酬水平层级时，可以用以下公式来衡量整个高管团队的薪酬差距程度：

$$RPD = \left(\frac{Pay_1 - Pay_2}{Pay_2} \right) \bigg/ \left(\frac{Pay_2 - Pay_3}{Pay_3} \right) \qquad (2)$$

事实上，在薪酬水平层级数量较少的情况下，仅用重要两类薪酬水平的差距比率也可以较为精确地反映整体薪酬差距程度（Bloom，1999；Siegel & Hambrick，2005）。

（3）基尼系数

基尼系数（Gina Coefficient）是经济学中的一个概念。近年来，一些学者都试图将基尼系数的概念引入企业的管理实践中（廖建桥等，2006）。Bloom（1999）以美国职业棒球队为样本，用基尼系数计算球队内部成员的薪酬差距程度，并提出了一个适用于小型组织或团队的简易计算公式，具体如下：

$$G = 1 + \frac{1}{n} - \frac{2}{n^2 \bar{y}} (y_1 + 2y_2 + \cdots + ny_n) \tag{3}$$

上述公式中，n 表示团队内部的成员人数，y_1 到 y_n 分别表示以降序排列的 n 名成员的薪酬水平，即 y_1 为团队内的最高薪酬水平，y_n 为团队内的最低薪酬水平。

（4）变异系数

变异系数（Coefficient of Variance，CV）又称"标准差率"，是统计学中的一个概念，用来衡量一组观测值变异程度的统计变量。变异系数的计算，即用一组数据的标准差除以该组数据的平均数，取值越大表明数据之间的差异程度越大。此外，变异系数消除了不同数据组在单位和平均数上存在差异的影响，故可以直接进行跨组比较。它是组织薪酬差距研究中使用最多的一种计算方式（Bloom，1999；Siegel & Hambrick，2005）。

（5）赫芬达尔—赫希曼指数

赫芬达尔—赫希曼指数（Herfindahl—Hirschman Index，HHI）指数通过测算某个行业内部各方竞争主体相对市场份额（如总收入或总资产百分比）的平方和，来反映该行业市场中资源分布的离散程度。因此，有学者（Depken & Craig，2000）运用该指数计算一个集体内部不同个体薪酬收入的不均等程度，具体计算公式如下：

$$HHI = \sum_{i=1}^{N} (X_i / X)^2 = \sum_{i=1}^{N} S_i^2 \tag{4}$$

上述公式中，X 表示一个集体内部所有员工的总薪酬水平，X_i 表示第 i 个员工的个人薪酬水平，S_i 表示第 i 个员工个人薪酬收入占集体总薪酬支出的比例，反映了个人的相对薪酬水平，N 则表示该集体内部的员工总人数。在完全平均化的薪酬分配情形下，HHI 的取值为 1/N。相反，当某一位成员占有了集体所有资源（如薪酬）时的取值为 1（最大值）。因此，HHI 的取值越大，反映集体内部薪酬分配的差异化程度也越大。

值得说明的是上述指标均测量的是企业实际客观的薪酬差距，缺乏从个人主观角度测量薪酬差距。其中，在测量垂直薪酬差距时，一般采用绝对薪酬差距（PD）和相对薪酬差距率（RPD）这两个指标比较适合。在测量水平薪酬差距和总体薪酬差距时，一般采用基尼系数（HHI）和差异系数（CV）这两个指标比较适合。

3. 客观薪酬差距的作用后果研究

（1）对个体态度的影响

目前有关客观薪酬差距对个人态度的影响主要集中在满意感、情感承诺和离职倾向方面，如表 2-3 所示。Pfeffer & Langton（1993）使用美国卡耐基教育与政策研究中心在 1996 年对美国 303 所大学和专业学院超过 6 万多名老师的调查报告数据，研究指出院系内教师的工资收入差异（水平差异）越大，教师的满意度和科研产量都普遍更低，并且也较少与他人在科研上进行合作。贺伟、蒿坡（2014）对我国企业 59 个工作部门 376 名普通员工进行实地调研，通过使用主观情感评价与客观薪酬收入的配对数据，在控制基本人口学变量、个人的年度薪酬水平、部门的规模、所有制形式和部门的绩效薪酬强度等变量后，研究表明部门薪酬差距与员工情感承诺间并无显著的负向关系，其负面效应仅在部门整体薪酬水平较低、雇员队伍多元化程度较小、绩效薪酬强度较低的情境下存在。

Martin（1981）将相对剥削理论引入组织管理领域时，阐述当员工因组织薪酬分配而产生相对被剥削感时会通过离职来消除这种被剥削感的观点，此后学者们遵循这一思路研究了客观薪酬差距对离职的影响，如表 2-3 所示。其中，有 3 项研究发现集体的客观薪酬差距越大，个人离职行为的整体水平也相对更高（Bloom & Michel，2002；Wade et al.，2006；Messersmith et al.，2011），证明了客观薪酬差距通过激发相对被剥削感导致个人最终选择离开组织的论述。另外 3 项实证研究并没有发现集体客观薪酬差距与个人离职行为之间存在显著的关系（Pfeffer & Davis - Blark，1992；Shaw & Gupta，2007；贺伟，2013）。其中，贺伟（2013）研究在控制部门规模、企业的所有制所在城市失业率、行业类型、实际工资水平、传统性和人口学特征（包括性别、年龄、婚姻状况、工龄以及教育程度）后，发现部门工资差异会显著提高那些工资水平相对较低的员工的离职倾向，中国人传统性对部门工资差异与员工离职倾向的关系有显著调节作用。员工的实际工资水平对部门工资差异与员工离职倾向的关系有显著调节作用。Shaw & Gupta（2007）的研究结果比较全面地揭示了个人绩效、薪酬支付基础以及薪酬信息透明性等个人与情境因素对客观薪酬差距作用效果存在显著影响。具体而言，对高绩效员工而言，当组织采取基于个人绩效的薪酬体系比重越大、并且在薪酬体系问题上与员工的沟通水平越高时，差异化的薪酬分配结构会显著降低高绩效员工的离职行为。另外，对绩效水平处于中等水平的普通员工而言，当组织主要采取基于资历的薪酬体系，并且在薪酬体系问题上与员工进行了充分沟通时，差异化的薪酬分配结构也可以显著降低个人的离职行为；最后，对工作绩效相对较低的员工来说，客观薪酬差距对离职行为的主效应及其同薪酬支付和薪酬体系沟通的交互作用都不显著。

表 2 – 3　　　　　　　　　　客观薪酬差距对个体态度的影响

研究者	样本类型	差距类型	薪酬来源	控制变量	主效应	调节变量
Pfeffer & Davis – Black（1992）	大学行政人员	总体差距	工资	薪酬水平	对离职倾向影响不显著	相对薪酬水平高：负相关低：正相关
Pfeffer & Langton（1993）	教师	水平差异	工资	无	与满意度、合作意愿显著负相关	无
Bloom & Michel（2002）	高管团队	总体差距	现金收入	无	与离职倾向正相关	无
Wade et al.（2006）	薪酬数据	垂直差距	基本工资 + 奖金	无	与离职倾向正相关	无
Shaw & Gupta（2007）	卡车司机	水平差距	工资	支付基础（个人绩效、资历）	对离职倾向影响不一致	个人绩效、支付基础和薪酬体系沟通程度
Messersmith et al.（2011）	高管团队	总体差距	总现金收入	绩效薪酬薪酬水平	与离职倾向正相关	无
贺伟（2013）	企业员工	水平差距	工资	组织和个人变量	对离职倾向影响不一致	中国人传统性实际工资水平
贺伟等（2014）	企业员工	水平差距	工资	部门及个人变量	与情感承诺并无显著的负向关系	薪酬水平、绩效薪酬强度和员工多元化

（2）对个体绩效的影响

有关客观薪酬差距与个人绩效的 3 项研究都是以运动员为样本。Ehren-berg & Bognanno（1990）探讨了不同奖金水平对 1984 年职业高尔夫巡回赛成绩的作用效果。第一名获得总奖金的 18%，第二名获得总奖金的 10.8%，第三名获得 6.8%，而第 22 名和第 23 名参赛运动员只能获得总奖金的 1.1% 和 1.0%。此外，在控制了参赛者的能力和球场难度后，研究发现奖金总额每增加 10 万美元，所对应的比赛成绩会更好（减少 1.1 杆）。Bloom（1999）以美国男子职业棒球联赛为样本，棒球团队的集体绩效取决于所有团队成员（包括投手与捕手）的共同努力。该实证研究的结果发现，尽管团队水平客观薪酬差距整体上会降低队员在场上的竞技绩效，即证明了行为理论的观点，但这种负向的关系主要集中在薪酬水平相对较低的球员群体；相反，对于高薪球员而言，团队内水平客观薪酬差距仍然会激励他们表现出更高水平的竞技绩效。Becker & Huselid（1992）以汽车赛的数据为研究样本，使用车手的最终名次和平均时速作为个人综合绩效的度量，而用前 20 名到达终点的车手得到的奖金额与其余车手可以得到的奖金额度之差来代表奖金分配差异。结果发现，奖金分配差距与车手的个人绩效显著正相关。著名的锦标赛理论正是通过对淘汰制网球锦标赛中奖金分配的研究，从理论上揭示了客观薪酬差距对个人绩效的积极影响。在这种顺序淘汰的锦标赛中，每轮比赛的胜者将获得绝大部分的奖金，而失败者则可能毫无所得。因此，选手在比赛中均是竭尽所能去争取胜利。可见，上述实证研究对锦标赛理论提供了有力的支持。

2.2.4.2　公平阈限的相关研究

1. 阈限的定义、类型及测量

阈限（the threshold of awareness）是一个心理学上的名词，它是指外界引起有机体感觉的最小刺激量。该定义揭示了人感觉系统的一种特性，即只有刺激达到一定量时才会引起感觉。

阈限分为绝对阈限和差别阈限。绝对阈限不是一个单一强度的刺激，而是一系列强度不同的刺激。因此，人们就把绝对阈限定义为：刚刚能引起感觉的最小刺激强度，或者是有 50% 的次数能引起感觉，50% 的次数不能引起感觉的那一种刺激强度，该定义可以采用图 2-6 所示的心理测量函数（psychometric function）来表示，可以非常清晰地表明心理量（感觉经验）与物理量（刺激强度）之间的关系。

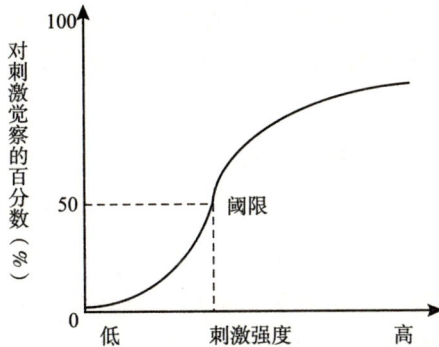

图 2-6　刺激强度与觉察概率之间的典型关系

　　差别阈限是指刚刚能引起有机体对两种刺激量差异所能感觉出来的最小刺激量，或者有 50% 的次数能觉察出差别，50% 的次数不能觉察出差别的刺激强度差别。即刚刚能引起差别感觉的刺激之间的最小强度差就叫作差别阈限，又被称为最小可觉差（just noticeable difference，JND）。凡是谈到"绝对感觉阈限"，就可以判定这个刺激是原始刺激。凡是谈到"差别感觉阈限"，就可以判定为"相对刺激"。因为差别感觉阈限必须是在原有刺激基础之上，加上或减去刺激，然后通过这两者的比值来决定的，也就是说，如果没有绝对感觉阈限那就无所谓差别感觉阈限了，因为差别感觉阈限的测定基础是建立在绝对感觉阈限基础之上的。

　　目前的方法都是测量物理量差别阈限，如重压感、响度、视明度、音高。主要有以下三种：

　　第一，恒定刺激法。即采用保持不变的少数"比较刺激"（5~7 个），让其与"标准刺激"比较，让被试者回答有无差别的感觉。回答次数在 95% 为"无"差别感觉的量，谓之"最小刺激量"。回答次数在 95% 为

"有"差别感觉的量，谓之"最大刺激量"。然后在两者之间选 3 ~ 5 个间隔相等的刺激器，进行数据处理，从中找出差别阈限值。

第二，最小变化法。该方法是经典心理物理学测量感觉阈限的重要方法之一。经典心理物理学认为可以采用物理量来表达感觉量，因此，存在一种达到觉察水平所必需的临界量值，即绝对感觉阈限和差别感觉阈限。在测量上，常常用 50% 次能感觉到，50% 次不能感觉到的物理问卷表示绝对阈限；而用 50% 次能感觉到差别，50% 次不能感觉到差别的物理问卷表示差别阈限。

第三，平均误差法。即让被试自己调节比较刺激量，使之感受到与标准刺激量相等。调整出来的刺激量与标准刺激之间的实际差值，就是差别阈限值。

物理刺激可用物理问卷来测量，但由物理刺激引起的心理量的变化当然不能用物理问卷来测量，心理量的大小只能用心理问卷来度量。

心理问卷和物理问卷一样，也有顺序问卷、等距问卷和比例问卷 3 类，其中应用广泛的等距问卷有相等单位，可以表示对象之间的差别，但没有绝对零。等距问卷又分为两种方法：一是感觉等距法，即把一个感觉分成主观相等距离；二是差别阈限法。费希纳（G. T. Fech-ner）发表了关于重量差别阈限的成果，系统阐明了差别阈限和"标准刺激"之间的关系，认为差别阈限和"标准刺激"成正比，其比值是一个常数，即 $\Delta I/I = K$，其中 I 是标准刺激强度，ΔI 是对 I 的差别阈限（最小可觉差值），K 为比例常数，亦称为韦伯分数。该定律提示了一种可能性：如果已知 K 与 I 的值之后，便可预测在标准刺激强度上需要作多大的变化，才能为人们所觉察（$\Delta I = K \cdot I$）。标准刺激强度越高，差别阈限也越高，最小感觉差别就越大。

费希纳（G. T. Fech-ner）将绝对阈作为心理问卷的零点，差别阈作为心理问卷单位，在韦伯定律的基础上推导出测量阈上感觉的公式：$R_k = \log S_k = \log S_o + n\log(1 + k)$，称此为费希纳定律。式中 R_k 为心理量，S_k 为物理量，S_o 为绝对阈或假定为零的特殊刺激值，k 为韦伯比，n 为从 S_o 到 S_k 之间的 JND 数目。简单来说，这个定律说明了人的一切感觉，包括视觉、听觉、肤觉（含痛、痒、触、温度）、味觉、嗅觉、电击觉等等，都遵从感觉不是与对应物理量的强度成正比，而是与对应物理量的强度的常用对数成正比的。当刺激弱度以几何级数增加时，感觉的强度以算术级数增加。它说明心理量是刺激量的对数函数。费希纳定律曾经受到用差别阈限法制作的等距问卷的支持，把这个等距问卷的数据在半对数坐标上作图，可以得到一条直线形的心理测量函数。

2. 公平阈限的定义及测量

公平差别阈（Equity Difference Threshold，EDT）是由俞文钊（1993）在《中国的激励理论及其模式》一书首次提出。公平差别阈是使两个条件不等的人刚能产生公平感时的适宜的差别比值，它可以采用公式来表示，即 $Q_P/I_P \neq Q_0/I_0$（I 为一个人所做的贡献，Q 为一个人所得到的报酬）。公平差别阈理论起源于 Adams 的公平理论，该理论指出在两个条件不相等的人之间进行比较时，其贡献与报酬之间的比值不相等时而这个比值又具有相对的合理性时，人们才会产生公平感。

有关公平差别阈的测量，俞文钊教授 1993 年自编了"企业分配领域中收入公平差别阈的问卷"。问卷的第一部分主要让被试选择他（或她）认为的最为合理的分配形式（包括平均分配、稍有差别、适当拉开差距、差距较大和差距悬殊）。问卷的第二部分主要调查工人之间、工人与中层领导（车间主任、工段长）、工人与厂长之间，在工资和奖金的差别是多少倍才是可以接受的，其中可供选择的有 0.5 倍、1 倍、1.5 倍、2 倍、2.5 倍……10 倍。第三部分是让工人自己选择他们可以接受的分配差距，如提出假定你拿 100 元（工资或奖金），那么车间主任和厂长该拿多少等问题。通过对上述调查结果进行统计分析，便可以得出公平差别阈的比值。通过上述调查，俞文钊得出了承包管理者与职工之间的报酬差别的比值，即承包者与职工的收入差别最多为 2 倍~3 倍（EDT 处于 2:1~3:1 之间）。如果大于 EDT，职工就难以接受了；而如果小于 EDT，承包者不能接受。俞文钊还指出公平差别阈的概念及量值适用于分配领域的各个方面，如工资、奖金以及各种形式的薪酬分配。

3. 公平阈限的作用后果研究

亚当斯的公平理论重点研究两个条件相等的人的收入公平感，认为人们总是将自己所作贡献与所获报酬与一个和自己条件相等的人的所作贡献与所获报酬进行比较，如果两者比值相等，双方都会觉得公平，否则均不会觉得公平。该理论注重分析两个条件相等的人所进行的公平比较，而没能解释两个条件不相等的人所进行的公平比较。然而事实上现实企业中很难找到两个条件完全相等的人。因此，相比公平理论，公平差别阈理论更适合解释现实企业情境中的公平比较问题。公平差别阈理论提出了两个条件不相等的人如何才能产生收入公平感。即当人们将自己所作贡献与所获报酬，与一个和自己条件不相等的人的所作贡献和所获报酬进行比较时，如果两者之间的比值保持适宜的差别（收入差距＝EDT），双方才会有公平感。可见，按照公平差别阈的观点，我们不能泛泛地说收入差距导致不公平感，确切地说，应该是收入差距的不合理（收入差距 ≠ EDT，亦即收入差距大于或小于 EDT）才会造成不公平感。这个不合理是指差距过大或差距过小，超越了人们心理承受力的范围。

公平阈限对员工绩效的影响非常匮乏，本节拟采用相对剥削理论去推演公平阈限对员工绩效所产生的影响。相对剥削是指当人们将自身处境与某种标准或参照群体相比较而发现自己处于劣势时所产生的受剥削感，是一个心理学上的概念。Crosby（1976）把相对剥削感定义为"个人在认知到现实与理想之间存在差异后而产生的一种紧张状态"。Martin（1981）较早地把相对剥削理论引入到组织情境中，认为员工的被剥削感会产生一系列负面的心理和行为结果。此后，不少学者将相对剥削理论引入客观薪酬差距的研究，并指出组织差异化的薪酬分配制度会通过员工的被剥削感产生一些负面结果，包括降低员工的满意度、组织承诺、合作意愿、集体凝聚力，并最终破坏集体的雇佣关系与绩效（Akerlof & Yellen，1990；Levine，1991；Cowherd & Lexine，1992；Bloom，1999；Ding et al.，2009），而公平差别阈指的是使两个条件不等的人刚能产生公平感时的适宜的差别比值。因此，依据相对剥削理论可知，当两个条件不相等的人认为收入差距不等于公平差别阈时，其中一方会认为收入差距是不合理的，即自己的薪酬收入水平低于自己理想中的"公平"的收入水平，从而会形成一种相对被剥削感（Martin，1981），进而降低随后的工作努力程度（Akerlof & Yellen，1990），员工的任务绩效水平会较低，偏离行为会较多。反之，当两个条件不相等的人认为客观薪酬差距等于公平差别阈时，员工的任务绩效水平会较高，偏离行为会较少。

2.2.5 组织伦理气候的相关研究

2.2.5.1 组织伦理气候的定义

组织伦理气候（Organizational ethical climate）是员工对组织伦理程序与政策所共同持有的一种稳定的认知与行为意向。目前学术界对 climate 主要有 3 种翻译，即"氛围"、"气氛"和"气候"，因此学者们也将组织伦理气候翻译为组织伦理气氛、组织伦理氛围（王雁飞和朱瑜，2006；吴红梅，2005）。其中，组织伦理气候（气氛、氛围）实际上是一类具体的组织气候（气氛、氛围）。考虑到气候体现了一种稳定的状态，而且表述更加准确和生动，因此，本书在表述上，采用"气候"来代替"气氛"和"氛围"。Victor et al. (1987) 对组织伦理气候进行了开创性研究，认为如果将伦理的理念纳入组织管理实践中，有助于形成组织伦理气候，并认为组织伦理气候是组织成员在什么是符合伦理的行为以及应如何处理伦理问题两方面所形成的较一致的共同认知。

2.2.5.2 组织伦理气候的分类

Victor et al. (1988) 把组织伦理气候划分成 5 个维度，即自利导向、关怀导向、规则导向、独立导向、法律与法规导向的组织伦理气候。不少研究者都将组织伦理气候认知作为一个整体来衡量，只有少量的文献针对以上五种维度分别进行测量，但学者们对这 5 种类型的稳定性仍有疑虑（Cullen et al.，1993）。尽管不同的研究者认为组织伦理气候类型并不稳定，但是几乎在所有的分析中都会验证得到三类组织伦理气候：关怀导向、规则导向和自利导向的组织伦理气候。在关怀导向伦理气候中，组织内员工往往表现为相互合作和帮忙，这会让成员之间形成一种积极正面的情感氛围。在规则导向伦理气候中，当个体面临道德决策时，公司的程序与规范是个体进行对错判断的主要依据。在自利导向伦理气候中，利我主义主导了员工的道德判断。在这种情况下，个人基本上不会考虑所在组织中其他人的需要或利益。刘文彬和井润田（2010）、杨春江等（2014）也指出这三类组织伦理气候被证明是稳定存在的。因此，本研究也采用这种分类开展研究，将组织伦理气候（EC 是伦理气候英文全称 Ethical Climate 的缩写，因此，以下将伦理气候简称 EC）分成关怀导向伦理气候（简称关怀导向 EC，下同）、规则导向伦理气候（简称规则导向 EC，下同）和自利导向伦理气候（简称自利导向 EC，下同）这三类。

2.2.6　文献分析小结

基于以上对文献的梳理，我们可知中、西方学者们针对薪酬分配中公平标准和收入差距有一些研究。但从现有的研究来看，仍然存在以下问题值得进一步深入研究：

（1）企业薪酬分配中公平标准的类型及其作用效果的实证研究非常匮乏，亟待进一步加强。

目前普遍公认的公平标准主要有贡献律、平均律和需要律，但事实上中国企业采用的公平标准远远不止这 3 种（余凯成和何威，1995；陈维政等，2004；陈曦等，2007）。从现有的研究来看，企业薪酬分配公平标准的结构、测量及其作用效果均存在一定的问题，相关的实证研究非常匮乏。其一，分配公平标准的结构较混乱，并没有对其进行分类整理和实证检验，这就导致理论与现实严重脱节，现有研究并未详细说明当前企业究竟该采用哪些公平标准；其二，有关分配公平标准的测量有情境实验法和问卷调查法。情境实验法避免直接提问的弊端，有利于大家置身于具体情境选择真实的公平标准。问卷调查法格式相对固定，便于被试在预设的选项中作出判断。然而两者单独均无法全面对分配公平标准进行有效测量；其三，针对分配公平标准作用效果的研究主要集中在绩效薪酬的员工分配公平感的影响，但分配公平标准不止按绩效分配这一种，那么其他不同的薪酬分配公平标准如何对员工分配公平感产生影响？上述问题均具有很强的理论价值和实践意义。然而，迄今为止，学术界对这些问题的研究非常匮乏。

（2）个体主观的"公平差别阈"及其作用效果的实证研究非常有限，有待进一步丰富和拓展。

目前研究主要停留在探讨企业的"客观薪酬差距"多大才合适，忽略了对中国企业员工主观的"公平差别阈"的探讨，而这又是决定薪酬分配公平感的关键要素。尽管俞文钊20世纪80年代提出"公平差别阈"，然而在此之后，鲜有学者对其进行跟踪研究，以往关于公平差别阈作用效果以及这种作用效果在不同情境下是否表现出差异的相关研究也十分有限，亟待进一步开展起来。本书认为在我国经济转型的特殊时期，研究者可以聚焦在收入差距对薪酬分配公平感、任务绩效和工作偏离行为的影响，这将极大丰富和拓展公平差别阈和客观薪酬差距在个体层面的理论研究。

（3）薪酬分配中"公平标准"和"收入差距"的作用效果是否会受到外部情景因素的影响，这方面有待进一步丰富和拓展。

虽然随着市场经济的建立和受西方价值观的影响，中国人的观念在发生变化，但传统的观念和思维习惯仍然影响着中国人的公平观，比如由于受到"不患寡而患不均"等传统观念和思维的影响，在许多情境下，相比于西方企业员工，中国企业员工在公平标准上更倾向于平均分配。另外，中国企业的员工在分配价值理念上与美国员工存在一定差异（Chen，1995；He et al.，2004）。不同分配价值理念会影响到人们对公平差别阈的理解。例如，美国人赞同个人奋斗与成就，只要报酬来源合法，再大的收入差距也能认同；中国人则强调个人成就不仅是个人能力和努力的结果，而且离不开他人的支持和付出，是集体创造的。因此，一个人的收入可以比其他人多，但若超过一定的比例就被视为不公平。可见"公配标准"和"公平差别阈"的作用效果会受到中国人观念和行为的影响，而作为中国社会重要组成部分的企业组织，其内部的组织文化势必会影响中国企业员工的观念和行为。考虑到组织伦理气候是组织文化的重要组成部分，因此本研究引入组织伦理气候这一重要的组织情境变量，探讨公平标准和收入差距对薪酬分配公平感的影响在不同组织伦理气候下会表现出何种差异，这将极大丰富和拓展员工进行分配公平判断的组织情境影响因素。

2.3　本 章 小 结

本章从薪酬、公平正义、公平标准、收入差距和组织伦理气候等方面综述了本书的相关文献，总结了以往研究的贡献和需要进一步研究的问题，为本书的开展奠定了坚实的基础。

本章通过理论综述发现"公平标准"和"收入差距"是导致薪酬分配公平感的重要的决定要素，也能引发员工任务绩效和工作偏离行为的改变。因此，首先梳理公平标准和公平差别阈对薪酬分配公平感及任务绩效和工作偏离行为的影响，并在此基础上进行提炼与总结，归纳相关的管理启示。

同时，本章在国内外公平标准文献基础之上，提出了公平标准的概念。公平标准究竟包括哪些类型。这有待于通过科学的问卷开发过程来加以说明，因此在下一章本书围绕公平标准问卷的开发工作展开，也为后续的相关研究奠定基础。

第 3 章　公平标准的问卷开发

Farh et al.（2006）总结了在中国管理研究中问卷开发的四种常见思路。第一种思路就是强调文化适用性原则，将国外的测验直接翻译成中文。第二种思路是在翻译国外测验的过程中，修改不适合中国情境的部分，以使它们能够与我们研究的背景统一。第三种思路强调发展出能广泛适用于各种文化情境下的测验问卷。第四种思路是致力于开发出能准确反映中国管理情境特殊性的测验。

3.1 研究目的

如前文所述，公平标准也被称为公平观。中国人特有的公平观源于中国社会长期的文化传统。由于中国文化为各种角色预设了相应的义务与伦理规范，使得中国人在进行公平判断时，个人除考虑合作双方的贡献，还不得不考虑各种关系施加给自己的义务和要求，这或许是中国人公平观的独特之处（张志学，2006）。另外，不少学者也指出尽管传统的恭检谦让与知足安贫的价值观，以及封建宗法结构的凭人际关系定态度亲疏和由个人推及家族的（群体导向性）价值观，也对职工公平价值观及其操作化有相当影响（杨中芳、许志超，1986；Hui & Triandis，1986）。具体而言，中国人的分配公平观包括以下内涵：首先，中国人的分配公平观与特定的关系背景相连，表现为是否满足他人对自己角色的期望，受到诸如人情、关系、面子等影响，具有差序格局的形态，对不同社会关系对象采用不同的分配公平观。其次，中国人的公平观受到一般性社会规范的约束，从事分配的人不仅考虑个人的贡献，而且会尽可能保证分配各利益方的心理平衡和关系和谐。

目前有关公平标准（分配公平观）的研究更多停留在规范研究的层面，极少数研究对其进行实证检验，而公平标准的类型或维度是进行实证研究的基础。目前普遍公认的公平标准主要有贡献律、平均律和需要律。但不少学者认为中国企业采用的公平标准远远不止这 3 种（余凯成和何威，1995；陈维政等，2004；陈曦等，2007）。因此，我们有必要基于中国企业情境在科学地界定公平标准定义基础上，遵循一系列问卷开发步骤，采用第四种思路开发适合于中国企业情境的公平标准问卷,为今后的实证研究奠定坚实的基础。

3.2　研究方法与思路

问卷开发目前主流的研究方法是访谈法、个案法和资料分析法,主要分四阶段进行:

第一阶段,通过文献研究和访谈法归纳有关薪酬公平标准的条目。

第二阶段,借助于专家团队(主要由人力资源管理专家组成)对第一阶段归纳的条目进行筛选。主要有两步的工作:首先专家团队根据公平标准的定义把不符合定义内容的有关条目进行删除;然后采用李克特 5 点尺度法,由各位专家对每一个条目在实践中存在的可能性进行评价,1 点表示存在的可能性非常小;5 点表示存在的可能性非常大。将均值低于 2 点的条目删除。

第三阶段,将第二阶段剩余的条目编制成问卷,进行问卷调查,并将相关系数非常低或者相关系数为负和方差较小的条目删除。对剩余条目进行探索性因子分析,根据因子分析结果再对条目进行处理,调整问卷。

第四阶段,利用第三阶段调整后的问卷进行问卷调查,通过调查数据对问卷进行信度和效度检验以及验证性因子分析。

在上一章中,本研究对基本概念"公平标准"进行了操作性定义,这有助于确定预测变量的边界。公平标准本土化问卷开发的工作采用 Church-ill(1979)所提出的测量问卷开发模式,通过反复开发和测试以达到满意的可靠性和有效性。

3.3　研究过程

本书拟定的公平标准问卷条目主要有两大来源:(1)采用内容编码对

国内外的公平标准问卷的各个条目进行深入的内容分析，以挑选出具有代表性的公平标准测量条目；（2）为了实现公平标准问卷的本土化，通过定性的方法了解测验的内容，从而产生测验指标，这些定性方法包括关键事件法、小组面谈法、个人面谈法、开放式问卷等。

3.3.1 文献研究汇总分析

文献分析是对收集到国外学者开发编制的公平标准条目进行了翻译、回译与整理、分析。本课题主要汇集的国内、外相关文献中公平标准条目，这些文献主要包括 Deutch（1975）、Leventhal（1976）、Dornstein et al.（1989）、余凯成和何威（1995）、Chen（1995）、Rusbult et al.（1995）、Tremblay et al.（1997）、宓小雄（1998）、Sarin et al.（2001）、Fischer et al.（2004）、陈维政等（2004）、陈曦等（2007）、Bozionelos et al.（2007）、马新建（2007）、许新强和李薇（2009）、赵海霞和龙立荣（2012）等。接下来，本书邀请了 5 位人力资源管理方向的博士、硕士研究生采用专家意见法参与讨论，对上述问卷中意义相同的条目进行合并，从而获得了如表 3 – 1 所示的一些的条目。本研究将这 32 个条目全部纳入问卷编制的条目库中。

表 3 – 1　　　　　　　　国内、外公平标准条目汇总

题项	题项
1. 按照每人的需要，分配给相应的资源	11. 按照市场供求情况分配
2. 根据个人所作出的贡献来分配薪酬	12. 岗位所要解决的问题
3. 按照每人的能力，分配给相应的资源	13. 按照互利原则来分配
4. 以个人当期的绩效评价结果作为标准	14. 岗位所要求的技术知识
5. 按照每人所作出的努力，分配给相应的资源	15. 按照个人的地位进行分配
6. 综合考虑岗位工资和当期的绩效评价结果	16. 岗位所负职责的大小和范围
7. 按每人所获都不低于某一预设的基线来分配	17. 按照个人的层级进行分配
8. 每人均应受到平等的对待，人人所获均等	18. 相关职位的需求程度
9. 按照每人的需要，分配给相应的资源	19. 按照个人的身份进行分配
10. 给予每人以相等的竞争机会，不带任何偏见与歧视	20. 职位等级

题项	题项
21. 按照共同利益来分配	27. 政治表现
22. 代价律	28. 投资回报律
23. 关系	29. 性别
24. 学历律	30. 资历律
25. 创新意识	31. 面子
26. 风险律	32. 年轻律

3.3.2 访谈收集"关键词条"

为了实现公平标准问卷的本土化，本研究主要采用的个别面谈法来收集有关公平标准的关键词条，在向被调查者解释公平标准这一概念的操作性定义的基础上，通过个人面谈这一方法收集相应的关键词条。

个人面谈主要集中在以下两大类问题：第一，请您谈谈您所在公司2014年全年货币性薪酬（可用货币衡量的薪酬）的主要结构（比如工资、奖金和绩效等）？请您分别谈谈上述每一类货币性薪酬具体是按什么标准来分配？（比如绩效工资是按绩效分配、岗位工资按能力或责任分配等）。第二，您认为这些分配标准公平吗？（非常不公平、较不公平、一般、较公平、非常公平）。如果不公平，为什么不公平？那您觉得按什么标准分配才是公平的？

在此基础上改变成测量语句从而形成项目库。本次共访谈54名员工，人口统计学分布概况如下：性别方面，男性员工29个，占比53.7%，女性员工25个，占比46.3%。年龄方面，25岁及以下占比11.1%，26岁~35岁占比83.3%，36岁及以上占比5.6%；工龄方面，2年及以下占比40.7%，3年~5年占比38.9%，6年及以上占比20.4%；学历方面，高中、中专及以下占比3.7%，大专占比25.9%，本科占比31.5%，研究生占比38.9%；职位方面，高层管理人员或高层技术人员占比5.6%，中层管理人员或中层技术人员占比18.5%，基层管理人员或中层技术人员占比22.2%，普通员工占比53.7%；企业性质上，国有或国有控股公司占比

33.3%，民营或民营控股公司占比66.7%；行业上，IT/通信/高新技术行业占比42.6%，传统制造业/建筑业/房地产占比13%，服务业/金融业/旅游业占比37%；用工性质上，长期劳动合同工（3年以上）占比61.1%，短期劳动合同工（3年及以下）占比38.9%。

本研究采用访谈的形式主要想了解员工对企业货币性薪酬分配中公平标准的看法。作者对收集到的原始访谈记录进行了初步整理后，同样邀请了5位人力资源管理方向的博士、硕士研究生对访谈内容进行了编码的工作，对含义相同或类似的条目进行了合并，去除了与个人感受无关的条目。经研究整理后，共得到了如下一些有关公平标准的描述，本研究将下述33个条目全部纳入了问卷编制的条目库。

表3-2   访谈所收集到的公平标准条目汇总

题项	题项
1. 按照岗位职责的大小和范围分配相应的薪酬	12. 按照每人工作年限（工龄）的长短分配相应的薪酬
2. 按照个人所做的努力分配相应的薪酬	13. 按照岗位在公司中的级别分配相应的薪酬
3. 按照个人所作出的贡献分配相应的薪酬	14. 按照每个人所获不低于最低工资的基线来分配相应的薪酬
4. 按照个人工作态度的好坏分配相应的薪酬	15. 按照公司所在行业的行业协会规定分配相应的薪酬
5. 按照个人的社会地位和名声分配相应的薪酬	16. 按照所在地区消费水平的高低分配相应的薪酬
6. 按照个人拥有的社会关系分配相应的薪酬	17. 按照当地的经济发展水平分配相应的薪酬
7. 按照个人在公司未来发展潜力分配相应的薪酬	18. 按照劳动力市场上类似岗位薪酬水平分配相应的薪酬
8. 按照岗位所要求的技术知识分配相应的薪酬	19. 按照企业竞争对手的薪酬策略和水平分配相应的薪酬
9. 按照个人素质（言谈举止、销售技巧、身高、体重、外形、年龄等）分配相应的薪酬	20. 按照个人与公司的谈判情况分配相应的薪酬
10. 按照岗位所需要的胜任条件分配相应的薪酬	21. 按照个人所在岗位的岗位价值大小分配相应的薪酬
11. 按照个人所取得的最高学历或职称分配相应的薪酬	22. 按照市场上某一岗位的稀缺程度来分配相应的薪酬

续表

题项	题项
23. 按照人人平均的原则分配相应的薪酬	29. 按照个人工作强度的大小分配相应的薪酬
24. 按照企业内的人情关系分配相应的薪酬	30. 按照个人从事工作的性质分配相应的薪酬
25. 按照个人所在部门的整体绩效分配相应的薪酬	31. 按照个人工作的特殊性分配相应的薪酬
26. 按照个人所在企业的整体绩效分配相应的薪酬	32. 按照个人的生活需要分配相应的薪酬
27. 按照个人在企业的出差天数分配相应的薪酬	33. 按照个人工作时间的长短分配相应的薪酬
28. 按照个人工作环境的类型和好坏分配相应的薪酬	

3.3.3　条目汇总的内容分析

针对上述两大来源收集得来的条目，本研究首先对两个来源的项目库条目进行汇总，并其进行初步整理分析，其中，对部分简短的条目如表3-3中的5~11题进行简单调整，主要是为了保证条目本身的简单明了。接下来，邀请了上述5位人力资源管理方向博、硕士研究生对两个来源的条目意义相同会相似性很高的条目进行合并处理，最终总共形成了44个条目的初始问卷。

表 3-3　　　　　　　　国内、外公平标准问卷条目汇总

题项	题项
1. 按照每人的能力，分配给相应的资源	9. 个人在政治方面的表现（政治表现）
2. 以个人当期的绩效评价结果作为标准	10. 个人的面子大小（面子）
3. 按照共同利益来分配	11. 个人的性别（性别）
4. 岗位所要解决的问题	12. 按照企业内的人情关系分配相应的薪酬
5. 个人为完成工作所承担的风险（风险律）	13. 按照岗位职责的大小和范围分配相应的薪酬
6. 个人愿意为工作所付出的各种代价（代价律）	14. 按照个人所做的努力分配相应的薪酬
7. 按照互利原则分配	15. 按照个人所作出的贡献分配相应的薪酬
8. 个人为公司做出的投资回报（投资回报律）	16. 按照个人工作态度的好坏分配相应的薪酬

续表

题项	题项
17. 按照个人的社会地位和名声分配相应的薪酬	31. 按照企业竞争对手的薪酬策略和水平分配相应的薪酬
18. 按照个人拥有的社会关系分配相应的薪酬	32. 按照个人与公司的谈判情况分配相应的薪酬
19. 按照个人在公司未来发展潜力分配相应的薪酬	33. 按照个人所在岗位的岗位价值大小分配相应的薪酬
20. 按照岗位所要求的技术知识分配相应的薪酬	34. 按照市场上某一岗位的稀缺程度来分配相应的薪酬
21. 按照个人素质（言谈举止、销售技巧、身高、体重、外形、年龄等）分配相应的薪酬	35. 按照人人平均的原则分配相应的薪酬
22. 按照岗位所需要的胜任条件分配相应的薪酬	36. 按照个人所在企业的整体绩效分配相应的薪酬
23. 按照个人所取得的最高学历或职称分配相应的薪酬	37. 按照个人所在的部门的整体绩效分配相应的薪酬
24. 按照每人工作年限（工龄）的长短分配相应的薪酬	38. 按照个人工作环境的类型和好坏分配相应的薪酬
25. 按照岗位在公司中的级别分配相应的薪酬	39. 按照个人在企业的出差天数分配相应的薪酬
26. 按照每个人所获不低于最低工资的基线来分配相应的薪酬	40. 按照个人从事工作的性质分配相应的薪酬
27. 按照公司所在行业的行业协会规定分配相应的薪酬	41. 按照个人工作强度的大小分配相应的薪酬
28. 按照所在地区消费水平的高低分配相应的薪酬	42. 按照个人的生活需要分配相应的薪酬
29. 按照当地的经济发展水平分配相应的薪酬	43. 按照个人工作的特殊性分配相应的薪酬
30. 按照劳动力市场上类似岗位薪酬水平分配相应的薪酬	44. 按照个人工作时间的长短分配相应的薪酬

　　本研究邀请 10 名企业员工对汇总后的条目进行了内容效度的评价和筛选，其中 1 位是人力资源管理和组织行为学领域的专家，主要任务是负责组织相关人员进行讨论分析。这 10 名企业员工中，1 名是企业的高层管理员工，拥有 8 年以上的管理经验；4 名是企业的基层管理员工，拥有 5 年以上的管理经验；另外 5 名则为企业的普通员工，拥有 3 年以上

的工作经验。

条目的整理和筛选依据两大标准：

（1）分析每个条目的描述是否清楚和准确，特别注意的是这些条目是否有产生歧义之处；最后，将条目"以个人当期的绩效评价结果作为标准"表述为"按照个人当期的绩效评价结果分配相应的薪酬"，将条目"岗位所要解决的问题"表述为"按照个人所在岗位要解决的问题（复杂性、难易程度等）分配相应的薪酬"。

（2）分析每个条目的陈述是否足够准确地表达概念所要测量的内容，即需对问卷的内容效度进行评估。本研究采用的指标是 Lawshe（1975）的内容效度比，Lawshe（1975）建议邀请数位专家评分，针对某一条目，逐一做出判断：①必要（essential）；②有用但不必要（useful but not essential）；③没有必要（not essential）。假如一般以上的评分者认为该条目很必要或有用（较宽松标准），则该条目视为具有较好的内容效度，能反映该领域的范畴。Lawshe（1975）的内容效度比（Content Validity Ratio，CVR）的计算公式：$CVR = (n_i - N/2)/(N/2)$，其中 n_i 表示专家中认为某项目具有代表性的程度，N 表示参加评定的专家的总人数。根据内容效度比，删除内容效度比低的项目（评分者人数与 CRV 的最低标：N = 10，CRV 的最低标准 = 0.62）。计算全部项目的内容效度比的平均数，作为内容效度的指标（CRV = 0.74，高于 0.62 的判断标准）。

通过计算得出，"按照共同利益来分配"、"按照互利原则分配"、"个人为完成工作所承担的风险（风险律）"、"个人为公司做出的投资回报（投资回报律）"、"个人的性别（性别）"、"按照个人的社会地位和名声分配相应的薪酬"、"按照个人素质（言谈举止、销售技巧、身高、体重、外形、年龄等）分配相应的薪酬"、"按照个人与公司的谈判情况分配相应的薪酬"的 CRV 为 0.33、0.47、0.50、0.50、0.56、0.11、0.50 和 0.56。因此，去掉这些题项。最后，经分析和评价后共得到 35 项有关公平标准的描述，如表 3 - 4 所示。

表 3 - 4   初步分析后保留的条目

题项	题项
1. 按照每人的能力，分配给相应的资源	19. 按照公司所在行业的行业协会规定分配相应的薪酬
2. 以个人当期的绩效评价结果作为标准	20. 按照每个人所获不低于最低工资的基线来分配相应的薪酬
3. 岗位所要解决的问题	21. 按照当地的经济发展水平分配相应的薪酬
4. 个人愿意为工作所付出的各种代价（代价律）	22. 按照所在地区消费水平的高低分配相应的薪酬
5. 按照企业内的人情关系分配相应的薪酬	23. 按照企业竞争对手的薪酬策略和水平分配相应的薪酬
6. 个人的面子大小（面子）	24. 按照劳动力市场上类似岗位薪酬水平分配相应的薪酬
7. 个人在政治方面的表现（政治表现）	25. 按照个人所在岗位的岗位价值大小分配相应的薪酬
8. 按照个人所做的努力分配相应的薪酬	26. 按照市场上某一岗位的稀缺程度来分配相应的薪酬
9. 按照岗位职责的大小和范围分配相应的薪酬	27. 按照人人平均的原则分配相应的薪酬
10. 按照个人工作态度的好坏分配相应的薪酬	28. 按照个人所在企业的整体绩效分配相应的薪酬
11. 按照个人所作出的贡献分配相应的薪酬	29. 按照个人所在部门的整体绩效分配相应的薪酬
12. 按照个人拥有的社会关系分配相应的薪酬	30. 按照个人工作环境的类型和好坏分配相应的薪酬
13. 按照个人在公司未来发展潜力分配相应的薪酬	31. 按照个人从事工作的性质分配相应的薪酬
14. 按照岗位所要求的技术知识分配相应的薪酬	32. 按照个人的生活需要分配相应的薪酬
15. 按照个人所取得的最高学历或职称分配相应的薪酬	33. 按照个人工作强度的大小分配相应的薪酬
16. 按照岗位所需要的胜任条件分配相应的薪酬	34. 按照个人工作时间的长短分配相应的薪酬
17. 按照岗位在公司中的级别分配相应的薪酬	35. 按照个人工作的特殊性分配相应的薪酬
18. 按照每人工作年限（工龄）的长短分配相应的薪酬	

3.4 预测和条目精炼

本研究首先选取了 50 个员工进行小样本试测，对样本的限制性规定是工作年限在 1 年以上，分布于不同企业，并对被试进行个别访谈，要求被试在不改动项目内容的基础上，对条目作修订，找出表述不清、难以理解或有其他疑问的项目，然后加以修改或删除。问卷的有效回收率为 100%。被调查者的平均年龄为 27 岁，工作年限平均 4 年，分布在 IT、通信、高新技术行业、传统制造业、建筑业、房地产与服务业等行业。

本研究分析了上述 35 个题项的最大值和最小值，最终将均值低于 2 的条目删除，均值较低意味着这些公平标准在企业中产生的频率较低，所以有必要去除，如表 3-5 所示。

经过数据的分析和整理，只有"按个人的面子大小分配相应的薪酬"、"按照企业内的人情关系分配相应的薪酬"和"按个人在政治方面的表现分配相应的薪酬"这 3 个题项的均值小于 2，说明这些公平标准出现的频率很低，因此，这 3 个条目应该去除，最终得到了一个包含 32 个条目的问卷。

表 3-5   公平标准问卷中条目的最大值、最小值和均值

题项	最大值	最小值	均值
1. 根据个人所作出的贡献分配相应的薪酬	3	5	4.47
2. 按照个人所具备的能力分配相应的薪酬	2	4	4.43
3. 按照个人所作出的努力分配相应的薪酬	2	5	4.07
4. 按照个人所在岗位要解决的问题（复杂性、难易程度等）分配相应的薪酬	2	5	4.13
5. 按照人人平均的原则分配相应的薪酬	2	4	3.30
6. 按照个人的生活需要分配相应的薪酬	1	5	3.33
7. 按照个人愿意为工作所付出的各种代价分配相应的薪酬	1	5	3.33
8. 按个人的面子大小分配相应的薪酬	1	3	1.95
9. 按个人所取得的最高学历或职称分配相应的薪酬	4	5	3.47
10. 按照个人在公司的未来发展潜力分配相应的薪酬	2	4	3.70
11. 按照当地的经济发展水平分配相应的薪酬	1	5	3.97
12. 按照企业内的人情关系分配相应的薪酬	1	3	1.89
13. 按照企业竞争对手的薪酬策略和水平分配相应的薪酬	1	5	3.83
14. 按照个人所在企业的整体绩效分配相应的薪酬	2	5	3.70
15. 按照个人所在部门的整体绩效分配相应的薪酬	4	5	4.00
16. 按照个人工作的特殊性分配相应的薪酬	2	5	3.90

续表

题项	最大值	最小值	均值
17. 按个人在政治方面的表现分配相应的薪酬	1	3	**1.93**
18. 按照个人所在团队取得的最终成果分配相应的薪酬	2	5	3.77
19. 按照个人当期的绩效评价结果分配相应的薪酬	4	5	3.97
20. 每个人所获都不低于某一预设的基线分配相应的薪酬	2	5	3.93
21. 按照岗位所要求的技术知识分配相应的薪酬	2	4	4.00
22. 按照岗位职责的大小和范围分配相应的薪酬	3	5	4.00
23. 按照岗位在市场上的稀缺程度分配相应薪酬	2	5	3.77
24. 按照岗位在公司中的级别分配相应的薪酬	2	5	2.90
25. 按照个人工作态度的好坏分配相应的薪酬	2	4	3.87
26. 按照个人拥有的社会关系分配相应的薪酬	2	5	4.07
27. 按照岗位所需要的胜任条件分配相应的薪酬	3	5	3.73
28. 按照个人工作年限的长短分配相应的薪酬	4	5	4.00
29. 按照所在地区消费水平的高低分配相应的薪酬	1	5	4.03
30. 按照劳动力市场类似岗位的薪酬水平分配相应的薪酬	1	5	3.20
31. 按照个人所在岗位的岗位价值大小分配相应的薪酬	3	5	3.60
32. 按照个人工作环境的类型和好坏分配相应的薪酬	2	5	3.80
33. 按照个人工作时间的长短分配相应的薪酬	2	5	4.00
34. 按照个人工作强度的大小分配相应的薪酬	2	5	4.47
35. 按照个人从事工作的性质分配相应的薪酬	2	5	4.43

3.5　公平标准问卷的探索性因子分析

本书用探索性因素分析考察公平标准问卷的因素结构，确定公平标准的正式问卷，用重测信度、α系数、相关分析、聚合效度、验证性因素分析等各种指标考察问卷的信度和效度。

3.5.1　探索性因子分析样本概况

上文中，本研究最终精炼了公平标准的 32 个条目。如表 3－6 所示。考虑到本研究中公平标准是一个重要的自变量，需要将这 32 个题目变成具体的问卷，具体操作步骤如下：本研究首先写明问卷提示语"以下左侧是货币性收入（工资、奖金和绩效）分配依据的标准，右侧是这些标准在您心目中期望的影响程度，分值越大表示影响程度越大，请在 1 ~ 5 中选择您认为最合适的数字打"√"，其次，在提示语下方依次对 32 个条目打乱后随机编号，最后在每一个条目的右侧写上对应的"1、2、3、4、5"。这样预试问卷就算编制完成了。待预测试问卷编拟完成后，应首先实施预试，预试对象的基本性质应与将来正式问卷要抽取的对象保持相同或一致，且预试样本的数量应以问卷中包括最多条目的分问卷的 3 ~ 5 倍为原则（吴明隆，2003）。

表 3 - 6　　　　　公平标准预试问卷中条目的最大值、最小值和均值

题项	最大值	最小值	均值
1. 根据个人所作出的贡献分配相应的薪酬	3	5	4.47
2. 按照个人所具备的能力分配相应的薪酬	2	4	4.43
3. 按照个人所作出的努力分配相应的薪酬	2	5	4.07
4. 按照个人所在岗位要解决的问题（复杂性、难易程度等）分配相应的薪酬	2	5	4.13
5. 按照人人平均的原则分配相应的薪酬	2	4	3.30
6. 按照个人的生活需要分配相应的薪酬	1	5	3.33
7. 按照个人愿意为工作所付出的各种代价分配相应的薪酬	1	5	3.33
8. 按照个人所取得的最高学历或职称分配相应的薪酬	4	5	3.47
9. 按照个人在公司的未来发展潜力分配相应的薪酬	2	4	3.70
10. 按照当地的经济发展水平分配相应的薪酬	1	5	3.97
11. 按照企业竞争对手的薪酬策略和水平分配相应的薪酬	1	5	3.83
12. 按照个人所在企业的整体绩效分配相应的薪酬	2	5	3.70
13. 按照个人所在部门的整体绩效分配相应的薪酬	4	5	4.00
14. 按照个人工作的特殊性分配相应的薪酬	2	5	3.90
15. 按照个人所在团队取得的最终成果分配相应的薪酬	2	5	3.77
16. 按照个人当期的绩效评价结果分配相应的薪酬	4	5	3.97
17. 每个人所获都不低于某一预设的基线分配相应的薪酬	2	5	3.93
18. 按照岗位所要求的技术知识分配相应的薪酬	2	4	4.00
19. 按照岗位职责的大小和范围分配相应的薪酬	3	5	4.00
20. 按照岗位在市场上的稀缺程度分配相应薪酬	2	5	3.77

续表

题项	最大值	最小值	均值
21. 按照岗位在公司中的级别分配相应的薪酬	2	5	2.90
22. 按照个人工作态度的好坏分配相应的薪酬	2	4	3.87
23. 按照个人拥有的社会关系分配相应的薪酬	2	5	4.07
24. 按照岗位所需要的胜任条件分配相应的薪酬	3	5	3.73
25. 按照个人工作年限的长短分配相应的薪酬	4	5	4.00
26. 按照所在地区消费水平的高低分配相应的薪酬	1	5	4.03
27. 按照劳动力市场类似岗位的薪酬水平分配相应的薪酬	1	5	3.20
28. 按照个人所在岗位的岗位价值大小分配相应的薪酬	3	5	3.60
29. 按照个人工作环境的类型和好坏分配相应的薪酬	2	5	3.80
30. 按照个人工作时间的长短分配相应的薪酬	2	5	4.00
31. 按照个人工作强度的大小分配相应的薪酬	2	5	4.47
32. 按照个人从事工作的性质分配相应的薪酬	2	5	4.43

在预测问卷条目建立后，本书于 2015 年 10 月到 2015 年 11 月期间，采用实地调研与委托代发的方式进行问卷发放，总计发放 500 份纸质版问卷，回收问卷 455 份，并剔除 19 份无效问卷（剔除标准为漏答较多以及规律性作答），最终得到 436 份有效问卷，符合吴明隆（2003）对预试样本的数量要求。436 份分析样本的特征描述如表 3 - 7 所示。

表 3 - 7　　　　　　　　预试样本的特征描述（N = 436）

变量	分类	占比（%）	变量	分类	占比（%）
性别	男	51.4	年龄	25 岁及以下	15.6
	女	48.6		大于 25 岁小于 36 岁	71.6
				36 岁及以上	12.8
学历	高中及以下	24.8	职位层次	高层管理人员	1.1
	大专	53.7		中层管理人员	14.0
	大学本科	15.6		基层管理人员	24.8
	研究生	24.8		普通员工	60.1

续表

变量	分类	占比（%）	变量	分类	占比（%）
工龄	2 年及以下	43.6	职称	高级专业人员	2.5
	3 至 5 年	27.5		中级专业人员	18.8
	6 至 8 年	14.9		初级专业人员	19.5
	9 年及以上	14.0		无	59.2
职务领域	生产或施工	14.2	企业性质	国有或国有控股公司	34.4
	营销或销售	22.0		民营或民营控股公司	51.8
	研发或设计	11.2		外资或外资控股公司	8.7
	技术或质量	7.6		经营性的事业单位	3.4
	财务	4.1		其他	1.6
	顾客服务	2.5			
	人力资源	18.6			
	行政或后勤	13.1			
	供应或采购	1.6			
	其他	5.0			
行业	IT/通讯/高新技术行业	20.0	用工形式	无固定期限劳动合同工	18.8
	传统制造业/建筑业/房地产	41.1		长期劳动合同工（3 年以上）	41.7
	服务行业（除金融外）	21.1		短期劳动合同工（3 年及以下）	35.6
	金融行业	1.1		劳务派遣或劳务外包工	2.8
	其他	16.7		其他	1.1

　　本研究按有效问卷进行编号，436 个样本依次被编号为 1～436，本研究将编号进行奇偶对半分，编号为奇数（1、3、5、…、435）的问卷用作探索性因子分析的样本，偶数部分用作验证性因子分析。在有效样本数大小方面，Hair et al.（2006）建议进行因子分析时，有效样本数至少 100 份，Gorsuch（1983）建议陈述句数目与有效样本数的比值至少应达到 1∶5，且越高越好。考虑研究时间、人力与金钱成本等各项限制，本部分共采用有效问卷共 218 份，满足上述对有效样本大小的规定。

3.5.2　预处理与项目分析

在进行预测之后，本书归纳了被调查者在答题过程的反应与意见，作为形成正式问卷时修正的参考；就预测所得的资料，进行项目分析，根据分析结果删除条目，以构建公平标准正式问卷。以下就预测所得资料的处理及形成正式问卷的过程加以说明。

本书参考邱皓政（2009）的建议，采用下列五项标准来检验条目，以作为删除条目的依据，包括遗漏值检验、项目分析、该条目被删除后全问卷内部一致性系数是否提高、各条目与问卷总分之间相关系数、因子分析结果中各条目在所属因子下的因子载荷。

3.5.2.1　遗漏值检验

在遗漏值检验部分，没有条目存在显著性的遗漏偏差，因此不做删除。

3.5.2.2　项目鉴别力分析

项目分析目的在于对各条目进行项目区分度分析，即在求出每一个条目的"临界比率"（Critical Ratio，CR），如果条目的 CR 值达显著水准，即表示这个条目能鉴别不同受试者的反应程度。测量专家们把试题的鉴别度称为测验是否具有效度的"指示器"，并作为评价项目质量、筛选项目的主要指标之一，同时它也是因子分析的前提和基础（吴明隆，2003）。具体做法是将所有受试者在预试问卷的得分总和依高低排列，以测验总分最高的27%（对应的值为144）及最低的27%（对应的值为124），作为高低分组界。本研究对公平标准的32个条目高分组和低分组进行独立样本的 T 检验，结果如表 3 – 8 所示。

表 3 − 8 独立样本 T 检验

条目	方差方程的 Levene 检验		独立样本 T 检验结果		
	F	Sig.	t	df	Sig. (2 − tailed)
ES1	11. 482	0. 001	5. 191	119	0. 000
			5. 123	90. 063	0. 000
ES2	4. 013	0. 047	6. 292	119	0. 000
			6. 235	102. 046	0. 000
ES3	3. 802	0. 054	6. 841	119	0. 000
			6. 800	109. 816	0. 000
ES4	4. 945	0. 028	6. 991	119	0. 000
			6. 935	104. 891	0. 000
ES5	0. 779	0. 379	4. 063	119	0. 000
			4. 082	116. 712	0. 000
ES6	2. 273	0. 134	3. 418	119	0. 001
			3. 441	113. 375	0. 001
ES7	2. 690	0. 104	8. 417	119	0. 000
			8. 440	118. 586	0. 000
ES8	0. 725	0. 396	7. 832	119	0. 000
			7. 870	116. 522	0. 000
ES9	0. 190	0. 664	9. 831	119	0. 000
			9. 841	118. 994	0. 000
ES10	2. 458	0. 120	7. 693	119	0. 000
			7. 723	117. 707	0. 000
ES11	0. 819	0. 367	7. 511	119	0. 000
			7. 468	110. 455	0. 000
ES12	0. 232	0. 631	8. 134	119	0. 000
			8. 132	118. 530	0. 000
ES13	2. 842	0. 094	7. 415	119	0. 000
			7. 381	113. 002	0. 000
ES14	0. 012	0. 914	7. 499	119	0. 000
			7. 494	118. 357	0. 000
ES15	3. 761	0. 055	6. 782	119	0. 000
			6. 737	108. 381	0. 000
ES16	2. 273	0. 134	8. 769	119	0. 000
			8. 690	101. 814	0. 000

续表

条目	方差方程的 Levene 检验		独立样本 T 检验结果		
	F	Sig.	t	df	Sig. (2 - tailed)
ES17	0.050	0.824	7.840	119	0.000
			7.810	114.302	0.000
ES18	1.690	0.196	8.681	119	0.000
			8.622	107.706	0.000
ES19	2.571	0.111	8.818	119	0.000
			8.765	109.649	0.000
ES20	0.044	0.834	9.551	119	0.000
			9.542	118.110	0.000
ES21	5.927	0.016	8.249	119	0.000
			8.192	107.565	0.000
ES22	0.542	0.463	8.492	119	0.000
			8.483	118.019	0.000
ES23	0.085	0.771	5.321	119	0.000
			5.329	118.984	0.000
ES24	0.124	0.725	9.550	119	0.000
			9.489	108.794	0.000
ES25	0.023	0.879	8.420	119	0.000
			8.444	118.550	0.000
ES26	0.127	0.723	8.485	119	0.000
			8.466	116.677	0.000
ES27	2.839	0.095	8.090	119	0.000
			8.101	119.000	0.000
ES28	0.116	0.734	8.541	119	0.000
			8.542	118.771	0.000
ES29	0.568	0.453	8.448	119	0.000
			8.457	118.993	0.000
ES30	0.008	0.927	8.452	119	0.000
			8.425	115.319	0.000

续表

条目	方差方程的 Levene 检验		独立样本 T 检验结果		
	F	Sig.	t	df	Sig. (2 – tailed)
ES31	0. 211	0. 647	9. 594	119	0. 000
			9. 571	116. 482	0. 000
ES32	0. 051	0. 822	7. 742	119	0. 000
			7. 709	113. 602	0. 000

注：表 3 – 8 中 ES 为 Equity Standards 的缩写，ES1 – ES32 分别对应于表 3 – 6 中的公平标准条目。下同。

针对每个条目的高、低分组分别进行独立样本 T 检验，分析每一条目是否具有鉴别度应遵循如下步骤：（1）如果某个条目的组别群体变异数相等性（Levene's Test for Equality of Variances）的 F 检验显著（Sig≤0.05），则表示两个组别的群体变异数不相等，此时考察假定变异数不相等（Equal variances not assumed）的 t 值显著性，若 t 值显著（Sig≤0.05），则此题具有鉴别度；若 t 值不显著（Sig>0.05），则此题不具有鉴别度。（2）如果某个条目的组别群体变异数相等性（Levene's Test for Equality of Variances）的 F 检验不显著（Sig>0.05），则表示两个组别的群体变异数相等，此时考察假定变异数不相等（Equal variances assumed）的 t 值的显著性，若 t 值显著（Sig≤0.05），则此题具有鉴别度；若 t 值不显著（Sig>0.05），则此题不具有鉴别度。从表 3 – 8 的结果来看，所有条目的 t 值显著，具有良好的鉴别度，保留所有条目，以进一步做因子分析。

3.5.2.3　条目与总分的相关系数和内部一致性系数

当条目与该问卷总分之间相关系数低于 0.4 时，则将该条目予以删除（吴明隆，2010），本研究中只有 ES5 和 ES6 两项与问卷总分之间相关系数低于 0.4，因此将其删除。以 Cronbach's α 系数检验预测问卷内部一致性，其中公平标准的预测问卷整体 Cronbach's α 系数值达 0.922（N = 218），每一条目被删除之后剩余条目所组合的问卷 Cronbach's α 系数值只有 ES5 和 ES6 两项大于 0.922，而其他条目被删除后全问卷内部一致性系数没有显著提高，具体内容见表 3 - 9。在此阶段，删除 ES5（按照人人平均的原则分配相应的薪酬，简称平均律）和 ES6（按照个人的生活需要分配相应的薪酬，简称需要律）两项，可见，平均律和需要律尽管属于最经典的三大公平分配定律，但在货币性薪酬的分配中，两者并不常见。其他 30 个条目都符合要求，故全部保留。

表 3 - 9 公平标准问卷的条目分析结果（N = 218）

条目	平均数	标准差	条目与总分的相关系数	删除该条目后问卷 Cronbach's 系数	删除与保留
ES1	4.27	0.805	0.415 **	0.921	保留
ES2	4.16	0.784	0.431 **	0.920	保留
ES3	3.86	0.921	0.487 **	0.920	保留
ES4	4.14	0.805	0.477 **	0.920	保留
ES5	2.50	1.200	0.306 **	0.923	删除
ES6	2.63	1.234	0.325 **	0.923	删除
ES7	3.52	1.012	0.542 **	0.919	保留
ES8	3.15	0.988	0.545 **	0.919	保留
ES9	3.42	0.893	0.590 **	0.919	保留
ES10	3.61	0.858	0.511 **	0.920	保留
ES11	3.70	0.889	0.533 **	0.919	保留
ES12	3.78	0.806	0.499 **	0.920	保留
ES13	3.67	0.821	0.548 **	0.919	保留
ES14	3.85	0.762	0.537 **	0.919	保留
ES15	4.02	0.831	0.498 **	0.920	保留
ES16	3.78	0.831	0.578 **	0.919	保留
ES17	3.59	0.986	0.540 **	0.919	保留
ES18	3.75	0.822	0.643 **	0.918	保留
ES19	3.82	0.815	0.595 **	0.919	保留
ES20	3.94	0.775	0.564 **	0.919	保留
ES21	3.84	0.811	0.517 **	0.920	保留
ES22	3.53	0.917	0.594 **	0.919	保留
ES23	2.97	0.952	0.418 **	0.921	保留
ES24	3.73	0.866	0.626 **	0.918	保留
ES25	3.39	0.895	0.544 **	0.919	保留

续表

条目	平均数	标准差	条目与总分的相关系数	删除该条目后问卷 Cronbach's 系数	删除与保留
ES26	3.57	0.857	0.553 **	0.919	保留
ES27	3.69	0.854	0.545 **	0.919	保留
ES28	3.89	0.818	0.540 **	0.919	保留
ES29	3.33	0.895	0.582 **	0.919	保留
ES30	3.52	0.922	0.547 **	0.919	保留
ES31	3.80	0.862	0.609 **	0.918	保留
ES32	3.65	0.920	0.571 **	0.919	保留

3.5.3　探索性因子分析结果

项目分析后，为检验问卷的结构效度（Construct Validity），应进行因子分析。所谓结构效度是指问卷能测量理论的概念或特质的程度。探索性的因子分析目的在于确定问卷潜在的结构，减少条目数目，使之变为一组较少且彼此相关较大的变量。探索性因子分析步骤如下：

3.5.3.1　条目间相关系数分析

进行条目间相关系数分析的目的在于分析数据是否适合进行因子分析。具体做法是检查各条目间的相关系数是否显著（Sig≤0.05），即相关系数如果偏低则要找出共同因子将很困难，因子分析结果不甚理想，需要重新设计条目（或问卷），若条目间相关太高（0.80 以上），表明数据不适合因子分析（吴明隆，2010），可以将相关系数太高（0.80 以上）的条目予以删除，再进行因子分析。本研究薪酬公平标准剩余的 30 个条目间呈现显著的中低等程度相关性（Sig < 0.05），未出现极度的高度相关（r = 0.80），编制的问卷条目适合进行探索性因子分析（注：限于篇幅有限，30 个条目之间的相关系数表就不在这里呈现）。

3.5.3.2　KMO 与 Bartlett's Test

KMO 值越接近 1，代表净相关系数越低，代表抽取共同因子的效果越好。KMO 统计量是通过比较各变量间简单相关系数和偏相关系数的大小判断变量间的相关性，相关性强时，偏相关系数远小于简单相关系数，KMO值接近 1。一般情况下，KMO≥0.9 非常适合因子分析；0.8≤KMO<0.9比较适合；0.7≤KMO<0.80 以上尚可进行因子分析；0.5<KMO<0.60效果很差；KMO≤0.50 以下不适宜作因子分析。

Bartlett's 球型检验，用于检验相关阵是否是单位阵，即各变量是否独立。它是以变量的相关系数矩阵为出发点，零假设：相关系数矩阵是一个单位阵。如果 Bartlett's 球型检验的统计计量数值较大，且对应的相伴概率值小于给定的显著性水平，则应该拒绝零假设；反之，则不能拒绝零假设，认为相关系数矩阵可能是一个单位阵，不适合做因子分析。若假设不能被否定，则说明这些变量间可能各自独立提供一些信息，缺少公因子。

本研究的 KMO 值等于 0.877，大于 0.5，同时 Bartlett's 球形检验达到显著水平（Sig = 0.000），说明适合进行因子分析。

3.5.3.3 碎石图与整体解释变异量

本书采用 SPSS 对 218 份数据进行探索性因子分析，并采用主成分法抽取共同因子，对具有良好鉴别度的 30 道条目进行因子分析，再以最大变异法（Varimax Solution）进行共同因子正交旋转处理，以因子载荷大于 0.4为标准。吴明隆（2010）认为在进行因子分析时，有两个非统计学导向（判断是否抽取了足够多的因子）被广泛使用，它们是特征值法则和碎石检验。Kaiser（1960）坚决要求，不能保留特征值 1.0 的因子（因子所负荷的信息比一个典型的题项还要少）。结果显示，特征根（Eigenvalue）的值大于 1 的因子数量有 7 个。

经过探索性因子分析后，得到由 30 个条目萃取出 7 个因子的正式问卷，表 3 - 10 为采用主成分分析法抽取主成分的结果，转轴方法为直交转轴的最大变异法。由表 3 - 9 可知：总计提取了 7 个特征根值大于 1 的因子，因子 1 的特征根值为 9.167，对总方差的解释率为 30.556%；因子 2的特征根值为 2.661，对总方差的解释率为 8.871%；因子 3 的特征根值为1.735，对总方差的解释率为 5.784%。因子 4 的特征根值为 1.429，对总方差的解释率为 4.764% ；因子 5 的特征根值为 1.218 ，对总方差的解释率为 4.27% ；因子 6 的特征根值为 1.147 ，对总方差的解释率为 3.824% 。因子 7 的特征根值为 1.125 ，对总方差的解释率为 3.751% 。7 个因子的累计方差贡献率为 61.82% 。

表 3 – 10　　　　　　　　　　　　　整体解释变异量

成分	原始特征根			萃取的累计方差贡献率			旋转后的累计方差贡献率		
	合计	方差的%	累计%	合计	方差的%	累计%	合计	方差的%	累计%
1	9.167	30.556	30.556	9.167	30.556	30.556	3.62	12.066	12.066
2	2.661	8.871	39.427	2.661	8.871	39.427	3.067	10.224	22.29
3	1.735	5.784	45.211	1.735	5.784	45.211	3.027	10.089	32.378
4	1.429	4.764	49.975	1.429	4.764	49.975	2.995	9.982	42.361
5	1.281	4.27	54.245	1.281	4.27	54.245	2.485	8.285	50.645
6	1.147	3.824	58.068	1.147	3.824	58.068	1.734	5.779	56.425
7	1.125	3.751	61.82	1.125	3.751	61.82	1.619	5.395	61.82
8	0.941	3.136	64.956						
9	0.851	2.837	67.793						
10	0.777	2.589	70.383						
11	0.761	2.537	72.92						
12	0.713	2.377	75.297						
13	0.691	2.303	77.6						
14	0.632	2.108	79.707						
15	0.596	1.988	81.695						
16	0.551	1.838	83.533						
17	0.523	1.744	85.277						
18	0.475	1.582	86.86						
19	0.459	1.53	88.39						
20	0.433	1.444	89.834						
21	0.428	1.428	91.262						
22	0.399	1.331	92.593						
23	0.376	1.253	93.846						
24	0.338	1.128	94.973						
25	0.315	1.051	96.025						

续表

成分	原始特征根			萃取的累计方差贡献率			旋转后的累计方差贡献率		
	合计	方差的%	累计%	合计	方差的%	累计%	合计	方差的%	累计%
26	0.289	0.963	96.988						
27	0.286	0.954	97.941						
28	0.241	0.802	98.744						
29	0.216	0.721	99.464						
30	0.161	0.536	100						

图 3-1 为因子分析碎石图的结果，可以帮助使用者决定因子的数目。从图中可以看出从第 7 个因子以后，坡度线甚为平坦，表示无特殊因子值得抽取，因而保留 6 个因子比较合理。

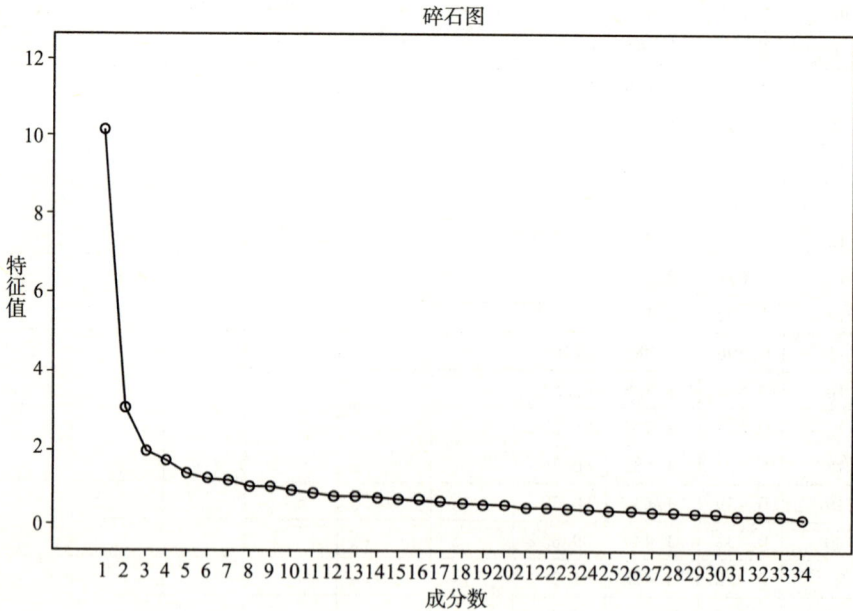

图 3-1 因子分析碎石图

在"解释总变异量"输出结果中，抽取了 7 个共同因子，但从碎石图中看出第 7 个共同因子似乎可以删除。至于是保留 6 个因子或 7 个因子，还需参考抽取的共同因子是否有其合理性而定。因子的合理性有两个含义：其一，共同因子包含的题项变量最少在 3 题以上。其二，题项变量所要测量的潜在特质类似，且因子可以命名。

表 3 - 11 为转轴后的因子矩阵，采用最大变异法进行直交转轴。

表 3 - 11　　　　　　　　　　旋转成分矩阵

题项	成分						
	1	2	3	4	5	6	7
ES30	0.800	- 0.056	0.019	0.091	0.201	0.056	0.185
ES31	0.748	- 0.003	0.055	0.259	0.156	0.057	0.248
ES29	0.635	0.201	0.114	- 0.018	0.296	0.232	- 0.065
ES32	0.606	0.087	0.213	0.363	0.045	0.082	0.006
ES25	0.552	0.132	- 0.035	0.081	0.047	0.43	0.249
ES26	0.498	0.29	- 0.129	0.101	0.391	0.035	0.125
ES14	0.45	0.284	0.326	0.248	- 0.018	0.167	- 0.097
ES13	0.018	0.711	0.098	0.128	0.107	0.287	0.264
ES12	- 0.086	0.706	0.195	0.125	0.203	0.277	- 0.021
ES16	0.165	0.59	0.185	0.387	0.045	- 0.05	0.179
ES15	0.261	0.58	0.373	0.19	0.023	- 0.136	- 0.045
ES28	0.343	0.53	0.112	0.332	0.19	- 0.149	- 0.089
ES27	0.406	0.431	0.139	0.118	0.173	- 0.135	0.249
ES2	0.033	0.126	0.838	0.133	0.081	0.029	- 0.022
ES1	0.021	0.235	0.794	0.116	0	- 0.088	0.098
ES4	0.09	0.124	0.756	0.197	0.123	- 0.004	- 0.032
ES3	0.107	0.046	0.683	- 0.021	0.147	0.209	0.275
ES19	0.112	0.247	0.192	0.697	0.237	- 0.169	0.215
ES18	0.226	0.123	0.123	0.696	0.165	0.088	0.238
ES20	0.200	0.339	0.11	0.642	0.063	0.157	- 0.185
ES24	0.270	0.074	0.182	0.571	0.096	0.325	0.167
ES21	0.012	0.445	0.07	0.547	0.07	0.036	0.18
ES10	0.165	0.122	0.062	0.077	0.745	- 0.096	0.171
ES9	0.121	- 0.055	0.208	0.256	0.668	0.364	- 0.046
ES11	0.146	0.313	0.095	0.089	0.642	- 0.042	0.093

续表

题项	成分						
	1	2	3	4	5	6	7
ES7	0.26	0.031	0.151	0.056	0.465	0.219	0.239
ES23	0.18	0.089	0.037	0.032	0.035	0.729	0.173
ES8	0.187	0.045	−0.035	0.31	0.471	0.494	−0.141
ES22	0.186	0.051	0.176	0.312	0.146	0.198	0.708
ES17	0.282	0.259	0.034	0.113	0.189	0.072	0.570

表 3 - 11 中, 从转轴后的直交矩阵中可以发现: 共同因子 7 只包括 ES17 和 ES22, 而且这一层面从潜在特质上, ES17 (按照每个人所获都不低于某一预设的基线分配相应的薪酬) 和 ES22 (按照个人工作态度的好坏分配相应的薪酬) 不一致, 难以统一命名。因此, 有必要针对第 7 个因子中按因子载荷从低往高删除。

因此首先去掉共同性较低的 ES17, 以此类推, 按照因子合理性的两层含义, 最后本研究依次去掉了 ES22、ES23。最后得到 27 个条目, 共分为 6 个因子, 旋转成分矩阵如表 3 - 12 所示。

表 3 - 12　　　　　　　　　　旋转成分矩阵

题项		成分					
		1	2	3	4	5	6
ES30	A34a	0.802	0.085	0.029	−0.111	0.242	0.112
ES31	A35a	0.763	0.255	0.064	−0.066	0.200	0.105
ES25	A29a	0.67	0.092	−0.05	0.218	−0.016	0.217
ES29	A33a	0.623	0.009	0.113	0.186	0.224	0.239
ES32	A36a	0.596	0.371	0.212	0.024	0.053	0.057
ES14	A17a	0.468	0.267	0.310	0.307	−0.047	0.036
ES19	A22a	0.073	0.735	0.216	0.043	0.322	0.09
ES18	A21a	0.268	0.678	0.125	0.070	0.071	0.239
ES20	A23a	0.183	0.673	0.100	0.262	−0.015	0.149
ES21	A24a	0.017	0.644	0.084	0.286	0.181	0.044
ES24	A28a	0.342	0.557	0.172	0.064	−0.036	0.300

续表

题项		成分					
		1	2	3	4	5	6
ES16	A19a	0.150	0.508	0.200	0.423	0.286	-0.107
ES2	A2a	0.023	0.151	0.839	0.096	0.033	0.082
ES1	A1a	0.003	0.173	0.804	0.155	0.100	-0.078
ES4	A4a	0.059	0.220	0.763	0.049	0.104	0.078
ES3	A3a	0.188	-0.019	0.682	0.110	0.032	0.233
ES13	A16a	0.126	0.227	0.089	0.769	0.119	0.142
ES12	A15a	-0.031	0.199	0.178	0.761	0.139	0.204
ES15	A18a	0.220	0.279	0.377	0.491	0.212	-0.177
ES10	A13a	0.111	0.078	0.093	-0.002	0.664	0.316
ES11	A14a	0.100	0.100	0.113	0.217	0.629	0.318
ES27	A31a	0.339	0.255	0.178	0.180	0.525	-0.145
ES26	A30a	0.348	0.180	-0.104	0.118	0.506	0.158
ES28	A32a	0.232	0.444	0.133	0.280	0.470	-0.126
ES9	A12a	0.159	0.162	0.195	0.027	0.213	0.747
ES8	A10a	0.228	0.267	-0.054	0.107	0.052	0.667
ES7	A9a	0.345	-0.003	0.147	0.149	0.184	0.484

3.5.3.4 因子载荷与共同度

218 份问卷的因子载荷与共同度分析的结果，由于在前面剔除了条目，对条目进行了整理，整理结果如表 3 – 13 所示。

表 3 – 13　　　　　　　　　　因子载荷矩阵与共同度

题项		成分						共同度
		1	2	3	4	5	6	
ES30	A34a	0.802	0.085	0.029	-0.111	0.242	0.112	0.735
ES31	A35a	0.763	0.255	0.064	-0.066	0.200	0.105	0.707
ES25	A29a	0.67	0.092	-0.05	0.218	-0.016	0.217	0.556
ES29	A33a	0.623	0.009	0.113	0.186	0.224	0.239	0.542
ES32	A36a	0.596	0.371	0.212	0.024	0.053	0.057	0.545
ES14	A17a	0.468	0.267	0.310	0.307	-0.047	0.036	0.484

续表

题项		成分						共同度
		1	2	3	4	5	6	
ES19	A22a	0.073	0.735	0.216	0.043	0.322	0.090	0.706
ES18	A21a	0.268	0.678	0.125	0.070	0.071	0.239	0.614
ES20	A23a	0.183	0.673	0.100	0.262	−0.015	0.149	0.587
ES21	A24a	0.017	0.644	0.084	0.286	0.181	0.044	0.538
ES24	A28a	0.342	0.557	0.172	0.064	−0.036	0.300	0.551
ES16	A19a	0.150	0.508	0.200	0.423	0.286	−0.107	0.593
ES2	A2a	0.023	0.151	0.839	0.096	0.033	0.082	0.744
ES1	A1a	0.003	0.173	0.804	0.155	0.100	−0.078	0.716
ES4	A4a	0.059	0.220	0.763	0.049	0.104	0.078	0.654
ES3	A3a	0.188	−0.019	0.682	0.110	0.032	0.233	0.568
ES13	A16a	0.126	0.227	0.089	0.769	0.119	0.142	0.700
ES12	A15a	−0.031	0.199	0.178	0.761	0.139	0.204	0.712
ES15	A18a	0.220	0.279	0.377	0.491	0.212	−0.177	0.586
ES10	A13a	0.111	0.078	0.093	−0.002	0.664	0.316	0.641
ES11	A14a	0.100	0.100	0.113	0.217	0.629	0.318	0.576
ES27	A31a	0.339	0.255	0.178	0.180	0.525	−0.145	0.540
ES26	A30a	0.348	0.18	−0.104	0.118	0.506	0.158	0.539
ES28	A32a	0.232	0.444	0.133	0.280	0.470	−0.126	0.584
ES9	A12a	0.159	0.162	0.195	0.027	0.213	0.747	0.694
ES8	A10a	0.228	0.267	−0.054	0.107	0.052	0.667	0.586
ES7	A9a	0.345	−0.003	0.147	0.149	0.184	0.484	0.431

在进行探索性因子分析时，条目的筛选标准主要有两个：首先，某个条目在单个因子上的载荷必须大于0.4，换言之，在所有因子上载荷都小于0.4的条目应予以删除；其次，若某个条目同时在两个因子上的载荷都超过0.4，那么该条目也应予以删除（Tabachnica & Fidell，2007；邱皓政，2009）。

通过因子载荷矩阵对比分析发现，在ES16、ES28上出现交叉负载严重的情况，即出现某一条目同时对两个及以上因子的负载均达到0.40以上，如ES16在因子2和因子4上出现严重负载，ES28在因子2和因子5上出现严重负载，因此需要对条目ES16、ES28做出删减。另外，从共同度来看，数值越高代表它与其他条目共同特质越多。越接近 1 代表在项目分析中的效度指标越好，可以作为某一条目保留或是修改的标准之一。本研究中各条目的共同度（如表 3-10 所示）介于 0.431~0.735 之间，达到了进行因子分析的标准。

由此，本研究经过探索性因子分析，最终得到了 25 个公平标准的条目。

3.5.3.5 探索性因子结果汇总和因子命名

探索性因子结果汇总和信度系数结果如表 3-14 所示。

研究结果显示：编制的公平标准问卷的总解释变异量为 61.77%，Hair et al.（2006）认为在社会科学研究中，条目的总解释变异量达 60% 即可接受，有时更低也可以接受。

探索性因子分析的结果显示：本研究所编制的公平标准测量问卷可以分为六个分问卷，即公平标准具有六个清晰的分类。下面将根据各分类中的条目所反映的内容对因子命名。

因子 1：这一类别主要是指员工认为确保薪酬分配公平应考虑到工作时间的长短、工作强度的大小、工作年限的长短、工作环境的类型和好坏、从事工作的性质以及工作的特殊性等有关工作方面的特征，故将其命名为"按工作要求付薪"。具体而言，包括问卷中的 ES30、ES31、ES25、ES29、ES32、ES14 这 6 个条目。

因子 2：这一类别主要是指员工认为确保薪酬分配公平应考虑到个人所具备的能力、个人所作出的贡献、个人所解决的问题、个人所作出的努力等有关个人体贡献方面的特征，故将其命名为"按个体贡献付薪"。具体而言，包括问卷中的 ES2、ES1、ES4、ES3 这 4 个条目。

因子 3：这一类别主要是指员工认为确保薪酬分配公平应考虑到岗位职责的大小和范围、岗位所要求的技术知识、岗位在市场上的稀缺程度、岗位在公司中的级别、岗位所需要的胜任条件等有关岗位条件方面的特征，故将其命名为"按岗位条件付薪"。具体而言，包括问卷中的 ES19、ES18、ES20、ES21、ES24 这 5 个条目。

表3-14 探索性因子结果汇总和信度系数

因子命名	条目		因子载荷	共同度	条目与因子的相关	因子与总分的相关	α系数	特征根值	解释变异量
因子1：按工作要求付薪	EDS30. 按照个人工作时间的长短分配相应的薪酬	A34a	0.806	0.742	0.808**	0.803**	0.820	7.764	31.054%
	EDS31. 按照个人工作强度的大小分配相应的薪酬	A35a	0.767	0.714	0.817**				
	EDS25. 按照个人工作年限的长短分配相应的薪酬	A29a	0.663	0.547	0.683**				
	EDS29. 按照个人工作环境的类型和好坏分配相应的薪酬	A33a	0.624	0.564	0.716**				
	EDS32. 按照个人从事工作的性质分配相应的薪酬	A36a	0.598	0.544	0.721**				
	EDS14. 按照个人工作的特殊性分配相应的薪酬	A17a	0.464	0.491	0.600**				
因子2：按个体贡献付薪	EDS2. 按照个人所具备能力分配相应的薪酬	A2a	0.842	0.725	0.849**	0.605**	0.820	2.522	10.089%
	EDS1. 根据个人所作出的贡献分配相应的薪酬	A1a	0.810	0.617	0.832**				
	EDS4. 按照个人所解决的问题（复杂性、难易程度等）分配相应的薪酬	A4a	0.763	0.596	0.799**				
	EDS3. 按照个人所作出的努力分配相应的薪酬	A3a	0.680	0.536	0.759**				
因子3：按岗位条件付薪	EDS19. 按照岗位职责的大小和范围分配相应的薪酬	A22a	0.742	0.556	0.796**	0.801**	0.803	1.583	6.33%
	EDS18. 按照岗位所要求的技术知识分配相应的薪酬	A21a	0.687	0.748	0.775**				
	EDS20. 按照岗位在市场上的稀缺程度分配相应的薪酬	A23a	0.673	0.713	0.735**				
	EDS21. 按照岗位在公司中的级别分配相应的薪酬	A24a	0.637	0.654	0.717**				
	EDS24. 按照岗位所需要的胜任条件分配相应的薪酬	A28a	0.558	0.558	0.721**				

续表

因子命名	条目		因子载荷	共同度	条目与因子的相关	因子与总分的相关	α系数	特征根值	解释变异量
因子4：按团体绩效付薪	EDS12. 按照个人所在企业的整体绩效分配相应的薪酬	A15a	0.782	0.696	0.826**	0.675**	0.725	1.403	5.61%
	EDS13. 按照个人所在部门的整体绩效分配相应的薪酬	A16a	0.770	0.737	0.830**				
	EDS15. 按照个人所在团队取得的最终成果分配相应的薪酬	A18a	0.512	0.596	0.755**				
因子5：按市场水平付薪	EDS10. 按照当地的经济发展水平分配相应的薪酬	A13a	0.742	0.676	0.722**	0.751**	0.696	1.153	4.612%
	EDS11. 按照企业竞争对手的薪酬策略分配相应的薪酬	A14a	0.635	0.566	0.725**				
	EDS26. 按照所在地区消费水平的高低分配相应的薪酬	A30a	0.526	0.561	0.747**				
	EDS27. 按照劳动力市场类似岗位的薪酬水平分配相应的薪酬	A31a	0.491	0.563	0.699**				
因子6：按个人特征付薪	EDS9. 按照个人在公司的未来发展潜力分配相应的薪酬	A12a	0.723	0.692	0.783**	0.698**	0.645	1.019	4.074%
	EDS8. 按照个人所取得的最高学历或职称分配相应的薪酬	A10a	0.693	0.618	0.774**				
	EDS7. 按照个人愿意为工作所付出的各种代价分配相应的薪酬	A9a	0.485	0.434	0.743**				

因子4：这一类别主要是指员工认为确保薪酬分配公平应考虑到个人所在企业的整体绩效、所在部门的整体绩效、所在团队取得的最终成果等有关团体绩效方面的特征，故将其命名为"按团体绩效付薪"。具体而言，包括问卷中的 ES12、ES13、ES15 这 3 个条目。

因子5：这一类别主要是指员工认为确保薪酬分配公平应考虑到当地的经济发展水平、企业竞争对手的薪酬策略和水平、所在地区消费水平的高低、劳动力市场类似岗位的薪酬水平等有关市场水平方面的特征，故将其命名为"按市场水平付薪"。具体而言，具体包括问卷中的 ES10、ES11、ES26 和 ES27 这 4 个条目。

因子6：这一类别主要是指员工认为确保薪酬分配公平应考虑到在公司的未来发展潜力、最高学历或职称、个人愿意为工作所付出的各种代价等有关个人特征方面的特征，故将其命名为"按个人特征付薪"。具体而言，包括问卷中的 ES9、ES8、ES7 这 3 个条目。

3.5.3.6　问卷的信度分析

信度是指问卷测试结果的一致性和稳定性。对于信度的检验通常可以用内部一致性信度、分半信度以及重测信度等指标来实现。在本研究中主要采用第一种信度指标进行检验。内部一致性信度系数检验发现：公平标准全问卷信度检测值（Cronbach's Alpha）为 0.905，六个因子的内部一致性信度检测值（Cronbach's Alpha）介于 0.645～0.820 之间（信度系数具体情况请参见表 3－12），其中，只有"按个人特征付薪"这个分问卷的 α 系数为 0.645，大于 0.6；其他分问卷的 α 系数均接近或大于 0.7。说明各个层面或构念的信度较佳。所以，本问卷可以通过信度检验，具有较高的内部一致性信度。

3.5.3.7　问卷的效度分析

效度是指一个问卷实际能够测出其所要测量的变量的程度。判断效度主要可以从内容效度、结构效度以及校标关联效度三个方面展开，本研究在利用所开发的问卷进行预测试阶段主要通过内容效度和结构效度来进行问卷的效度分析。

从内容效度来看，内容效度涉及问卷中条目设计的充分性问题。就本研究而言，条目是经过大量的实地调查和访谈而得到的，因此这在一定程度上保证了取样的充分性。此外，内容效度的确定方法主要是逻辑分析，其思路是请有关专家对问卷中的条目与操作性定义的吻合程度进行判断，引入 CVR = (ni − N/2)/(N/2) 公式判断评价的一致性程度，从而最大化保证了条目适应性。

从结构效度来看，结构效度是指一个测量能够在多大程度上正确地验证编制测量的理论构想。结构效度涉及一个变量与其他变量之间的测量关系，表现了所欲测量结构与已经建立的其他结构之间的相关程度。本研究构建公平标准问卷的六维结构清晰，六个因子对方差的累计解释率达到61.77%，且各条目含义清楚、可解释性强。另外，因子与总问卷之间的相关介于0.605~0.803，呈中、高度相关，这说明各个维度对各个相应的特质具有较高的区分度，条目具有较好的区分度（相关系数具体情况请参见表3−12）。

3.6 公平标准问卷的验证性因子分析

为了对上述探索性因子分析的研究结果进行具体的验证，本研究拟采用结构方程模型中的验证性因子分析来判定六因子模型是否是最佳匹配模型。验证性因子分析采用上述研究所确立的一个含有25个条目的正式问卷。

3.6.1 验证性因子分析样本概况

采用2015年10月到2015年11月期间最终得到的436份有效问卷，并将编号为偶数（2、4、6、…、436）的问卷作为验证性因子分析的样本。

公平标准问卷的 25 个条目的描述性统计特征如表 3 - 15 所示，该描述性统计特征表明："按照个人所具备的能力分配相应的薪酬"、"根据个人所作出的贡献分配相应的薪酬"、"按照个人所解决的问题（复杂性、难易程度等）分配相应的薪酬"和"按照个人所在团队取得的最终成果分配相应的薪酬"等公平标准在企业中表现尤为突出（均值大于 4）。

表 3 - 15　　　　公平标准问卷 25 个条目的描述性统计（N = 218）

因子命名	条目	均值	标准差
因子 1： 按工作要求 付薪	ES30. 按照个人工作时间的长短分配相应的薪酬	3.46	0.96
	ES31. 按照个人工作强度的大小分配相应的薪酬	3.73	0.811
	ES25. 按照个人工作年限的长短分配相应的薪酬	3.30	1.011
	ES29. 按照个人工作环境的类型和好坏分配相应的薪酬	3.22	0.926
	ES32. 按照个人从事工作的性质分配相应的薪酬	3.60	0.875
	ES14. 按照个人工作的特殊性分配相应的薪酬	3.63	0.839
因子 2： 按个体贡献 付薪	ES2. 按照个人所具备的能力分配相应的薪酬	4.13	0.84
	ES1. 根据个人所作出的贡献分配相应的薪酬	4.27	0.829
	ES4. 按照个人所解决的问题（复杂性、难易程度等）分配相应的薪酬	4.13	0.823
	ES3. 按照个人所作出的努力分配相应的薪酬	3.92	0.879
因子 3： 按岗位条件 付薪	ES19. 按照岗位职责的大小和范围分配相应的薪酬	3.83	0.811
	ES18. 按照岗位所要求的技术知识分配相应的薪酬	3.70	0.803
	ES20. 按照岗位在市场上的稀缺程度分配相应薪酬	3.83	0.862
	ES21. 按照岗位在公司中的级别分配相应的薪酬	3.78	0.841
	ES24. 按照岗位所需要的胜任条件分配相应的薪酬	3.72	0.81
因子 4： 按团体绩效 付薪	ES12. 按照个人所在企业的整体绩效分配相应的薪酬	3.79	0.863
	ES13. 按照个人所在部门的整体绩效分配相应的薪酬	3.83	0.848
	ES15. 按照个人所在团队取得的最终成果分配相应的薪酬	4.03	0.817
因子 5： 按市场水平 付薪	ES10. 按照当地的经济发展水平分配相应的薪酬	3.59	0.948
	ES11. 按照企业竞争对手的薪酬策略和水平分配相应的薪酬	3.57	0.982
	ES26. 按照所在地区消费水平的高低分配相应的薪酬	3.55	0.936
	ES27. 按照劳动力市场类似岗位的薪酬水平分配相应的薪酬	3.59	0.903

续表

因子命名	条目	均值	标准差
因子6： 按个人特征 付薪	ES9. 按照个人在公司的未来发展潜力分配相应的薪酬	3.36	0.896
	ES8. 按照个人所取得的最高学历或职称分配相应的薪酬	3.10	1.009
	ES7. 按照个人愿意为工作所付出的各种代价分配相应的薪酬	3.44	1.043

3.6.2 验证性因子分析样本的信度检验

本研究在利用所开发的问卷进行正式测验的过程中，仍然采用内部一致性信度来判定问卷的信度水平，具体分析结果如表 3 - 16 所示。

表 3 - 16　　　　　　验证性因子分析样本的信度检验结果

因子命名	条目	条目与总分相关	α 系数
因子1： 按工作要求 付薪	ES30. 按照个人工作时间的长短分配相应的薪酬	0.551 **	0.772
	ES31. 按照个人工作强度的大小分配相应的薪酬	0.601 **	
	ES25. 按照个人工作年限的长短分配相应的薪酬	0.506 **	
	ES29. 按照个人工作环境的类型和好坏分配相应的薪酬	0.590 **	
	ES32. 按照个人从事工作的性质分配相应的薪酬	0.570 **	
	ES14. 按照个人工作的特殊性分配相应的薪酬	0.632 **	
因子2： 按个体贡献 付薪	ES2. 按照个人所具备的能力分配相应的薪酬	0.531 **	0.820
	ES1. 根据个人所作出的贡献分配相应的薪酬	0.428 **	
	ES4. 按照个人所解决的问题（复杂性、难易程度等）分配相应的薪酬	0.542 **	
	ES3. 按照个人所作出的努力分配相应的薪酬	0.578 **	
因子3： 按岗位条件 付薪	ES19. 按照岗位职责的大小和范围分配相应的薪酬	0.595 **	0.768
	ES18. 按照岗位所要求的技术知识分配相应的薪酬	0.566 **	
	ES20. 按照岗位在市场上的稀缺程度分配相应的薪酬	0.599 **	
	ES21. 按照岗位在公司中的级别分配相应的薪酬	0.570 **	
	ES24. 按照岗位所需要的胜任条件分配相应的薪酬	0.604 **	

续表

因子命名	条目	条目与总分相关	α 系数
因子4： 按团体绩效付薪	ES12. 按照个人所在企业的整体绩效分配相应的薪酬	0.666 **	0.784
	ES13. 按照个人所在部门的整体绩效分配相应的薪酬	0.570 **	
	ES15. 按照个人所在团队取得的最终成果分配相应的薪酬	0.613 **	
因子5： 按市场水平付薪	ES10. 按照当地的经济发展水平分配相应的薪酬	0.541 **	0.709
	ES11. 按照企业竞争对手的薪酬策略和水平分配相应的薪酬	0.575 **	
	ES26. 按照所在地区消费水平的高低分配相应的薪酬	0.635 **	
	ES27. 按照劳动力市场类似岗位的薪酬水平分配相应的薪酬	0.665 **	
因子6： 按个人特征付薪	ES9. 按照个人在公司的未来发展潜力分配相应的薪酬	0.534 **	0.610
	ES8. 按照个人所取得的最高学历或职称分配相应的薪酬	0.452 **	
	ES7. 按照个人愿意为工作所付出的各种代价分配相应的薪酬	0.480 **	

分别计算各维度的 Cronbach's α 系数与总问卷的 Cronbach's α 系数。总问卷的 Cronbach's α 系数为 0.911；各维度的 Cronbach's α 系数分别为 0.772、0.820、0.768、0.784、0.709 和 0.610，各层面或构念的信度系数值均在 0.60 的判断标准之上，说明各自的条目之间的一致性很高，它们所测到的是同一种公平标准，说明问卷各条目总体上具有较好的内部一致性。

另外，从 Item – Total Correlation 系数分析发现，Item – Total 相关系数，最低为 0.428，高于 0.3 的判断标准（吴明隆，2010）。因此，可以判定本研究所开发的公平标准测量问卷具有较好的信度。

3.6.3 验证性因子分析结果

对于问卷效度结构效度的建议，本研究使用结构方程软件进行验证性因子分析对其进行考察。验证性因子分析主要有两类方法，一类是进行多因素斜交模型检验，另一类是进行多因素直交检验，具体采用哪种方法，取决于因子之间是否存在相关，综合探索性因子分析中进行因子间皮尔逊检验的结果，因子间存在中低度相关，适合采用一阶模型进行检验。结果显示六因子模型拟合指标较好（$\chi^2/df = 2.453 < 3$；$GFI = 0.925 > 0.9$；$IFI = 0.928 > 09$；$CFI = 0.922 > 0.9$；$NFI = 0.940 > 0.9$）。同时，为了检验本研究所确立的模型是否为最佳理论模型，采用验证性因子分析比较多个可能结构组合模型间的优劣，根据以往的研究成果和相应的理论基础以及公平标准六因子间可能的组合，本研究认为公平标准的结构可能存在的理论模型如下。

（1）六因子分析模型（M1）：即上述六个因子单独分开。

（2）五因子模型（M2）：虚拟构建 2 个五因子模型，$M2_{(1)}$ 将按工作要求付薪与按岗位条件付薪合并为一个因子；$M2_{(2)}$ 中将按个体贡献付薪与按团体绩效付薪合并为一个因子。

（3）四因子模型（M3）：虚拟构建 1 个四因子模型，M3 中同时将按个体贡献付薪与按按团体绩效付薪合并为一个因子，按工作要求付薪与按岗位条件付薪合并为一个因子。

（4）三因子模型（M4）：虚拟构建 2 个三因子模型，$M4_{(1)}$ 将按工作要求付薪、按岗位条件付薪与按个体特征付薪合并为一个因子；$M4_{(2)}$ 中将按个体贡献付薪、按团体绩效付薪与按个体特征付薪合并为一个因子。

（5）单因子模型（M5）：根据现阶段西方学者对公平标准的整体构念的研究倾向，对 25 个条目不作因子区分，探讨其是否属于一个整体构念。

表 3 – 17　　　　　　　　　　　　　竞争模型拟合指标比较

竞争模型 ＼ 拟合指标	χ^2	df	χ^2/df	RMSEA	GFI	IFI	CFI	NFI
六因子模型 M1	637.824	260	2.453	0.046	0.925	0.928	0.922	0.940
五因子模型 $M2_{(1)}$	718.383	265	2.711	0.50	0.790	0.793	0.787	0.707
五因子模型 $M2_{(2)}$	790.077	265	2.981	0.054	0.756	0.760	0.753	0.678
四因子模型 M3	866.341	269	3.222	0.057	0.722	0.726	0.719	0.647
三因子模型 $M4_{(1)}$	896.505	272	3.296	0.058	0.710	0.714	0.706	0.634
三因子模型 $M4_{(2)}$	947.610	272	3.484	0.060	0.686	0.690	0.682	0.614
单因子模型 M1	958.373	275	3.485	0.060	0.667	0.671	0.663	0.593

通过表3-17各模型的拟合指标以及判断标准的比较，这说明本研究构建的六因子模型是公平标准问卷较好的维度结构。

结构方程模型理论认为，模型评价是一个复杂的问题，在进行模型评定时，不同拟合指标评定的侧重点不同。因此，对于一个模型的好坏不能以一个，而应以多个指标进行综合评价。SEM 拟合指标分为三类：绝对拟合指标（absolute fit measures）、增值拟合指标（incremental fit measures），以及简约拟合指标（parsimonious fit measures）。由于过去的指标分类众说纷纭，Hair et al.（1998）建议评估模式时，同时考虑这三类的指针，对于模式的可接受性比较能够产生共识的结果，拟合指标判断标准以及公平标准的六因子模型的拟合指标具体内容见表3-18。

表3-18　　　　　　　　　　　　模型拟合度分析表

指标名称		拟合标准或临界值	检测结果	模型适配判断
绝对拟合指标	卡方值与自由度比值（χ^2/df）	$\chi^2/df < 3$，模型拟合好，模型较好；$3 \leqslant \chi^2/df \leqslant 5$，模型基本拟合，模型可接受；$\chi^2/df > 5$，模型拟合不好，模型较差	2.453	是
	拟合度指数（GFI）	大于0.9	0.925	是
	调整后拟合度指（AGFI）	大于0.9，愈接近1，表示模式愈拟合	0.915	是
	残差均方和平方根（RMR）	0.05以下即可接受拟合模式，愈接近于0，拟合愈佳	0.051	是
	渐进残差均方和平方根（RMSEA）	RMSEA≤0.05，理论模型拟合佳；RMSEA0.05 < RMSEA ≤ 0.1 时，理论模型尚可接受；RMSEA≥0.1 时，模型拟合度不佳	0.046	是
增值拟合指标	正规拟合指数（NFI）	>0.9，愈接近1，表示模式愈拟合	0.940	是
	非正规拟合指数（NNFI）	>0.9，愈接近1，表示模式愈拟合	0.953	是
	增值拟合指数（IFI）	>0.9，愈接近1，表示模式愈拟合	0.928	是
	比较拟合指数（CFI）	> 0.9，愈接近1，表示模式愈拟合	0.922	是

资料来源：吴明隆（2010）. 结构方程模型 – AMOS 的操作与应用 [M]. 重庆大学出版社，10：254.

通过表 3 – 18 的模型拟合指标与判断标准的对比分析，结果发现：本研究构建的三因子的二阶模型拟合指标最好。

另外，针对问卷的收敛效度，Hair et al.（2006）认为足够大的因素载荷代表测量条目具有良好的收敛效度，一般而言，当因子载荷大于 0.71时，也就说该因子可以解释观测变量 50% 的变异量时，是非常理想的情况；当因子载荷大于 0.63 时，是非常好的状况，当因子载荷大于 0.45 时，是普通的状况；当因子载荷小于 0.32 时可以考虑删除（Tabachnica & Fidell，2007；邱皓政，2009）。在本研究中所有条目的因子载荷均大于 0.32的判断标准，这表明本研究开发公平标准问卷具有较好的结构效度，即较好的构念效度。

对于问卷的聚敛效度，Fornell & Larcker（1981）认为可通过平均提取方差值或称平均变抽取（Average Variance Extract，AVE）是统计学中检验结构变量内部一致性的统计量，可反映一个潜变量能对一组观测变了有效估计的聚敛效度程度指标。计算公式如下：

$$AVE = \sum \lambda^2 / [\sum \lambda^2 + \sum (\theta)]$$

其中，λ = 观测变量在潜变量上的标准化参数

θ = 观测变量的测量误差

判断平均变异萃取量的标准大于 0.5，则表明潜在变了的聚敛能力十分理想，具有良好的操作型定义（邱皓政，2009）。

表 3 – 19 平均变异量抽取值

潜变量	测量指标	标准化参数	负荷 t 值	测量误差	平均变异量抽取值（AVE）
按工作要求付薪	EDS30	0.672		0.548	0.796
	EDS31	0.625	7.909	0.609	
	EDS25	0.556	7.127	0.691	
	EDS29	0.703	9.137	0.506	
	EDS32	0.596	7.486	0.645	
	EDS14	0.611	7.340	0.627	

续表

潜变量	测量指标	标准化参数	负荷t值	测量误差	平均变异量抽取值（AVE）
按个体贡献付薪	EDS2	0.841		0.293	0.826
	EDS1	0.722	11.073	0.479	
	EDS4	0.708	10.254	0.499	
	EDS3	0.669	9.996	0.552	
按岗位条件付薪	EDS19	0.677		0.542	0.773
	EDS18	0.647	8.392	0.581	
	EDS20	0.664	8.334	0.559	
	EDS21	0.578	7.241	0.666	
	EDS24	0.615	7.750	0.622	
按团体绩效付薪	EDS12	0.869		0.245	0.800
	EDS13	0.778	12.444	0.395	
	EDS15	0.607	8.418	0.632	
按市场水平付薪	EDS10	0.538		0.711	0.719
	EDS11	0.534	5.933	0.715	
	EDS26	0.691	6.931	0.523	
	EDS27	0.725	7.018	0.474	
按个人特征付薪	EDS9	0.641		0.589	0.638
	EDS8	0.683	6.947	0.534	
	EDS7	0.495	5.029	0.755	

如表 3-19 所示，本研究公平标准的每个潜变量的平均变异萃取量均大于 0.5，这说明公平标准具有良好的聚敛效度。

对于问卷的区分效度，Huang F-M（2005）认为两个变量平均变异萃取量的平均值是否大于两个潜在变量相关系数的平方来进行检验。

表 3-20 公平标准问卷的区分效度

变量	1	2	3	4	5	6
1. 按工作要求付薪	(0.796)					
2. 按个体贡献付薪	0.266**	(0.826)				
3. 按岗位条件付薪	0.512**	0.522**	(0.773)			

变量	1	2	3	4	5	6
4. 按团队绩效付薪	0. 450 **	0. 475 **	0. 542 **	(0. 800)		
5. 按市场水平付薪	0. 575 **	0. 382 **	0. 621 **	0. 600 **	(0. 719)	
6. 按个人特征付薪	0. 536 **	0. 244 **	0. 375 **	0. 312 **	0. 490 **	(0. 638)

注：表中括号内为平均变异数抽取量，潜变量相关系数来自于 SPSS 皮尔逊相关分析。

由表 3 – 20 可见，潜变量间相关系数最大值为 0. 621，其平方值为 0. 386，小于 AVE 最小值 0. 638，所以本研究开发的公平标准问卷具有较好的区分效度。

3.7　本章小结

综合以上分析，本研究同时采用探索性因子分析法对公平标准问卷的维度结构进行探讨。结果表明所得出的公平标准的维度结构具有一致性，因此，该研究的结论具有较高的信度。因此公平标准可以分为六种类型：按工作要求付薪、按个体贡献付薪、按岗位条件付薪、按团队绩效付薪、按市场水平付薪和按个人特征付薪。本研究结论证实了公平标准的类型与测量研究，为公平标准的本土化研究提供了研究基础，后续研究需要结合效果变量的实证研究进一步加深对此分类结构的信度和效度评价。

第4章　研究设计与研究假设

在本书第 2 章就公平标准、收入差距等相关文献进行了综述，并在此基础上总结了需要进一步研究的问题。本章在此分析基础上，构建"公平标准"和"收入差距"对薪酬分配公平感、任务绩效和工作偏离行为影响的整合研究模型，分析变量之间的关系，形成理论假设，为后续的实证研究奠定基础。

4.1　研究模型与研究设计

本章分析了"公平标准"和"收入差距"对薪酬分配公平感、任务绩效和工作偏离行为的影响。本研究所涉及的各变量间的具体假设关系可以如图 4 - 1 表示。

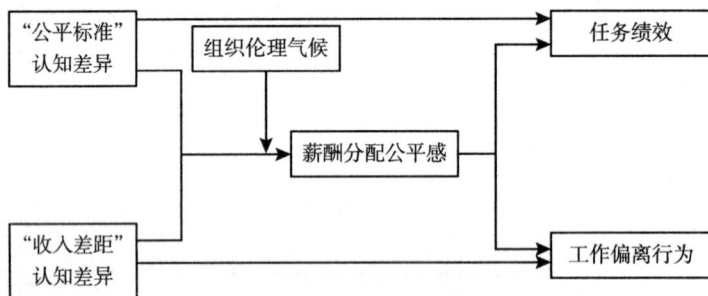

图 4 - 1　公平标准和收入差距的认知差异及其影响后果的综合理论模型

4.2　公平标准和收入差距对薪酬　　分配公平感的影响

4.2.1　薪酬分配公平感的影响前因分析

探讨分配公平之前，有必要先界定一下公平是指"处事合情合理，不偏不倚"，但每个人对怎样才算"合情合理、不偏不倚"的看法各不相同，也就是说，公平与否实际上并不存在完全统一的标准，也没有绝对意义上的公平。组织科学中对分配公平的探讨源于亚当斯在 1965 年的开创性研究。亚当斯主要采用社会交换理论的框架来评估公平，认为分配公平主要是指报酬数量分配的公平性，比较偏重于分配的结果。分配公平指员工对企业的人力资源管理决策结果是否公平的评价（Deutch，1985）。所谓公平其实更多是指一种主观的判断和感受，因此，"公平"被称作"公平感"似乎更加贴切，大多数情况下"公平"和"公平感"常被等同使用。

在本书中薪酬分配公平感是指员工对货币类薪酬（工资、奖金和绩效）的分配结果是否公平的判断和感受。薪酬分配公平感的概念来源于亚当斯在 1965 年提出的公平理论（Theory of Equity），主要是指报酬数量分配的公平性，比较偏重于分配的结果。薪酬分配公平感的特点：①相对性：判断公平程度的高低，通过与所选择的参照对象的对比而进行，是社会比较的结果。这个参照对象可以是他人，也可以是自己，这种对象还可以是具体的特定的某个人，也可泛指某一群体的一般状况；②主观性：公平感的高低完全因个人特点而异，甲对某事认为非常不公平，乙可能认为无所谓。总之，没有一个客观的、唯一的、大家都普通接受与认可的标准或规范；③不对称性：该特点主要是指"严于人，宽于己"的倾斜性。人们常在自己觉得稍有吃亏时，便怨声载道，锱铢必究。当自己占些便宜时，却心安理得，处之泰然，毫无内疚之心；④扩散性：该特点主要是指人们在某项分配上感受不公，心存不满，会波及到整个情绪。

以往研究针对薪酬分配公平感的影响前因主要可以从以下七个方面进行论述：

（1）员工性别。薪酬分配公平感是一种主观感受。对于同样的所得和投入的比率，男女性在面对这个问题时的感受应该是不同。在相同职位的情况下，男性的薪酬公平感高于女性（郭正文，2005）。不过，这些研究没有将性别作为影响薪酬分配公平感的自变量，专门探讨男女对薪酬分配公平感认知差异，两者之间的关系还有待进一步探讨。

（2）员工职务。实证研究显示，通常情况下，管理人员的薪酬分配公平感高于非管理人员（郭正文，2005；陈芝娴，2005）。在报酬的绝对数量上，管理人员就存在优势了，站在管理人员立场和非管理人员比较，管理人员会因为"比下有余"的心理而在薪酬分配公平感上高于非管理人员；同理，在报酬的绝对数量上非管理人员就处于劣势，更会因为"比上不足"的心理而在薪酬分配公平感上低于管理人员。

（3）员工需求。薪酬公平与否是员工的一种主观感受。作为一种主观感受，薪酬公平感受员工的需求所影响。首先，个体需求的差异决定了员工对薪酬公平与否的判断不可能完全一致。其次，个体的不断发展，决定了员工的需求也是不断变化的。因此，同样的薪酬，随着时间和环境的不断变化，员工对其公平性的认知也是不同的。可见，如果获得的薪酬不符合他们的需求，就会降低薪酬在他们认知中的价值，正所谓"没有得到需要的东西，几乎与什么也没得到一样"，就可能使员工认为他们的"有效付出"没有得到相应价值的回报，从而产生不公平感。

（4）员工期望。弗鲁姆提出的期望理论的基础是：人之所以能够从事某项工作并达成组织目标，是因为这些工作和组织目标会帮助他们达成自己的目标，满足自己某方面的需要。弗鲁姆认为，人们采取某项行动的动力或激励力取决于其对行动结果的价值评价和预期达成该结果可能性的估计。根据期望理论，可以发现员工的薪酬分配公平感受到员工对薪酬的期望所影响。这种影响体现在两个方面，一是员工对薪酬分配公平与否的判断会受员工期望薪酬和实得薪酬相对差异的影响，如果实得薪酬小于期望薪酬，员工可能会产生不公平感；二是员工对薪酬分配公平与否的判断会受员工获得期望薪酬的难易程度所影响，如果员工获得期望薪酬的难度较大，即使期望薪酬和实得薪酬相当，该员工的薪酬公平感也会相对于获得期望薪酬的难度较小的员工而显得较低。

（5）个性特征。薪酬分配公平感还会受到员工个性特征的影响，具有鲜明的个性色彩。有些人天生就乐于奉献、容易满足，这些人的薪酬分配公平感会比较高，还有可能会因为自己的所得和投入的比率等于或大于他人的比率的情况而紧张和不满；也有些人对得失相当敏感，只要自己的得到和投入的比率稍微不大于他人的比率，就有可能感到不公平。如 Huseman et al.（1987）研究指出不是每个人对公平的判断标准都是一样的，根据不同的评判标准基本上可以划分出三类人：奉献型、公平型和索取型。奉献型的人看重的是自己对工作付出了多少而不在乎得到多少，他们工作的快乐是建立在自己的所得和投入的比率小于他人的比率的基础上，而他们的紧张和不满则来自于自己的所得和投入的比率等于或大于他人的比率的情况。公平型的人是典型的遵循亚当斯"公平标准"的人，使他们满意的唯一情况就是他们的所得和投入的比率等于他人的比率；而当这一比率大于他人时他们会感到羞愧，小于他人的时他们会感到不满。索取型的人关心的只是自己从工作中得到了多少而不考虑实际付出了多少，当他们的所得和投入的比率大于他人得到和投入的比率时，他们感到高兴；而只要他们的比率等于或小于别人的他们都会感到不满。虽然类似的研究不少，且都证明了个性特征与公平感紧密相关，但是国内有关的研究很少。

（6）不确定性。不确定性主要包括企业绩效评价的不确定性（绩效评价制度规范性的高与低，分别代表不确定性的低和高）、人际关系的不确定性（对上司信任度的高与低，分别代表不确定性的低和高）和薪酬结果的不确定性（薪酬结果的高和低）。三种不确定性都对员工的薪酬分配公平感有显著影响。其中，对上司信任度的高低是影响薪酬公平感最强的因素。在绝大多数情境下都发现：不管制度规范性如何，在对上司信任程度高的情况下，员工会认为风险高、回报高的薪酬方案比风险低、回报低的薪酬方案更加公平；在对上司信任程度比较低的情况下，员工则会认为风险低、回报低的薪酬方案比风险高、回报高的薪酬方案更加公平（袁怡，2004）。不过，在制度规范性差而且对上司信任程度比较低的情况下，员工认为风险低、回报低的年终奖金方案的公平性与风险高、回报高的方案之间不存在差异。制度规范性对薪酬公平感有所影响，但是其作用力度不像对上司的信任度这个因素那么强。规范性差但是对上司信任度高的条件下，对风险高、回报高方案的薪酬公平性评价比较高，而在规范性好但是对上司信任度低的条件下，对风险高、回报高方案的薪酬公平性评价比较低。

很多企业都进行了绩效管理，认为绩效管理是影响员工薪酬公平感、激励员工的重要手段，该研究也证明了这一点，即绩效评价制度规范性越高，员工的薪酬公平感可能越高；但是，这里还有一个重要的因素，就是员工对绩效评价者（上司）的信任程度。如果员工对绩效评价者不信任，认为他们没能力或者不公正，不是科学地评价他们的绩效，他们就更加会认为自己获得的薪酬是不公平的，特别是那些薪酬较低的员工对薪酬公平性的评价就会更低。可见，提高薪酬分配公平感的两种途径：一是通过加强制度规范性来增加程序公平感，二是通过增进关系信任度来增加互动公平感，且后者更加有效。

（7）薪酬策略。薪酬策略对员工薪酬公平感有显著影响（唐莹，2004）。从具体维度上看，薪酬水平和基于岗位的薪酬对分配公平有显著影响，这个结果与现实很符合。企业的薪酬水平定位与岗位评价直接决定员工的相对收入水平，相对收入水平正是员工判断自己所得的薪酬与他人相比是否公平的参考基础。组织若力求薪酬分配公平，使薪酬有效反映员工的工作责任、困难度和价值，将能提升员工对薪酬分配内部公平性的感受程度。薪酬结构对薪酬分配个人公平均没有显著影响（辜文贤，2003）。另外，员工对公司薪酬了解程度越高，员工也将越能客观、公平地比较和认识自己与同事、其他公司员工的薪酬差异，薪酬调整方案是企业用来调整与平衡内外以及个人薪酬差异的主要手段，员工都非常关注（黄超吾，2003）。

4.2.2 员工对"公平标准"的认知差异对薪酬分配公平感的影响

Campbell et al.（1998）研究表明绩效薪酬能提高员工对薪酬的控制能力，从而可以显著提高员工的薪酬公平感。李晔和龙立荣（2003）指出人们对公平会产生不同的判断标准，有人觉得大家一样会比较公平；有人觉得按社会地位分配比较公平；有人觉得多劳多得比较公平；有人觉得按需要分配比较公平；还有人觉得按能力分配比较公平等等，可见，持有不同公平标准的人对分配公平的感知都不一致。Yperen et al.（2005）针对大学生的角色互换实验结果显示基于绩效的薪酬比基于岗位的薪酬更加公平。

Chang（2006）以韩国企业员工为样本，调查显示当绩效考核实践承诺度较高时，实施绩效薪酬有利于提高员工的薪酬公平感，处在越注重绩效水平的岗位，员工越容易觉得薪酬是公平的。Nikos Bozionelos 和 Li Wang（2007）针对一家国有控股企业的 106 名员工进行了问卷调查，同时访谈了部分管理者，研究指出与以平等为基础的回报相比，员工更容易接受以公平为基础的回报。杜旌（2009）认为在个体层面绩效工资能有效提升员工分配公平感。赵海霞（2011）认为当采用公平分配规则时被试的团队薪酬公平感要显著高于采用平均分配规则的情境。赵海霞和龙立荣（2012）指出团队薪酬按贡献分配的方式与人们所接受的分配观念是一致的，因此容易增加团队成员的公平感。

余凯成和何威（1995）关于大陆企业职工的研究指出绩效率已经被广泛地接受；政治率作用很大；需要率排在绩效率和政治率后；相对来说，资历率、学历率、年轻率作用较小。努力率作用居中，可能被看作一种态度，与贡献有关，这在一定层面上反映了职工心中对公平标准的认识，如果不符合职工心中对公平标准的认识，就会产生强烈的不公平感。由参照认知理论可知，当员工相信有可以选择的多个公平标准，其中将会产生更好的结果而应当被选择的公平标准没有被采用时，个体就会产生不公平感。按照 Yates（1992）对两类参照点的定义，现状参照点是指个体以目前所处的现实情况为参照点，因此企业实际的"公平标准"是现状参照点，员工期望的"公平标准"可以作为非现状参照点。参照点潜在决定了被试将某特定结果编码为收益或损失，进而影响其随后的决策过程。因此本研究推测企业实际的"公平标准"与员工期望的"公平标准"越一致，亦即员工对公平标准的认知差异越小，分配公平感越高。据此，本研究提出如下假设：

研究假设 H1：员工对"公平标准"的认知差异（"公平标准"中实际与期望的不一致性）越小，员工的薪酬分配公平感越高。即员工对"公平标准"的认知差异与薪酬分配公平感呈显著负相关关系。

研究假设 H1a：员工对"按工作要求付薪"中的认知差异与薪酬分配公平感呈显著负相关关系。

　　研究假设 H1b：员工对"按个体贡献付薪"的认知差异与薪酬分配公平感呈显著负相关关系。

　　研究假设 H1c：员工对"按岗位条件付薪"的认知差异与薪酬分配公平感呈显著负相关关系。

　　研究假设 H1d：员工对"按团队绩效付薪"的认知差异与薪酬分配公平感呈显著负相关关系。

　　研究假设 H1e：员工对"按市场水平付薪"的认知差异与薪酬分配公平感呈显著负相关关系。

　　研究假设 H1f：员工对"按个人特征付薪"的认知差异与薪酬分配公平感呈显著负相关关系。

4.2.3　员工对"收入差距"的认知差异对薪酬分配公平感的影响

　　事实上，收入差距本身可能并不会导致员工产生分配不公平感。公平理论的核心观点是员工会与参照对象的投入产出比进行比较，当投入产出比与参照对象不相等时，员工会产生分配不公平感。可见，公平含义的本身并不等同于平等，而是指收入水平需要与投入水平成比例且与他人对等。然而收入差距的概念仅反映了个人收入水平的不平等程度，所以收入差距本身并不意味着分配结果的不公平性。只要当这种收入差距与个人各种投入水平的差距成比例时，一定程度的收入差距都不会影响员工的薪酬分配公平感。公平差别阈理论指出我们不能泛泛地说收入差距导致不公平感，确切地说，应该是收入差距的不合理（客观薪酬差距≠公平差别阈）才会造成不公平感。这个不合理是指差距过大或差距过小，超越了人们心理承受力的范围。如果两者之间的比值保持适宜的差别（客观薪酬差距≠公平差别阈），双方才会有公平感。基于以上分析，本研究提出如下假设：

　　研究假设 H2："公平差别阈"与"客观薪酬差距"之间存在差异组（EDT≠客观薪酬差距）和无差异组（EDT = 客观薪酬差距）。无差异组中员工的薪酬分配公平感要显著大于差异组。

4.2.4　组织伦理气候在上述影响中的调节作用

社会控制理论认为个体在组织中的行为表现会受到两方面力量的约束和影响：一方面就是组织的正式控制，也就是科层或者制度控制，以组织的权力等级为基础，通过硬性的规章制度和管理条例对组织成员的行为进行控制；另一方面是组织的非正式控制，即是所谓的"软控制"，以组织内部成员之间的相互影响和共同认知为基础，通过人们在某一行为上的具体反应所产生的交互作用对组织成员的行为进行约束（Hollinger & Clark，1982）。张志学等（2006）认为在环境动荡激变的今天，组织文化往往比规章制度具有更强大的适应性和更优秀的控制效果。组织伦理气候是组织文化的重要组成部分，属于组织文化的研究对象，但是比组织文化更具有操作性。组织伦理气候是指组织内关于什么是道德行为和对道德问题如何处理的共同认识。因此，作为重要的组织环境因素的组织伦理气候可能会对公平标准和公平差别阈与薪酬分配公平感之间的关系产生影响。

Deshpande（1996）曾以家非营利组织的经理为样本，考察了组织伦理气候对经理人伦理行为与成功之间关系的调节作用。结果发现：当组织存在关怀型伦理气候时，经理人的成功与其伦理行为显著的正向相关；当组织存在自利型伦理气候时，经理人的成功与其伦理行为显著的负向相关。Vardi（2001）就发现在关怀导向和规则导向的组织伦理气候下，员工的道德认知水平明显较高；而在自利导向的组织伦理气候下，员工的道德认知水平明显较低。Tim et al.（2000）的研究表明，组织伦理气候对个体伦理判断和行为意向具有调节作用，强调社会责任、基于规范和职业操守的伦理气候对个体的道德判断与行为意向具有调节作用，即个体对组织伦理气候特定内容认知程度的高低水平会影响个体的伦理判断与伦理行为。根据Simon（1991）的研究，为了提高自身在组织中的竞争优势，员工会表现出相应的顺从性（docility），即员工会向组织中的其他个体学习，从而获得适应组织内部环境的各种工作技能以及组织内部公认的各种价值观与行为规范。所以，如果组织有意把某些价值观和行为规范灌输给员工，这些价值观和行为规范就会在组织水平上实现进化（因为只有遵守这些价值观和行为规范的员工才会获得相应的资源保障和竞争优势），从而成为组织内部正当价值观和正当行为存储库中的一部分，员工也就会在顺从性的驱使下尽力地去学习这些价值观与行为规范。按照 Simon（1991）的顺从性理论，刘文彬等（2014）指出如果在组织内部形成了自利和独立导向的伦理气候，与"自利和独立"相关的价值观和行为规范就会被作为"正当行为"对顺从性个体的行为产生影响。反之，如果在组织内形成了规则和关怀导向的伦理气候，与"规则和关怀"相关的价值观和行为规范就会被作为"正当行为"对顺从性个体的行为产生影响。在关怀导向伦理气候中，组织成员倾向于认为自己不仅要关心个人利益的实现，而且还必须考虑到自己决策的溢出效应，考量对其他同事、团队和组织的综合影响，并试图追求各方利益的平衡。在这种伦理气候下，成员之间相互体谅和关怀，沟通和交流的可能性增大，彼此之间的感情加深，获得了利益和心理上的满足感。规则导向伦理气候由于倡导遵守公司规则和程序，强调规则面前人人平等。因此，在这种伦理气候中，个体行事会优先遵守公司规则和程序。自利导向伦理气候是指面临决策时，组织成员只顾及自身利益最大化的组织伦理气候（Victor & Cullen，1988），是组织伦理气候中唯一一类消极的气候（Wang & Hsieh，2013）。组织中自利导向的伦理气候，使得个体以自身利益最大化为首要目的，较少考虑行为本身对其他个体的影响，对自身行为的约束和规制能力大大降低。

据此，本研究推断当员工期望的"公平标准"与实际的"公平标准"存在差异以及"公平差别阈"与"客观薪酬差距"不一致时，在关怀导向和规则导向伦理气候下，员工的道德认知水平明显较高，公司内部员工在进行分配公平判断时更容易考虑到他人的利益以及公司的规则和程序，薪酬分配公平感会较高。而在自利导向伦理气候下，员工的道德认知水平明显较低，公司内部员工在进行分配公平判断时更容易考虑到自身利益的最大化，薪酬分配公平感会较低。因此，员工对"公平标准"的认知差异（公平标准中实际与期望的不一致性）、差异组（EDT ≠ 客观薪酬差距）和无差异组（EDT = 客观薪酬差距）之间的差异对薪酬分配公平感的影响中，关怀导向和规则导向伦理气候会起到正向调节作用；而自利导向伦理气候会起到负向调节作用。因此，本研究提出如下假设：

研究假设 H3：在员工对"公平标准"的认知差异和薪酬分配公平感的关系中，关怀导向和规则导向伦理气候具有正向调节作用，自利导向伦理气候具有负向调节作用。

研究假设 H3a：员工对"按工作要求付薪"的认知差异和薪酬分配公平感的关系中，关怀导向和规则导向伦理气候具有正向调节作用，自利导向伦理气候具有负向调节作用。

研究假设 H3b：员工对"按个体贡献付薪"的认知差异和薪酬分配公平感的关系中，关怀导向和规则导向伦理气候具有正向调节作用，自利导向伦理气候具有负向调节作用。

研究假设 H3c：员工对"按岗位条件付薪"的认知差异和薪酬分配公平感的关系中，关怀导向和规则导向伦理气候具有正向调节作用，自利导向伦理气候具有负向调节作用。

研究假设 H3d：员工对"按团队绩效付薪"的认知差异和薪酬分配公平感的关系中，关怀导向和规则导向伦理气候具有正向调节作用，自利导向伦理气候具有负向调节作用。

研究假设 H3e：员工对"按市场水平付薪"的认知差异和薪酬分配公平感的关系中，关怀导向和规则导向伦理气候具有正向调节作用，自利导向伦理气候具有负向调节作用。

研究假设 H3f：员工对"按个人特征付薪"的认知差异和薪酬分配公平感的关系中，关怀导向和规则导向伦理气候具有正向调节作用，自利导向伦理气候具有负向调节作用。

研究假设 H4：在差异组（EDT ≠ 客观薪酬差距）和无差异组（EDT = 客观薪酬差距）之间的差异和薪酬分配公平感的关系中，关怀导向和规则导向伦理气候具有正向调节作用，自利导向伦理气候具有负向调节作用。

4.3　公平标准和收入差距对任务绩效的影响

随着共享时代的到来，组织与个体的关系不再是服从，而是共生。共生的核心是个体和组织要共同创造价值，就需要管理者激活个体，目前管理者重视员工工作场域的体验是企业管理新范式的一个缩影。华南理工大学陈春花教授在《激活个体》中指出，在这种新范式中，有关个体价值的创造会成为核心。个体价值的创造主要通过个体任务绩效来体现。其中作为员工和组织之间重要经济纽带的薪酬是否分配公平关乎到组织内个体的满意度和行为表现（李晔和龙立荣，2003）。基于此，本研究着重探讨薪酬分配中公平标准和收入差距对任务绩效的影响。

4.3.1　任务绩效的影响前因分析

Borman 和 Motowidlo（1993）将绩效划分为两个方面：任务绩效（task performance）与周边绩效（contextual performance），这种两因素绩效结构模型是目前对现有工作绩效维度影响最大的一种划分方式。其中，任务绩效是与具体职务的工作内容密切相关的，同时也和个体的能力、完成任务的熟练程度和工作知识密切相关的绩效。

任务绩效是其工作的"绩"（即工作的结果）及"效"（即实现这一结果的效率水平）的复合体，是一种客观存在。影响员工的任务绩效的因素有：技能、激励、环境、机会等。

（1）技能。技能指的是员工的工作技巧和能力水平。一般来说，影响员工的技能的因素有：天赋、智力、经历、教育、培训等。由此可以看出，员工的技能并不是一成不变的。组织为了提高员工的整体技能水平，一方面，可以在招聘录用阶段进行科学的甄选；另一方面，还可以通过在员工进入组织之后提供各种类型的培训或依靠员工个人主动地进行各种类型的学习来提高其技能水平。

（2）激励。激励作为影响员工任务绩效的因素，是通过改变员工的工作积极性来发挥作用的。为了使激励手段能够真正发挥作用，组织应根据员工个人的需要结构、个性等因素，选择适当的激励手段和方式。

（3）环境。影响任务绩效的环境因素可以分为组织内部的环境因素和组织外部的环境因素两类。组织内部的客观环境一般包括：劳动场所的布局和物理条件；工作设计的质量及工作任务的性质；工具、设备、原材料的供应；上级的领导作风和监督的方式；公司的组织结构和政策；工资福利水平；培训机会；企业文化和组织气氛等。组织外部的客观环境因素包括：社会政治、经济状况、市场的竞争强度等。不论是组织的内部环境还是外部环境，都会通过影响员工的工作能力（技能）和工作态度（工作积极性等），影响员工的工作绩效。

（4）机会。机会指的是一种偶然性，俗称"运气"。对任何一名员工来说，被分配做什么样的工作往往在客观必然性之外，还带有一定的偶然性。在特定的情况下，员工如果能够得到机会去完成特定的工作任务，可能会使其达到在原有职位上无法实现的工作绩效。与前面三种影响因素相比，机会是一种偶然性的因素。但是，这种偶然性是相对而言的。一个好的管理者应该善于为员工创造这样的机会。从这个意义上说，所谓的机会实际上是可以把握的。

新浪财经管理专栏—中国人力资源网于 2006 年在对理论和实践双重把握的基础上总结出影响员工绩效的七个关键因素：

（1）个人兴趣。兴趣是做一项工作的动力。如果员工对一份工作感兴趣，做起来就会事半功倍；相反，如果员工对一份工作缺乏兴趣，做起来就会事倍功半。

（2）与岗位的适应性。每个人的性格都是不同的。有的人性格外向，善于言谈，人际关系能力强，喜欢在公众面前发表自己的言论；有的人则性格内向，忠厚老实，喜欢独立地去思考问题。不同性格的人所适合的岗位也就不同。其实对于不同的人来说，没有能力高低之分，仅仅只有适合与不适合之分。同等情况下，性格不适合某一岗位的员工和性格适合某一岗位的员工，他们所取得的绩效肯定是不一样的。

（3）是否感到公平。亚当斯的公平理论认为，员工经常会就自己的所得与其他人的所得相比较。当自己的所得与付出之比的数值小于其他员工的所得与付出之比时，他就会感到明显的不公平。或是要求公司提高自己的所得，或是自己减少对公司的付出。同时，他也会将自己现在所得与付出之比的数值与以前自己所得与付出之比的数值相比较，当前者较小时，他也会感到明显的不公平，而自动减少对公司的付出。无论是哪一种情况的发生，员工的绩效都会或多或少的降低。

（4）公司的激励。这里的激励包括两大类，一类是物质激励，另一类是精神激励。物质激励主要是指公司的薪酬和福利，精神激励主要体现在口头表扬以及培训与升迁的机会等。如果公司的薪酬低于行业的平均水平，这在一定程度上就会影响员工的积极性的发挥，从而影响到员工的绩效，长期下去，员工流动率就会增高。人是经济人，同时也是社会人和自我实现的人，如果公司一直采用外部招聘的方式来填补空缺的职位，公司现有员工便会感到自己所做的贡献没有得到公司的认可，长期下去也会出现绩效下降的情况。此外，无论是物质激励还是精神激励，都应该体现出及时的原则，如果激励不及时，就起不到应有的效果。

（5）公司考核体系的影响。每个公司都有自己的考核体系，但据有关调查显示，真正拥有适合自身发展的考核体系的公司不到总数的20%。也就是说，大多数公司的绩效考核或流于形式，或有失公平，或起不到应有的效果。

（6）工作环境。工作环境对任务绩效的影响是巨大的。良好、令人舒适的工作环境，会让员工提高工作效率，从而有利于自身潜能的发挥；混杂、让人不安或不适的工作环境，会让员工效率低下，不利于潜能的发挥。这里的工作环境不仅指地理环境，同时也包括人文环境。当一个员工处于一个充满活力与创造力、勇于开拓与进取、彼此之间相互激励与促进的团队中，他个人的绩效也肯定会高；相反，当一个员工处于相互猜疑与妒忌、安于现状、彼此之间不提供任何帮助的团队中时，他个人的绩效也肯定会低。这是团队规范对个人影响的集中体现。

（7）是否有相应的培训及培训的效果。当公司新开拓一个市场或新开发出一种产品或新上一条生产线时，就必然要有员工来进行相关的业务联系或操作。但有一点需指出的是，员工对新的事物并不是很熟悉，所以要给他们提供培训与指导。员工在新的领域所能取得业绩的好坏除了自身因素影响外，与培训的效果是直接相关的。如果公司为了节省成本，提供的培训不到位，仅仅敷衍了事，这样做带来的后果是员工的不熟练与缺少技能，影响到他们潜能的发挥。培训的目的是让他们尽快地了解公司的文化与章程，尽快地融入到公司中来，同时给予他们工作和岗位上的指导，提高其未来工作的任务绩效。

4.3.2 员工对"公平标准"的认知差异对任务绩效的影响

目前的研究大部分集中在绩效薪酬（即按贡献分配）或按平均分配对员工绩效的影响。Welbourne et al.（1995）研究指出组织中利润分享计划由于采用平等分配原则，从而使每位员工享有相同数量的奖金，导致这种基于组织绩效的绩效工资会被员工感知成一种福利，容易降低利润分享计划作为绩效工资的激励效果。Menguc 和 Barker（2003）认为实施绩效薪酬计划有助于提升销售类员工的绩效水平。赵海霞和龙立荣（2012）指出团队薪酬按贡献分配导向并不会降低团队成员之间的合作，反而会促进团队成员的互动和团队绩效的提高。Bamberger 和 Levi（2013）认为团队薪酬的平均分配导向能够强化个体作为团队一分子的成员身份，向团队成员传递个体作为团队成员的身份的平等性，从而弱化了团队成员之间的竞争，增加团队成员之间的帮助行为。绩效考核公式 $P = f(S, O, M, E)$ 指出激励（M，全称为 motivation）是影响绩效的关键要素。由于公司的薪酬是一种典型的物质激励，因此本研究推测企业实际的"公平标准"与员工期望的"公平标准"越一致，员工对公平标准的认知差异越小，此时薪酬分配的激励效果越好，员工任务绩效越好。据此，本研究提出如下假设：

研究假设 H5：员工对"公平标准"的认知差异（公平标准中实际与期望的不一致性）越小，员工的任务绩效越高。即员工对"公平标准"的认知差异与任务绩效呈显著负相关关系。

研究假设 H5a：员工对"按工作要求付薪"的认知差异与任务绩效呈显著负相关关系。

研究假设 H5b：员工对"按个体贡献付薪"的认知差异与任务绩效呈显著负相关关系。

研究假设 H5c：员工对"按岗位条件付薪"的认知差异与任务绩效呈显著负相关关系。

研究假设 H5d：员工对"按团队绩效付薪"的认知差异与任务绩效呈显著负相关关系。

研究假设 H5e：员工对"按市场水平付薪"的认知差异与任务绩效呈显著负相关关系。

研究假设 H5f：员工对"按个人特征付薪"的认知差异与任务绩效呈显著负相关关系。

4.3.3 员工对"收入差距"的认知差异对任务绩效的影响

有关员工对"收入差距"的认知差异对员工任务绩效的影响非常匮乏，本研究拟采用相对剥削理论去推演员工对"收入差距"的认知差异对员工绩效所产生的影响。相对剥削是指当人们将自身处境与某种标准或参照群体相比较而发现自己处于劣势时所产生的受剥削感，是一个心理学上的概念。Crosby（1976）把相对剥削感定义为"个人在感知到现实与理想之间存在差异后而产生的一种紧张状态"。Martin（1981）较早把相对剥削理论引入到组织情境中，认为员工的被剥削感会产生一系列负面的心理和行为结果。此后，不少学者将相对剥削理论引入薪酬差距的研究，并指出组织差异化的薪酬分配制度会通过员工的被剥削感产生一些负面结果，包括降低员工的满意度、组织承诺、合作意愿、集体凝聚力，并最终破坏集体的雇佣关系与绩效（Akerlof & Yellen，1990；Levine，1991；Cowherd & Lexine，1992；Bloom，1999；Ding et al.，2009），而公平差别阈指的是使两个条件不等的人刚能产生公平感时的适宜的差别比值。因此，依据相对剥削理论可知，当两个条件不相等的人认为收入差距不等于公平差别阈时，其中一方会认为收入差距是不合理的，即自己的薪酬收入水平低于自己理想中的"公平"的收入水平，从而会形成一种相对被剥削感（Martin，1981），进而降低随后的工作努力程度（Akerlof & Yellen，1990），员工的任务绩效水平会较低。反之，当两个条件不相等的人认为收入差距等于公平差别阈时，员工的任务绩效水平会较高。基于以上分析，本研究提出如下假设：

研究假设 H6："公平差别阈"与"客观薪酬差距"之间存在差异组（EDT ≠ 客观薪酬差距）和无差异组（EDT = 客观薪酬差距）。且无差异组的员工任务绩效要显著高于差异组。

4.3.4 薪酬分配公平感在上述影响中的中介作用

由于"公平差别阈"与"客观薪酬差距"之间的差异组和无差异组是一个分类变量。因此，在本研究中不分析薪酬分配公平感在上述差异与任务绩效之间的中介作用。

学术界一般把员工和组织之间的关系看成是社会交换。依据社会交换理论指出，当员工遭遇组织的不公平对待时，员工就会采取减少任务绩效予以回应。Masterson et al.（2000）认为如果员工觉得组织能公平地对待自己，员工会信任组织、减少被利用的焦虑，并进一步积极地与组织交换，增加任务绩效；如果员工觉得组织不能公平地对待自己，两者之间的交换关系会破裂，员工会通过减少任务绩效来寻求公平并降低损失。

情感事件理论为薪酬分配公平感的中介作用提供了一个整合的框架。情感事件理论认为员工在工作中的情感反应由特定的工作事件引发，这些情感反应会进一步影响员工的态度与行为。本研究依据情感事件理论推测当员工认知到"公平标准"的差异后就会产生薪酬分配公平感或不公平感的"情感反应"，分配不公平感是个体在工作场所中知觉到的一种典型的不平衡感，一旦归因不当，就有可能降低任务绩效。因此，本研究依据情感事件理论推断员工期望的"公平标准"与企业实际的"公平标准"的不一致性越高（即员工对公平标准出现认知差异越小）时，个体越容易认为如果企业不采用自身期望的"公平标准"而是遵循实际上的"公平标准",这样员工更容易产生分配公平感这一情感反应,从而也更容易表现出较少的任务绩效。因此,本研究提出如下假设:

研究假设 H7:薪酬分配公平感在员工对"公平标准"的认知差异对任务绩效的影响中具有中介效应。

研究假设 H7a:薪酬分配公平感在员工对"按工作要求付薪"的认知差异对任务绩效的影响中具有中介效应。

研究假设 H7b:薪酬分配公平感在员工对"按个体贡献付薪"的认知差异对任务绩效的影响中具有中介效应。

研究假设 H7c:薪酬分配公平感在员工对"按岗位条件付薪"的认知差异对任务绩效的影响中具有中介效应。

研究假设 H7d:薪酬分配公平感在员工对"按团队绩效付薪"的认知差异对任务绩效的影响中具有中介效应。

研究假设 H7e:薪酬分配公平感在员工对"按市场水平付薪"的认知差异对任务绩效的影响中具有中介效应。

研究假设 H7f:薪酬分配公平感在员工对"按个人特征付薪"的认知差异对任务绩效的影响中具有中介效应。

4.4 公平标准和收入差距对工作偏离行为的影响

在现今的工作场所中,诸如早退、怠工、利用上班时间处理私事、散布谣言、偷窃等员工工作场所偏离行为(Workplace Deviant Behavior)已成为一种普遍且严重的现象(Bennett & Robinson,2000),并且给企业造成高额的经济成本。遗憾的是,尽管在现实中,工作场所偏离行为已经屡见不鲜,学者对这方面的研究却非常有限。目前有关员工工作场所偏离行为的研究主要来自于社会学和心理学领域,因而在研究过程中较注重个人因素和社会环境因素的影响,忽略了企业管理实践对员工工作场所偏离行为影响的研究。在现实中,由于薪酬更是企业吸引、激励、保留员工的重要手段和平衡企业组织内部利益相关者物质利益冲突的主要工具。薪酬分配中公平标准和收入差距是其是造成工作场所偏离行为的重要影响因素。基于此，本研究着重探讨薪酬分配中公平标准和收入差距对工作偏离行为的影响。

4.4.1 工作偏离行为的影响前因分析

在有关员工工作偏离行为的相关研究中，影响员工工作偏离行为的前因变量大致上可分为个人因素、组织环境因素和社会环境因素（Neuman & Baron，1998；O'Leary – Kelly et al.，1996）。

1. 个人因素

心理学、社会学和组织行为学的研究者从个人层面探讨了员工的工作偏离行为产生的原因，并产生了大量的研究成果。

（1）个性特征

从早期的弗洛伊德和艾里克森的经典人格理论开始，心理学和社会学者一直坚信这样的理念，具有一些个性特征的人更易从事不良行为。因此，偏离行为早期的研究主要关注随着时间、任务和环境的改变偏离行为在个体身上是否具有一致性，以及个性特征能否对员工工作偏离行为进行有效的预测。研究主要发现责任意识（Hogan & Ones，1997）、冲动性、消极情绪、社会化（Collins & Bagozzi，1999；Gough，1960）、生气特质（trait anger）、诚信（Murphy，1993）等个性特征与员工的工作偏离行为有较密切的联系（Folger & Skarlicki，1999；Douglas & Martinko，2001）。其中最受关注的是责任意识和诚信。例如 Hogan et al.（1997）发现责任意识与几种形式的员工的工作偏离行为有直接的联系。他们认为，缺乏责任意识的人们常常是不可靠和粗心的，不愿意付出额外的工作努力，结果在工作场所中表现出更多的偏离行为。Douglas et al.（2001）发现社会化程度较低的员工更容易无视或违背组织的制度、规范和准则，更容易产生白领犯罪（white collar crime）。学者们的研究表明，个性特征与某些具体的偏离行为有着直接的影响关系，如"盗窃倾向性"与盗窃行为、自我控制与工作场所犯罪行为；愤怒与阴谋破坏、人际侵犯和偷窃有关（Chen & Spector，1992；Lewicki et al.，1997）。

（2）人口统计特征

部分研究表明，员工的工作偏离行为更可能在那些年轻的、新进的、兼职的和社会地位较低的员工中发生（Frank，1989；Clark & Hollinger，1980）。Appelbaum et al.（2005）总结了四个影响偏离行为的主要人口统计因素，包括性别（男性在工作中比女性表现更多的侵犯行为）、年资（在组织中工作年限越短的员工越容易从事财产型偏离行为）、教育（受较多教育的员工更不易从事偏离行为）、年龄（在工作场所中年龄越大的员工越诚实）。如，在性别差异和侵犯行为的研究中普遍认为男性在工作场所中表现出的侵犯行为远远高于女性（Baron & Richardson，1994；Latham & Perlow，1996）。然而，人口统计特征的研究只能表明哪些人群更易产生员工的工作偏离行为，并不能真正解释员工的工作偏离行为发生的原因。例如，墨菲（1993）在研究中发现，兼职员工比正式员工更有可能盗窃，其原因在于：①工作报酬比正式员工更低；②在非工作时间与同事较低的接触；③较低的组织认同。因此，大部分学者认为人口统计特征在无法预测员工的工作偏离行为的产生。他们认为员工的工作偏离行为的产生应该更多的归因于这些不同人群的工作特征。

（3）个人内在认知因素

个人内在认知因素包括情感、认知、评价等，在这些因素的分析中，公平感是广为学术界和实践界所探讨的重要变量。早期的学者通过实证研究发现员工对组织公平的认知能有效地预测其工作偏离行为。近期的研究除了关注组织公平感的影响外，还有学者开始关注员工认知的组织支持和工作满意感对员工工作偏离行为的影响。大量的研究表明工作满意感和偷窃、阴谋破坏和滥用毒品之间存在着密切的关系（Chen & Spector，1992）。

强调个人因素对员工工作偏离行为的影响作用的研究者们认为，为了有效控制员工的工作偏离行为，企业应重视员工的甄选工作，防止具有"偏离性格特征"的人进入到企业中（墨菲，1993）。

2. 组织环境因素

任何人的行为都会受环境的影响，这是一个不争的事实。员工的工作偏离行为也受组织环境因素的影响。在分析组织环境因素的影响时，有些学者将组织环境因素分为社会和人际因素、组织因素，有些学者将组织环境因素分为社会因素、工作因素和组织因素（Bennett & Robinson，2000；Vardi & Wiener，1996）。许多学者认为，工作环境的特征对工作偏离行为会产生直接的影响。在一些实证研究表明，在具有某些特征的企业中员工更有可能从事工作偏离行为，这些企业特征包括：强工作压力源（Fox et al.，2001）、制裁不严厉（Hollinger & Clark，1983）、变革中的组织（Baron & Neuman，1996）等。例如，Nelson - Horchler（1991）通过对美国家具制造企业 Howard Miller 的实证研究发现，高度的非层级化的组织结构伴随着较低的工作偏离行为发生率。Anderson et al.（1996）认为工作场所若是高温、潮湿、寒冷、昏暗、空气品质不佳、高噪声或是过于拥挤都会提高员工的工作偏离行为发生的几率。另外，对员工的工作偏离行为影响较大的因素是企业的裁员。无论是理论研究还是实证研究都表明，企业裁员会使被解雇的员工以及幸存的员工有相当高程度的挫折、压力、沮丧、愤怒以及敌意，也会降低员工的道德水平以及增加其对上级的不信任（Neuman & Baron，1998）。

3. 社会环境因素

影响员工工作偏离行为的社会环境因素主要包括：（1）技术进步。一方面技术进步导致员工的工作强度和工作压力增加，因而员工将采取更多的工作偏离行为来进行逃避或发泄；另一方面随着技术的进步，员工工作偏离行为产生了新的转变，产生了新的以网络技术依托的偏离行为。越来越多的企业发现员工利用大量的时间在网上聊天、闲逛、玩游戏以及炒股，这不仅导致员工工作效率的降低，同时也导致员工工作热情的消退（Dryer & Horowitz，1997）。（2）劳动力队伍的多元化。随着经济的发展，企业的员工队伍呈现多元化趋势，这增加了工作偏离行为发生的几率。Neuman 和 Baron（1998）认为人们总是和自己类似的人交友，而且会故意远离那些和自己不同的人。所谓的类似，指的是年龄、性别、种族、文化，以及身体和心理的相似。这些不同点会让人对其他人有负面的看法，进而产生不良的互动，因此工作偏离行为（尤其是个人面的偏离行为）的机会随之上升。（3）惯常行为。有些工作偏离行为已被人们认为是一种很平常的现象，据研究发现许多员工认为上班时间处理私人事务、怠工、迟到、偷窃公司办公用品等行为是大多数人采取的惯常行为，并不为此感到任何的羞愧和不安。根据 CSEA（Civil Service Employees Unions）的调查显示，75% 的监狱工作者、59% 的医护人员、48% 的办公室职员以及 41% 的户外工作者认为被言语侵犯是一件稀松平常的事情。他们认为这些工作本来就要承受这些对待，故在大多数情况下不会做出反应和向外申诉。一旦员工将某些工作偏离行为视为惯常行为，工作偏离行为将通过新员工社会化的过程在企业中蔓延。

此外，影响员工工作偏离行为的社会因素还有很多，如社会变革、社会道德风气、教育等，由于这方面的研究主要属于社会学的研究范畴，故在此不再累述。

4. 工作偏离行为影响前因的综合研究

工作偏离行为是一个多因素调控的、彼此交互作用的复杂过程。为了有效地预测偏离行为个人和环境的因素都应该被考虑。相互作用理论认为员工的行为是个体特征、群体特征以及组织特征交互作用而体现出来的一种功能。相互作用理论以一种可预测的方式来识别不同类型的人群对不同环境所做出的反应。而更多的学者从社会认知理论的角度来分析偏离行为。社会认知理论认为个人会通过自己的知觉、思想和信念对环境做出解释和认知，从而影响其行为方式。根据这个理论，员工的个性特征影响员工对环境的认知，从而影响员工如何去对不同的环境做出反应。因此，理论界产生了许多有关员工工作偏离行为的综合研究，主要的代表性观点整理如下（见表 4 - 1）：

表 4 - 1 工作偏离行为影响前因的综合研究

作者	环境因素	个人因素	认知过程	偏离行为表现
Folger & Skarlicki, 1999; Aquino, 2000	薪酬政策、组织的正式规范、组织文化、领导风格、组织层级结构、工作自主权、社会结构特征、领导支持	自我控制、负面情绪、神经质、怀有恶意、自我决心、内心冲突管理、马基雅维里主义、道德导向	对组织公平性的认知	报复行为、偷窃、破坏公物、人际侵犯、降低生产力、欺骗行为
Martinko & Gardner, 1982	组织结构、政策、奖惩系统	成就感、需求、内/外倾性、性别	对正向结果与负向结果的归因	沮丧、低生产力、缺勤、离职
Bennet, 1998	个人自主决策权、独裁管理方式	自我效能感、内/外倾性	个人控制知觉	缺勤、散步谣言、怠工、偷窃
O'Leary - Kelly, Griffin & Glew, 1996	恶劣的被对待、榜样的影响、奖励诱导	情绪反应	社会学习过程	指向组织的攻击行为
Neuman & Baron, 1998	沮丧的事件、不公平的对待、职场多元化、苛刻的规范、裁员、重组	A 型性格、负面归因偏见、自我督导行为	认知与评价	工作偏离行为

4.4.2 员工对"公平标准"的认知差异对工作偏离行为的影响

Deckop et al.（1999）认为作为一种竞争性激励，绩效工资常常会削弱员工之间的凝聚力和合作精神，绩效薪酬制度与角色外行为存在显著负相关关系。Werner 和 Ward（2004）认为绩效薪酬减少了组织公民行为（与组织的价值体系契合度较低的员工），增加了团队工作中难以满足的工作期望和员工抱怨。Pfeffer et al.（2006）认为绩效薪酬的效果不够理想，在某些情况下容易诱导员工产生错误行为。因为绩效薪酬鼓励员工为追求物质财富而努力工作，可能滋生无视或轻视道德约束的心理，会导致员工行为偏离组织目标。Pearsall et al.（2010）指出平均分配会导致团队成员产生更多的"搭便车"行为。组织中的心理契约是指在组织和员工之间的相互关系中，雇佣双方感知到的彼此的权利和义务，员工期望的薪酬分配中的"公平标准"实际上是一种典型的心理契约，当员工期望的"公平标准"与实际的"公平标准"不一致越高（即员工对公平标准出现认知差异越小）时，员工越容易产生心理契约违背。心理契约的违背是指个体在组织未能充分履行心理契约的认知基础上产生一种情绪体验，其核心是愤怒情绪。由于心理契约是建立在雇用双方信任的基础上的，所以心理契约违背这种消极的情绪体验会增加较多的工作偏离行为。据此，本研究提出如下假设：

研究假设 H8：员工对"公平标准"的认知差异（"公平标准"中实际与期望的不一致性）越小，员工的工作偏离行为越少。即员工对"公平标准"的认知差异与工作偏离行为呈显著正相关关系。

研究假设 H8a：员工对"按工作要求付薪"的认知差异与工作偏离行为呈显著负相关关系。

研究假设 H8b：员工对"按个体贡献付薪"的认知差异与工作偏离行为呈显著负相关关系。

研究假设 H8c：员工对"按岗位条件付薪"的认知差异与工作偏离行为呈显著负相关关系。

研究假设 H8d：员工对"按团队绩效付薪"的认知差异与工作偏离行为呈显著负相关关系。

研究假设 H8e：员工对"按市场水平付薪"的认知差异与工作偏离行为呈显著负相关关系。

研究假设 H8f：员工对"按个人特征付薪"的认知差异与工作偏离行为呈显著负相关关系。

4.4.3　员工对"收入差距"的认知差异对工作偏离行为的影响

Greenberg（2002）研究了在收入与预期有差距的情景下，让被试自己领收入，考察被试的偷窃行为。自变量有 3 个：研究对象的道德发展水平，该项研究的经费资助者，研究对象所在的组织是否开展道德教育。结果发现：道德发展水平没有作用。如果研究是个人资助，偷窃少，如果研究是组织资助，偷窃多；开展道德教育的组织的员工，偷窃行为少。Appelbaum & Shapiro（2006）成本节制（如裁员、缩减预算、薪资拖欠或缩减）以及组织变动（管理阶层的改变和流程再造）都会让员工充满敌意或是从事员工的工作偏离行为。基于以上分析，本研究提出如下假设：

研究假设 H9："公平差别阈"与"客观薪酬差距"之间存在差异组（EDT ≠ 客观薪酬差距）和无差异组（EDT = 客观薪酬差距）。且无差异组的员工工作偏离行为要显著少于差异组。

4.4.4 薪酬分配公平感在上述影响中的中介作用

由于"公平差别阈"与"客观薪酬差距"之间的差异组和无差异组是一个分类变量。因此，在本研究中不分析薪酬分配公平感在上述差异与工作偏离行为之间的中介作用。

"相对剥夺"是美国社会学家斯托弗于 1949 年在《美国士兵》一书中首先提出来的。后来，美国社会学家默顿在《社会理论与社会结构》一书加以系统阐释，将其发展成为一种关于群体行为的理论。该理论认为当人们将自己的处境与某种标准或某种参照物相比较而发现自己处于劣势时会产生受剥夺感，这种感觉导致员工产生消极情绪，表现为愤怒、怨恨或不满。简单而言，相对剥夺是一种感觉，这感觉是我们有权享有但并不拥有。分配公平感主要是指报酬数量分配的公平性，比较偏重于分配的结果。它的最重要特征即相对性，分配公平感是与自身或自身外的其他人相比较后的感受。可见，分配公平感的影响是一种典型的相对剥夺感。由上述分析可知，员工对"公平标准"的认知差异对薪酬分配公平感有显著的影响。在工作场所中，组织不公平（organizational injustice）是引发个体压力感最常见的压力情境之一，是工作偏离行为的重要诱因。当个体知觉到工作场所中对自己不利的不公平时，将进行自我调整，改变心理上的不公平感，而这种调整常常通过采取工作偏离行为来实现（Conlon et al. ，2005）。

由参照认知理论可知，当员工期望的"公平标准"应当被选择而没有被采用时，个体就会产生受剥夺感（亦即分配不公平感）。由心理契约违背模型可知，当员工认知到"公平标准"的差异后，此时员工认知到他们与组织的心理契约被违背时，常常产生不公平感。结果他们往往按照他们自认为公平的方式来降低对组织的付出。从这个意义上讲，员工对心理契约失信的知觉感受很大程度上影响其行为的反应方式。因此，本研究推断员工认知到"公平标准"的差异后，觉得自己收到企业不公平的对待时，员工的愤怒感会被激发，引发员工报复，因此导致员工工作偏离行为的增加。基于以上分析，本研究提出如下假设：

研究假设 H10：薪酬分配公平感在员工对"公平标准"的认知差异对工作偏离行为的影响中具有中介效应。

研究假设 H10a：薪酬分配公平感在员工对"按工作要求付薪"的认知差异对工作偏离行为的影响中具有中介效应。

研究假设 H10b：薪酬分配公平感在员工对"按个体贡献付薪"的认知差异对工作偏离行为的影响中具有中介效应。

研究假设 H10c：薪酬分配公平感在员工对"按岗位条件付薪"的认知差异对工作偏离行为的影响中具有中介效应。

研究假设 H10d：薪酬分配公平感在员工对"按团队绩效付薪"的认知差异对工作偏离行为的影响中具有中介效应。

研究假设 H10e：薪酬分配公平感在员工对"按市场水平付薪"的认知差异对工作偏离行为的影响中具有中介效应。

研究假设 H10f：薪酬分配公平感在员工对"按个人特征付薪"的认知差异对工作偏离行为的影响中具有中介效应。

第 5 章　样本的描述性分析与信效度检验

5.1 样本变量的测量方法与工具

5.1.1 公平标准的测量方法与工具

采用本研究开发的公平标准问卷，有关该问卷的信效度情况在第 3 章中已详细地阐述，相关指标均表明该问卷具有良好的信效度，因此可在后续研究中使用。

目前测量公平标准主要有两种方法：（1）问卷调查法。如余凯成和何威（1995）采用问卷调查法要求被试在已选定的 14 种影响因素中各自实际所起的和应当所起作用的重要性（即权重）。按照 5 级评分标准进行评分，两者分数之差反映他们对现状的不满程度，即不公平感的强度。其他不少学者在测量分配导向、分配规则或方式时，均采用李克特计分开展问卷调查（Sarin et al.，2001；许新强和李薇，2009；赵海霞和龙立荣，2012）。（2）情境实验法。余凯成和何威（1995）为了避免直接提问的弊端，问卷主体是一篇描述假想管理情境的短文，最终通过情境模拟，间接推出被试对那些公平规范序列的认识。考虑到同一个人在分配的奖酬类型不同时，会选择不同的规范（Foa et al.，2012）。甚至对同一类奖酬，还会同时使用多种标准，不过赋予不同的权重（Yu et al.，1989）。所以，个体进行公平判断时，会对不同公平标准赋予不同的权重。这就使得公平标准的测量非常复杂。Folger 和 Konovsky（1989）的参照认知理论指出当个体相信有可以选择的多个程序，其中将会产生更好的结果而应当被选择的程序没有被采用时，个体就会产生不公平感。因此，本研究认为只有公平标准中企业实际的"公平标准"与员工期望的"公平标准"不一致时，人们的薪酬分配公平感才会发生变化。一致性（congruence）研究在微观和宏观层面的组织研究中受到了广泛的关注（Amos & Weathington，2008），其中绝大部分在衡量两个构念间的一致性时都采用了差异分数（difference scores）的形式（即两个测量变量差值的绝对值）。

因此，本研究依据余凯成和何威（1995）的研究思路，按照 5 级评分标准进行评分（1 代表"最不重要"，5 代表"最重要"）。其中，"实际上所起的作用"反映了被试对企业实际的"公平标准"在企业薪酬分配中的重要程度的打分情况，"应该所起的作用"反映了被试对员工期望"公平标准"在企业薪酬分配中的重要程度的打分情况。两者差值的绝对值（｜企业实际的"公平标准"—员工期望的"公平标准"｜）反映了两者的不一致性的程度，即员工对"公平标准"的认知差异。具体而言，两者差值的绝对值越小，说明两者的一致性越高，员工对"公平标准"的认知差异越低。因此，本研究中所有的公平标准都将分为两部分，一部分是员工期望的"公平标准"，另一部分是企业实际的"公平标准"。因此，公平标准中实际与期望的不一致性 =｜企业实际的"公平标准" – 员工期望的"公平标准"｜。该问卷中所有题项采用李克特 5 点计分（1 代表"最不重要"，5 代表"最重要"），均由员工直接报告。

5.1.2　收入差距的测量方法与工具

从社会比较参照对象的选择视角看，个人在形成公平感过程中通常会选择"他人"作为参照对象进行社会比较。Kulik 和 Amborse（1992）认为直接决定个体参照对象选择的两点特征：信息可获取性和参照对象的相似性。一方面，当个体对某类对象的信息进行认知的便利性越高，那么该对象被选为参照对象的可能性也越高。另一方面，备选对象与自己的相似性程度越高，其被选为参照对象的可能性越大。在组织情境下，Goodman 和 Haisley（2007）认为参照对象的相似性可以从评估的便利性和解决个人进行社会比较需求的合适性两方面进行分析。换言之，组织中的员工更倾向选择那些既合适又方便评估的对象作为参照对象进行社会比较。由此可见，在同事、家人、朋友等一系列比较对象中，公司内同一部门里的同事不仅具有较高的信息可获取性（如工作投入、知识与技能、报酬与奖励），更具有较高的信息评估便利性和信息比较的合适性，即较高的相似性。因此，组织中的同事，尤其是部门或团队内的工作同事，是普通员工进行社会比较中最为重要的参照对象（Oldham et al.，1986）。而俞文钊依据公平差别阈理论在测量公平差别阈是的问卷条目描述为"一般人员之间、一般人员与中层管理者之间和一般人员与高级管理者之间，在收入上差别多少倍才是可以接受的"。

因此，结合社会比较理论和公平差别阈理论，公平差别阈可以描述为"一般员工与同类岗位员工之间、一般员工与单位的基层管理者之间、一般员工与单位的中层管理者之间和一般员工与单位的高级管理者之间，在收入上差别多少倍才是可以接受的？"而员工认知到"客观薪酬差距"也可以对应描述为"一般员工与所在部门内的一般员工之间、一般员工与单位的基层管理者之间、一般员工与单位的中层管理者之间和一般员工与单位的高级管理者之间，在收入上你感受到的收入差别实际上是多少倍？"考虑到单位的高级管理者又可以区分为一般高层管理人员（比如副总、总监或董事会秘书）和"一把手"（比如董事长或总经理），而且这两类人群的收入存在一定差距。所以，本研究将其区分开来分别进行研究为了方便被试作答，在本研究中相应问卷的提示语中注明"以下是您对公司目前收入（工资、奖金和绩效）分配的具体看法，请您务必根据实际感受，在横线上填答您认为最合适的选项"，并写上相应的提示语："即使不了解具体收入差距，也请给出估计值"。

俞文钊（1993）分析得出的 EDT 具有较为强烈的时代色彩。在选择具体的测算范围时，本研究为了确定目前 EDT 这种比值的范围，本研究针对 54 名员工进行了访谈，人口统计学分布概况见本研究 3.1.2 章节的描述。本研究主要采用访谈（访谈提纲见附录）来了解员工对企业客观薪酬差距的评分和看法。笔者对收集到原始访谈记录进行了初步整理后结果如表 5－1 所示。

在遵循区间刻度之间保持等距原则的前提下，并综合考虑目前中国企业差距悬殊的现实情境，针对每类比较对象制定出了测量公平差别阈和客观薪酬差距的选项，如表 5－2 所示。

表 5 – 1　　　　　　　　　　公平差别阈的预调查结果汇总

比较对象	最小值	最大值
普通员工与其他同类岗位普通员工	1	4
普通员工能接受基层管理人员（比如基层主管或班组长）	1.2	6
普通员工能接受中层管理人员（比如部门经理或部长）	2	14
普通员工能接受一般高层管理人员（比如副总、总监或董事会秘书）	3	50
普通员工能接受"一把手"（比如董事长或总经理）	3	100

表 5 – 2　　　　　　　　　公平差别阈和客观薪酬差距的测量选项汇总

比较对象	具体选项	
普通员工与其他同类岗位普通员工	A. 不超过 1 倍 C. 大于 1.5 但不超过 2 倍 E. 大于 2.5 但不超过 3 倍 G. 大于 3.5 但不超过 4 倍	B. 大于 1 但不超过 1.5 倍 D. 大于 2 但不超过 2.5 倍 F. 大于 3 但不超过 3.5 倍 H. 大于 4 倍
普通员工能接受基层管理人员（比如基层主管或班组长）	A. 不超过 1.2 倍 C. 大于 2 但不超过 2.8 倍 E. 大于 3.6 但不超过 4.4 倍 G. 大于 5.2 但不超过 6 倍	B. 大于 1.2 但不超过 2 倍 D. 大于 2.8 但不超过 3.6 倍 F. 大于 4.4 但不超过 5.2 倍 H. 大于 6 倍
普通员工能接受中层管理人员（比如部门经理或部长）	A. 不超过 2 倍 C. 大于 4 但不超过 6 倍 E. 大于 8 但不超过 10 倍 G. 大于 12 但不超过 14 倍	B. 大于 2 但不超过 4 倍 D. 大于 6 但不超过 8 倍 F. 大于 10 但不超过 12 倍 H. 大于 14 倍
普通员工能接受一般高层管理人员（比如副总、总监或董事会秘书）	A. 不超过 3 倍 C. 大于 5 但不超过 10 倍 E. 大于 15 但不超过 20 倍 G. 大于 30 但不超过 50 倍	B. 大于 3 但不超过 5 倍 D. 大于 10 但不超过 15 倍 F. 大于 20 但不超过 20 倍 H. 大于 50 倍
普通员工能接受"一把手"（比如董事长或总经理）	A. 不超过 3 倍 C. 大于 5 但不超过 10 倍 E. 大于 15 但不超过 20 倍 G. 大于 30 但不超过 100 倍	B. 大于 3 但不超过 5 倍 D. 大于 10 但不超过 15 倍 F. 大于 20 但不超过 30 倍 H. 大于 100 倍

　　涉及公平差别阈和客观薪酬差距的测量条目，本研究采用投射法，让所有企业员工（包括各类管理者），站在普通员工的角度，根据自身了解的企业实际情况直接勾选本人认为公司的普通员工与同类岗位员工、普通

员工与基层管理者、普通员工与中层管理者、普通员工与高级管理者之间、普通员工与公司"一把手"之间的公平差别阈以及认知到"客观薪酬差距"各自对应的选项。在具体测量时，代表选项如下："您公司的普通员工能接受中层管理人员（比如部门经理或部长）的收入最多是他收入多少倍？据您估计，您公司中层管理人员（比如部门经理或部长）的收入实际上是普通员工平均收入的多少倍？"

考虑到公平差别阈在进行实证分析时，均采用的是"有无差异组"。其中1代表无差异组（即说明员工认知到的"客观薪酬差距"等于"公平差别阈"），2代表差异组（即说明员工认知到的"客观薪酬差距"不等于"公平差别阈"）。因此它是一个二分类变量。在投入回归模型是应先转为虚拟变量，以使其具备连续变量的特性，再将转化后的虚拟变量作为多元回归的预测变量之一。在虚拟变量的转换方面，如果间断变量有 k 个水平，则需要 k-1 个虚拟变量，未经处理的水平称为参照组，作为参照组的水平的有效样本个数不能与其他水平数差异太多，表5-3描述了5类有无差异组中的有效样本个数，差异组和无差异组出现频率大小的差别较小，符合虚拟变量转换对样本的要求。

表5-3　　　　　　　　有无差异组的有效样本个数及所占百分比

类型	代号	频率	百分比	类型	代号	频率	百分比
有无差异组（"同类岗位普通员工之间"）	1	268	46.1	有无差异组（"普通员工与中层管理者之间"）	1	268	46.1
	2	313	53.9		2	313	53.9
有无差异组（"普通员工与基层管理者之间"）	1	280	48.2	有无差异组（"普通员工与一般高层管理者之间"）	1	256	44.1
	2	301	51.8		2	325	55.9
有无差异组（"普通员工与公司'一把手'之间"）	1	269	46.3				
	2	312	53.7				

注：1代表无差异组，2代表差异组。

因此，对于"有无差异组"而言，其水平数有两个，原先的编码中1代表无差异组，2代表差异组，转换为虚拟变量后。参照组为差异组，则无差异组的编码为1，差异组的编码为0，虚拟变量表示为"无差异组与差异组的对比"，可以放入回归模型进行分析。本研究采用"差异组 & 无差异组"来表示。

5.1.3　薪酬分配公平感的测量方法与工具

分配公平的问卷基本上是按 Adams 的公平理论来编制的。早一点的问卷如 Moorman（1991）研究者的样题是"与相同工作或职务的同事相比，我应得的薪资待遇是合理公平的；就我的工作表现而言，我实际得到的薪资报酬水平是合理公平的；与其他性质相似的公司的员工相比，该公司各项福利是合理公平的；与其他性质相似公司的员工相比，我的薪资待遇是合理公平的"。Farh et al.（1997）的研究思路和新近的研究如 Colquit（2001）的研究也基本如此。赖志超和黄光国（2000）的研究在问卷调查的基础上，除获得了与亚当斯理论相似的项目外，还发现了奖惩公平。分配公平采用"公司给予各类人员的回报时，充分考虑其努力程度"；"公司给予各类人员的回报时，充分考虑其工作责任""公司给予各类人员的回报时，充分考虑其工作经验"等 6 个方面的测量指标。量表采用李克特 5 点计分。量表采用 Farh（1990）使用的问卷。

在本研究中，涉及薪酬分配公平方面的测量题项，由员工根据其所在公司的实际情况作答，在题项的叙述方面，尽量采用中立、客观的陈述。

5.1.4　任务绩效的测量方法与工具

员工绩效的测量主要体现在两个方面：一是任务绩效；二是周边绩效（Scotter & Motowidlo，1996）。其中周边绩效的测量指标主要包括：组织公民行为、亲社会行为、组织自发性、进谏行为等，虽然这些行为不直接作用于组织的技术核心，但对整个组织的运行产生润滑、修正与协调作用。

任务绩效指任职者通过直接的生产活动、提供材料和服务对组织的技术核心所做的贡献，主要受经验、能力以及与工作相关的知识等因素的影响。对任务绩效的测量方法和工具有很多关于任务绩效的测量方面，研究多采用 Tsui et al.（1997）从组织角度研究员工—组织关系时使用的任务绩效问卷。该问卷包括工作质量、工作数量、工作效率、追求高工作标准等六个问题。从不同的角度评价了员工的任务绩效。问卷采用李克特 5 点计分，本研究的任务绩效问卷采用 Tsui et al.（1997）使用的量表。

5.1.5　工作偏离行为的测量方法与工具

Robinson & Greenberg（1998）在总结了大量相关文献的基础上，界定了员工工作偏离行为（Workplace Deviant Behavior），即组织成员自发性的行为，而此行为违反了组织的规范、政策或制度，并且威胁到组织或组织内部成员的福利。学者们对工作偏离行为概念内涵与维度表现进行了积极探讨，并在此基础上开发了大量的研究问卷。其中 Robinson & Bennett（2000）开发的两维度问卷最具有影响，得到了后续研究的验证和认可（Vardi & Weitz, 2004；Berry et al., 2007）。虽然其后很多研究者对工作偏离行为进行了更进一步的划分，但是大多以 Robinson & Bennett（2000）的分类研究作为基础，且研究者对于进一步细化的工作偏离行为维度未达成共识。基于以上的考虑，本研究沿用 Robinson & Bennett（2000）开发的问卷，但是需要指出的是，在本研究中删除了部分具有明显文化因素的特征，以使得该问卷更加适合中国情景。删除的条目为"在工作时喝酒或使用非法药物"。故保留的条目在人际指向方面的工作偏离行为包括"在工作时取笑公司内的其他人""在工作时背后中伤公司其他人""在工作时带有宗教或种族偏见""在工作时发脾气，辱骂公司其他人"等 7 个方面的内容。在组织指向的工作偏离行为包括"未经允许就拿走公司的财物"；"传播公司和主管的流言"；"未经允许，上班迟到或早退"；"不注意工作环境的卫生"等 11 个方面内容。问卷采用李克特 5 点计分。

在本研究中，由于考虑到社会赞许效应等方面的影响，涉及工作偏离行为方面的测量条目，采用投射法由该员工根据他的同事在工作中的工作偏离行为进行评价，从而反映该员工自身的偏离行为。

5.1.6　组织伦理气候的测量方法与工具

Victor et al.（1988）把组织伦理气候划分成 5 个维度，即自利导向、关怀导向、规则导向、独立导向、法律与法规导向的组织伦理气候。不少研究者都是将组织伦理气候认知作为一个整体来衡量，只有少量的文献针对以上五种维度分别进行测量，但学者们对这 5 种类型的稳定性仍有疑虑（Cullen et al.，1993）。尽管不同的研究者认为组织伦理气候类型并不稳定，但是几乎在所有的分析中都会验证得到 3 类组织伦理气候：自利导向、关怀导向和规则导向的组织伦理气候，如刘文彬、井润田（2010）和杨春江等（2014）。另外，刘文彬和井润田（2010）明确指出针对组织伦理气候的测量时，也主要测量的是个体对组织伦理气候的认知。

因此，本研究也采取组织伦理气候这种分类，分别是包括自利导向、关怀导向和规则导向伦理气候，参照刘文彬和井润田（2010）对组织伦理气候这一构念的测量，本研究中也是测量员工对组织伦理气候的认知，故3 类伦理气候是个体层面变量而非组织层面的变量，均由员工根据自身的感受直接报告，主要是描述员工对组织伦理气候的认知，所以即使是在同一家企业，员工对组织伦理气候的认知仍然可能是有差异的。3 类伦理气候所有测量题项共 15 个。典型题项为"在我们公司，员工总想从别人身上占便宜"、"在我们公司，员工之间彼此相互关照"、"在我们公司，员工普遍都严格遵守规章制度"。

5.2　调查过程与样本研究概况

本研究的正式调查共收集了 581 份有效样本，调查方式有三种：第一种方式在 MBA 班和人力资源管理师培训班调查，具体方法是：在培训课程上，首先向学员介绍课题研究的主要内容与目的，向自愿参与调查研究的学员发放一份问卷，填写后交予研究人员，涉及的地区包括成都市和昆明市；第二种方式是研究者实地调查，采取方便抽样原则，对成都市高新区、双流工业区、郫县工业区、重庆市部分企业作为研究对象，事先与相关企业人力资源部取得联系，这种调查方式的特点是，由研究者随机选择，员工在现场填好问卷后立即交予研究人员；第三种方式即委托相关专业人员发放问卷。委托发放问卷的负责人均是心理学专业与人力资源管理方面的研究人员，首先向他们介绍研究的目的与意义，由他们负责挑选研究对象，由他们深入企业进行现场收集问卷，回收结束后，统一寄予研究人员，涉及的地区包括成都、昆明和重庆。问卷所有内容均由员工对其直接进行报告。研究样本的情况如表5-4所示。

表5-4　　　　　　　　　　人口统计学概况（N=581）

变量	分类	占比（%）	变量	分类	占比（%）
性别	男	49.7	职称	有专业职称	40.6
	女	50.3		无专业职称	59.4
学历	大专及以下	30.8	年龄	5 岁及以下	15.8
	大学本科	53.9		大于25 岁小于36 岁	72.1
	研究生	15.3		36 岁及以上	12.0
工龄	2 年及以下	44.1	职位层次	中高层管理人员	15.0
	3 年~5 年	28.2		基层管理人员	24.4
	6 年及以上	27.7		普通员工	60.6
用工形式	无固定期限劳动合同工或长期劳动合同工	59.9	职务领域	生产或施工	14.5
	短期劳动合同工	36.7		营销或销售	21.3
	劳务派遣或劳务外包工	3.4		研发或设计	11.4
企业性质	国有或国有控股公司	34.4		技术或质量	7.90
	民营或民营控股公司	52.2		财务	4.3
	外资或外资控股公司	8.6		顾客服务	2.9
	经营性的事业单位及其他	4.8		人力资源	18.1
行业	IT/通信/高新技术行业	20		行政或后勤	13.1
	传统制造业/建筑业/房地产	40.8		供应或采购	1.9
	服务行业（除金融外）	21.7		其他	4.6
	金融行业	1.2			
	其他	16.4			

从表 5-4 可知，在所调查的研究样本中，性别上男性占 49.7%，女性占 50.3%；学历方面，大专及以下占 30.8%，大学本科占 53.9%，研究生占 15.3%；工龄上，2 年及以下占 44.1%，3 年~5 年占 28.2%，6 年及以上占 27.7%；年龄上，25 岁及以下占 15.8%，大于 25 岁小于 36 岁占 72.1%，36 岁及以上占 12.0%；职位层次上，中高层管理人员占 15.0%，基层管理人员占 24.4%，普通员工占 60.6%。职务领域方面，生产或施工占 14.5%，营销或销售占 21.3%，研发或设计占 11.4%，技术或质量占 7.9%，财务占 4.3%，顾客服务占 2.9%，人力资源占 18.1%，行政或后勤占 13.1%，供应或采购占 1.9%，其他占 4.6%。企业性质上，国有或国有控股公司占 34.4%，民营或民营控股公司占 52.2%，外资或外资控股公司占 8.6%。行业分布上，以 IT/通信/高新技术行业、传统制造业/建筑业/房地产、服务行业（除金融外）为主，分别各占 20%、40.8%、21.7%。

5.3 主要变量的描述性统计分析

如表 5-5 所示，本研究中的主要变量公平标准、薪酬分配公平感、工作偏离行为、任务绩效和组织伦理气候分布都比较均匀。

表 5-5   主要变量的描述性统计分析

变量	极小值	极大值	均值	标准差
员工期望的"按工作要求付薪"	1.5	5	3.5387	0.62536
员工期望的"按个体贡献付薪"	1.5	5	4.1179	0.67473
员工期望的"按岗位条件付薪"	2	5	3.7979	0.59977
员工期望的"按团体绩效付薪"	1.67	5	3.852	0.68501
员工期望的"按市场水平付薪"	1.5	5	3.6076	0.66747
员工期望的"按个人特征付薪"	1	5	3.3293	0.73798
企业实际的"按工作要求付薪"	1.17	5	3.2725	0.66977
企业实际的"按个体贡献付薪"	1	5	3.5822	0.77877
企业实际的"按岗位条件付薪"	1.8	5	3.5945	0.6661

续表

变量	极小值	极大值	均值	标准差
企业实际的"按团体绩效付薪"	1	5	3.5525	0.83239
企业实际的"按市场水平付薪"	1.25	5	3.2737	0.73869
企业实际的"按个人特征付薪"	1	5	3.1084	0.75398
员工对"按工作要求付薪"的认知差异	0	3.67	0.4443	0.54978
员工对"按个体贡献付薪"的认知差异	0	3.5	0.6605	0.70493
员工对"按岗位条件付薪"的认知差异	0	3	0.4083	0.47496
员工对"按团体绩效付薪"的认知差异	0	3	0.5422	0.67636
员工对"按市场水平付薪"的认知差异	0	3.75	0.4901	0.60459
员工对"按个体特征付薪"的认知差异	0	3.33	0.4573	0.55497
同类岗位普通员工之间的"差异组 & 无差异组"	0	1	0.4613	0.49893
普通员工与基层管理者之间的"差异组 & 无差异组"	0	1	0.4613	0.49893
普通员工与中层管理者之间的"差异组 & 无差异组"	0	1	0.4630	0.49906
普通员工与一般高层管理者之间的"差异组 & 无差异组"	0	1	0.4819	0.50010
普通员工与"一把手"之间的"差异组 & 无差异组"	0	1	0.4406	0.49689
薪酬分配公平感	1	5	3.2071	0.79633
工作偏离行为	1	4.72	2.0448	0.83896
任务绩效	0.4	4.1	2.9798	0.83411
关怀导向 EC	1	5	3.3797	0.71617
规则导向 EC	1	5	3.7496	0.76515
自利导向 EC	1	5	2.4085	0.86458

值得一提的是，按工作要求付薪、按个体贡献付薪、按岗位条件付薪、按团体绩效付薪、按市场水平付薪和按个体特征付薪中实际与期望的不一致性的极小值都为0，极大值分别为3.67、3.5、3、3、3.75和3.33，事实上，如前文所述，本差值即为实际得分减去期望得分的差值的绝对值。另外，差异组&无差异组表示为"无差异组与差异组的对比"。其中，无差异组的编码为1，差异组的编码为0。因此，它的极小值为0，极大值为1。

5.4 主要变量的平均数检验

本节主要针对本研究的主效应中的主要变量进行平均数检验，旨在分析不同人口学统计变量等在这些主要变量上的差异。

1. 不同性别在主要变量上的差异分析

如表 5 - 6 可知，女性员工期望的"按岗位条件付薪"、"按团体绩效付薪"和"按市场水平付薪"的得分要远高于男性。男性员工认知到实际中"按个体贡献付薪"的得分要高于女性员工，而女性认知到实际中"按岗位条件付薪"的得分要高于男性员工。男性员工认为的"公平差别阈"（同级员工之间）和认知的"客观薪酬差距"（同级员工之间）都要显著高于女性。男性员工的薪酬分配公平感和工作偏离行为也要高于女性。

表 5 - 6 性别在主要变量上的独立样本 T 检验结果

检验变量	性别	个数	平均数	标准差	t 值
员工期望的"按岗位条件付薪"	男	289	3.71	0.626	- 3.549 **
	女	292	3.88	0.560	
员工期望的"按团体绩效付薪"	男	289	3.78	0.716	- 2.459 **
	女	292	3.92	0.647	
员工期望的"按市场水平付薪"	男	289	3.54	0.675	- 2.256 **
	女	292	3.67	0.656	
企业实际的"按个体贡献付薪"	男	289	3.66	0.797	2.380 **
	女	292	3.51	0.754	
企业实际的"按岗位条件付薪"	男	289	3.54	0.633	- 1.999 *
	女	292	3.65	0.694	
"公平差别阈"（同级员工之间）	男	289	1.282	0.50309	3.418 **
	女	292	1.1627	0.31649	
"客观薪酬差距"（同级员工之间）	男	289	1.564	0.67364	3.480 **
	女	292	1.3878	0.53851	

续表

检验变量	性别	个数	平均数	标准差	t 值
薪酬分配公平感	男	289	3.29	0.842	2.385 **
	女	292	3.13	0.742	
工作偏离行为	男	289	2.17	0.892	3.629 **
	女	292	1.92	0.764	

2. 不同年龄在主要变量上的差异分析

如表 5-7 所示，采用事后比较 HSD 法（实在显著差异法）可知，"25 岁及以下"和"26 岁~35 岁"的员工期望"按个体贡献付薪"的得分要显著高于年龄在"36 岁及以上"的员工。"25 岁及以下"的员工期望"按团体绩效付薪"的得分要显著高于年龄在"26 岁~35 岁"的员工。"25 岁及以下"的员工认知到实际中"按工作要求付薪"、"按市场水平付薪"和"按个体特征付薪"的得分要显著高于年龄在"26 岁~35 岁"的员工。"25 岁及以下"、"26 岁~35 岁"的员工认为的公平差别阈（普通员工与中层管理人员）要显著高于"36 岁及以上"的员工。"25 岁及以下"的员工认为的公平差别阈（普通员工与一般高层管理人员）要显著高于"26 岁~35 岁"和"36 岁及以上"的员工。"25 岁及以下"、"26 岁~35 岁"的员工认知到的"客观薪酬差距"（普通员工与一般高层管理人员）要显著高于"36 岁及以上"的员工。"26 岁~35 岁"的员工的任务绩效要大于"25 岁及以下"和"36 岁及以上"的员工。

表 5-7 　　　　　　　不同年龄员工在主要变量差异比较的方差分析

检验变量		平方和	df	均方	F 检验	事后比较 HSD 法
员工期望的"按个体贡献付薪"	组间	7.77	2	3.885	8.762 **	A > C
	组内	256.279	578	0.443		B > C
	总数	264.049	580			

续表

检验变量		平方和	df	均方	F 检验	事后比较 HSD 法
员工期望的"按团体绩效付薪"	组间	3.056	2	1.528	3.282*	A > B
	组内	269.103	578	0.466		
	总数	272.159	580			
企业实际的"按工作要求付薪"	组间	4.634	2	2.317	5.24**	A > B
	组内	255.551	578	0.442		
	总数	260.185	580			
企业实际的"按市场水平付薪"	组间	3.28	2	1.64	3.027*	A > B
	组内	313.207	578	0.542		
	总数	316.487	580			
企业实际的"按个人特征付薪"	组间	4.301	2	2.15	3.819*	A > B
	组内	325.423	578	0.563		
	总数	329.724	580			
公平差别阈（普通员工与中层管理人员）	组间	32.366	2	16.183	5.984**	A > C
	组内	1563.101	578	2.704		B > C
	总数	1595.466	580			
公平差别阈（普通员工与一般高层管理人员）	组间	866.894	2	433.447	11.102*	A > B
	组内	22567.416	578	39.044		A > C
	总数	23434.31	580			
客观薪酬差距（普通员工与一般高层管理人员）	组间	663.924	2	331.962	4.364*	A > C
	组内	43963.28	578	76.061		B > C
	总数	44627.21	580			
任务绩效	组间	6.241	2	3.12	7.116**	B > A
	组内	253.452	578	0.438		B > C
	总数	259.693	580			

注：A 代表"25 岁及以下"、B 代表"26 岁~35 岁"、C 代表"36 岁及以上"。

3. 不同工龄在主要变量的差异分析

如表 5-8 所示，采用事后比较 HSD 法可知，"2 年以下"的员工期望"按个体贡献付薪"的得分要高于"3 年~5 年"的员工。

"2 年以下"的员工认知到实际中"按工作要求付薪"、"按个体贡献付薪"和"按岗位条件付薪"的得分要显著高于工龄在"3 年~5 年"的

员工，而"6 年以上"的员工认知到实际中的"按个体特征付薪"显著高
于工龄在"3 年～5 年"的员工。"2 年及以下"的员工认为的公平差别阈
（普通员工与基层管理人员）要显著高于"3 年～5 年"和"6 年及以上"
的员工。"2 年及以下"的员工认为的公平差别阈（普通员工与中层管理人
员）要显著高于"6 年及以上"的员工。

"2 年及以下"的员工认知的客观薪酬差距（普通员工与一般高层管理
人员）要显著低于"3 年～5 年"的员工。"2 年及以下"的员工的薪酬分
配公平感要大于"3 年～5 年"的员工。"3 年～5 年"的员工的任务绩效
要高于"2 年及以下"和"6 年及以上"的员工。

表 5－8 　　　　不同工龄员工在主要变量差异比较的方差分析

检验变量		平方和	df	均方	F 检验	事后比较 HSD 法
员工期望的"按个体贡献付薪"	组间	3.053	2	1.527	3.381 *	A > B
	组内	260.996	578	0.452		
	总数	264.049	580			
企业实际的"按工作要求付薪"	组间	3.01	2	1.505	3.383 *	A > B
	组内	257.175	578	0.445		
	总数	260.185	580			
企业实际的"按个体贡献付薪"	组间	4.489	2	2.244	3.736 *	A > B
	组内	347.274	578	0.601		
	总数	351.763	580			
企业实际的"按岗位条件付薪"	组间	3.428	2	1.714	3.901 *	A > B
	组内	253.915	578	0.439		
	总数	257.342	580			
企业实际的"按个人特征付薪"	组间	9.082	2	4.541	8.186 **	B < C
	组内	320.642	578	0.555		
	总数	329.724	580			
公平差别阈（普通员工与基层管理人员）	组间	9.353	2	4.676	11.344 *	A > B
	组内	238.279	578	0.412		A > C
	总数	247.632	580			

续表

检验变量		平方和	df	均方	F 检验	事后比较 HSD 法
公平差别阈（普通员工与中层管理人员）	组间	41.384	2	20.692	7.696 *	A > C
	组内	1554.082	578	2.689		
	总数	1595.466	580			
客观薪酬差距（普通员工与一般高层管理人员）	组间	473.633	2	236.816	3.1 *	A < B
	组内	44153.58	578	76.39		
	总数	44627.213	580			
薪酬分配公平感	组间	6.835	2	3.418	5.473 **	A > B
	组内	360.964	578	0.625		
	总数	367.799	580			
任务绩效	组间	4.175	2	2.088	4.722 **	B > A
	组内	255.518	578	0.442		B > C
	总数	259.693	580			

注：A 代表"2 年及以下"，B 代表"3 年~5 年"，C 代表"6 年及以上"。

4. 不同学历在主要变量的差异分析

如表 5-9 可知，"大专及以下"和"大学本科"的员工期望"按个体贡献付薪"的得分要显著低于"研究生"的员工。"大专及以下"的员工期望"按个人特征付薪"的得分要显著高于"研究生"的员工。"大学本科"的员工认知到实际中"按个体贡献付薪"的得分要显著低于"研究生"的员工。"大专及以下"的员工认知到实际中"按个体贡献付薪"的得分要显著高于"大学本科"和"研究生"的员工。"大专及以下"的公平差别阈（与同类员工之间）和公平差别阈（普通员工与中层管理人员）要明显小于"大学本科"和"研究生"的员工。"大专及以下"的公平差别阈（普通员工与基层管理人员）要明显小于"研究生"层次的员工。"大专及以下"的员工认知到的客观薪酬差距（与同类员工之间、普通员工与基层管理人员、普通员工与中层管理人员）要明显小于"研究生"层次的员工。"大专及以下"的员工认知到的客观薪酬差距（普通员工与中层管理人员）要明显小于"大学本科"层次的员工。

表 5 - 9　　　　　不同学历员工在主要变量差异比较的方差分析

检验变量		平方和	df	均方	F	事后比较 HSD 法
员工期望的"按个体贡献付薪"	组间	4.799	2	2.4	5.35 **	A < C
	组内	259.25	578	0.449		B < C
	总数	264.049	580			
员工期望的"按个人特征付薪"	组间	3.616	2	1.808	3.347 *	A > C
	组内	312.263	578	0.54		
	总数	315.88	580			
企业实际的"按个体贡献付薪"	组间	8.053	2	4.026	6.771 **	B < C
	组内	343.71	578	0.595		
	总数	351.763	580			
企业实际的"按个人特征付薪"	组间	7.971	2	3.986	7.16 **	A > B
	组内	321.753	578	0.557		A > C
	总数	329.724	580			
公平差别阈（与同类员工之间）	组间	3.665	2	1.832	10.545 **	A < B
	组内	100.443	578	0.174		A < C
	总数	104.108	580			
公平差别阈（普通员工与基层管理人员）	组间	5.237	2	2.619	6.244 **	A < C
	组内	242.395	578	0.419		
	总数	247.632	580			
公平差别阈（普通员工与中层管理人员）	组间	34.141	2	17.071	6.32 **	A < B
	组内	1561.325	578	2.701		A < C
	总数	1595.466	580			
客观薪酬差距（与同类员工之间）	组间	2.714	2	1.357	3.616 *	A < C
	组内	216.874	578	0.375		
	总数	219.588	580			
客观薪酬差距（普通员工与基层管理人员）	组间	4.301	2	2.15	3.589 *	A < C
	组内	346.285	578	0.599		
	总数	350.586	580			
客观薪酬差距（普通员工与中层管理人员）	组间	29.257	2	14.629	4.477 *	A < B
	组内	1888.777	578	3.268		A < C
	总数	1918.034	580			

注：A 代表"大专及以下"，B 代表"大学本科"，C 代表"研究生"。

5. 不同职位对主要变量的差异分析

如表 5 – 10 可知,"中高层管理人员"的员工期望"按工作要求付薪"的得分要显著低于"基层管理人员"和"普通员工"的员工。"基层管理人员"的员工期望"按市场水平付薪"的得分要显著高于"中高层管理人员"的员工。"中高层管理人员"的员工期望"按个人特征付薪"的得分要显著低于职位层次在"基层管理人员"的员工。"中高层管理人员"的员工认知到实际中的"按工作要求付薪"和"按个人特征付薪"的得分要显著低于"基层管理人员"和"普通员工"的员工。"基层管理人员"的员工的偏离行为要大于职位层次在"普通员工"的员工。

表 5 – 10　　　　不同职位员工在主要变量差异比较的方差分析

检验变量		平方和	df	均方	F	事后比较 HSD 法
员工期望的 "按工作要求付薪"	组间	3.379	2	1.69	4.37*	A < B
	组内	223.444	578	0.387		A < C
	总数	226.823	580			
员工期望的 "按市场水平付薪"	组间	5.042	2	2.521	5.751**	B > C
	组内	253.36	578	0.438		
	总数	258.402	580			
员工期望的 "按个人特征付薪"	组间	3.868	2	1.934	3.583*	A < B
	组内	312.012	578	0.54		
	总数	315.88	580			
企业实际的 "按工作要求付薪"	组间	6.234	2	3.117	7.094**	A < B
	组内	253.951	578	0.439		A < C
	总数	260.185	580			
企业实际的 "按个人特征付薪"	组间	6.514	2	3.257	5.825**	A < B
	组内	323.21	578	0.559		A < C
	总数	329.724	580			
工作偏离行为	组间	5.587	2	2.793	4.01*	B > C
	组内	402.651	578	0.697		
	总数	408.238	580			

注:A 代表"中高层管理人员",B 代表"基层管理人员",C 代表"普通员工"。

6. 不同企业性质在主要变量的差异分析

由表5－11可知，"国有或国有控股公司"的员工期望"按团体绩效付薪"的得分显著低于"外资或外资控股公司"的员工，"国有或国有控股公司"的员工期望"按市场水平付薪"的得分显著低于"经营性的事业单位及其他"的员工。"国有或国有控股公司"的员工期望"按个体特征付薪"的得分显著低于"外资或外资控股公司"以及"经营性的事业单位及其他"的员工。"国有或国有控股公司"的员工认知到实际中"按岗位条件付薪"的得分显著低于"民营或民营控股公司"的员工。"国有或国有控股公司"的员工认知到实际中"按个人特征付薪"的得分显著高于"外资或外资控股公司"的员工。

"国有或国有控股公司"的员工在公平差别阈（与同类员工之间）的得分要显著高于"经营性的事业单位及其他"的员工。"国有或国有控股公司"的员工在公平差别阈（普通员工与高层管理人员）的得分要显著低于"民营或民营控股公司"的员工。"国有或国有控股公司"的员工在客观薪酬差距（普通员工与一般高层管理人员）的得分要显著高于"民营或民营控股公司"的员工。"国有或国有控股公司"的员工在客观薪酬差距（普通员工与公司"一把手"）的得分要显著低于"民营或民营控股公司"、"外资或外资控股公司"的员工。

表5－11　　　　不同企业性质在主要变量差异比较的方差分析

检验变量		平方和	df	均方	F	事后比较HSD法
员工期望的"按团体绩效付薪"	组间	5.826	3	1.942	4.207 **	A < C
	组内	266.333	577	0.462		
	总数	272.159	580			
员工期望的"按市场水平付薪"	组间	4.4	3	1.467	3.332 *	A < D
	组内	254.001	577	0.44		
	总数	258.402	580			

续表

检验变量		平方和	df	均方	F	事后比较 HSD 法
员工期望的"按个人特征付薪"	组间	4.543	3	1.514	2.807 *	A < D
	组内	311.336	577	0.54		A < C
	总数	315.88	580			
企业实际的"按岗位条件付薪"	组间	3.755	3	1.252	2.848 *	A < B
	组内	253.588	577	0.439		
	总数	257.342	580			
企业实际的"按个人特征付薪"	组间	5.586	3	1.862	3.314 **	A > C
	组内	324.138	577	0.562		
	总数	329.724	580			
公平差别阈（与同类员工之间）	组间	1.619	3	0.54	3.037 *	A > D
	组内	102.489	577	0.178		
	总数	104.108	580			
公平差别阈（普通员工与高层管理人员）	组间	9423.912	3	3141.304	4.809 **	A < B
	组内	376930.5	577	653.259		
	总数	386354.4	580			
客观薪酬差距（普通员工与一般高层管理人员）	组间	569.749	3	189.916	2.487	A > B
	组内	44057.459	577	76.356		
	总数	44627.207	580			
客观薪酬差距（普通员工与高层管理人员）	组间	10672.659	3	3557.553	4.168	A < B
	组内	492493.018	577	853.541		A < C
	总数	503165.677	580			
任务绩效	组间	6.581	3	2.194	3.189 **	A < C
	组内	396.947	577	0.688		
	总数	403.528	580			
工作偏离行为	组间	5.818	3	1.939	2.781 **	A < C
	组内	402.419	577	0.697		
	总数	408.238	580			

注：A 代表"国有或国有控股公司"，B 代表"民营或民营控股公司"，C 代表"外资或外资控股公司"，D 代表"经营性的事业单位及其他"。

7. 不同职务类型在主要变量上的差异分析

如表 5 - 12 所示，"营销或销售"、"研发或设计"的员工在期望"按岗位条件付薪"上的得分要显著低于"人力资源"。"生产或施工"、"营销或销售"和"研发或设计"的员工在期望"按团队绩效付薪"上的得分要显著低于"人力资源"。"研发或设计"的员工在期望"按市场水平付薪"上的得分要显著低于"营销或销售"和"人力资源"的员工。"研发或设计"的员工在实际上认知到"按市场水平付薪"和"按个人特征付薪"上的得分要显著低于"技术或质量"和"研发或设计"的员工。"生产或施工"的员工在实际上认知到"按个人特征付薪"上的得分要显著低于"技术或质量"和"行政或后勤"的员工。"营销或销售"、"人力资源"和"行政或后勤"的员工在客观薪酬差距（普通员工与中层管理人员）上的得分要显著低于"研发或设计"的员工。"生产或施工"的员工的任务绩效要小于"营销与销售"的员工，但工作偏离行为却显著高于"营销与销售"的员工。另外，职务类型为"生产或施工"和"研发或设计"的员工工作偏离行为要高于职务类型为"行政或后勤"的员工。

表 5－12　　　不同职务类型员工在主要变量差异比较的方差分析

检验变量		平方和	df	均方	F 检验	事后比较 HSD 法
员工期望的"按岗位条件付薪"	组间	15.331	9	1.703	5.032 **	B ＜ G
	组内	193.307	571	0.339		C ＜ G
	总数	208.638	580			
员工期望的"按团体绩效付薪"	组间	14.478	9	1.609	3.565 **	A ＜ G
	组内	257.681	571	0.451		B ＜ G
	总数	272.159	580			C ＜ G
员工期望的"按市场水平付薪"	组间	13.923	9	1.547	3.613 **	B ＞ C
	组内	244.478	571	0.428		C ＜ G
	总数	258.402	580			
企业实际的"按团体绩效付薪"	组间	13.846	9	1.538	2.264 *	C ＜ H
	组内	388.026	571	0.68		
	总数	401.871	580			
企业实际的"按市场水平付薪"	组间	14.399	9	1.6	3.024 **	C ＜ D
	组内	302.088	571	0.529		
	总数	316.487	580			

续表

检验变量		平方和	df	均方	F 检验	事后比较 HSD 法
企业实际的"按个人特征付薪"	组间	17.013	9	1.89	3.452 **	A < F
	组内	312.712	571	0.548		A < I
	总数	329.724	580			
客观薪酬差距（普通员工与中层管理人员）	组间	104.162	9	11.574	3.643 **	B < C
	组内	1813.873	571	3.177		C > G
	总数	1918.034	580			C > H
任务绩效	组间	17.939	9	1.993	2.952 **	A < B
	组内	385.588	571	0.675		
	总数	403.528	580			
工作偏离行为	组间	22.208	9	2.468	3.65 **	A > B
	组内	386.03	571	0.676		A > H
	总数	408.238	580			C > H

注：A 代表"生产或施工"、B 代表"营销或销售"、C 代表"研发或设计"、D 代表"技术或质量"、E 代表"财务"、F 代表"顾客服务"、G 代表"人力资源"、H 代表"行政或后勤"、I 代表"供应或采购"、J 代表"其他"。

8. 不同行业类型在主要变量上的差异分析

由表 5 – 13 可知，"IT/通信/高新技术行业"、"传统制造业/建筑业/房地产"和"服务行业"在员工期望的"按个体贡献付薪"和"按市场水平付薪"的得分上要显著低于"金融行业"。"服务行业"在员工期望的"按个体特征付薪"的得分上要显著低于"金融行业"。"传统制造业/建筑业/房地产"在企业实际的"按个体贡献付薪"的得分上要显著高于"服务行业"。"IT/通信/高新技术行业"、"传统制造业/建筑业/房地产"在企业实际的"按岗位条件付薪"的得分上要显著高于"服务行业"。"IT/通信/高新技术行业"、"传统制造业/建筑业/房地产"、"服务行业"的员工在客观薪酬差距（普通员工与一般高层管理人员）上的得分要显著低于"金融行业"的员工。"传统制造业/建筑业/房地产"的员工的薪酬分配公平感要小于"服务行业"的员工。

表 5 - 13　　　　　　不同行业类型在主要变量差异比较的方差分析

检验变量		平方和	df	均方	F 检验	事后比较 HSD 法
员工期望的"按个体贡献付薪"	组间	11.31	4	2.828	6.444 **	A > D
	组内	252.739	576	0.439		B > D
	总数	264.049	580			C > D
员工期望的"按市场水平付薪"	组间	7.101	4	1.775	4.069 **	A > D
	组内	251.3	576	0.436		B > D
	总数	258.402	580			C > D
员工期望的"按个人特征付薪"	组间	6.479	4	1.62	3.016 **	C < D
	组内	309.4	576	0.537		
	总数	315.88	580			
企业实际的"按个体贡献付薪"	组间	4.917	4	1.229	2.041 **	B > C
	组内	346.846	576	0.602		
	总数	351.763	580			
企业实际的"按岗位条件付薪"	组间	7.944	4	1.986	4.587 **	A > C
	组内	249.398	576	0.433		B > C
	总数	257.342	580			
客观薪酬差距（普通员工与一般高层管理人员）	组间	1414.726	4	353.681	4.714	A < D
	组内	43212.48	576	75.022		B < D
	总数	44627.21	580			C < D
薪酬分配公平感	组间	18.373	4	4.593	7.572 **	B > C
	组内	349.426	576	0.607		
	总数	367.799	580			

注：A 代表"IT/通信/高新技术行业"、B 代表"传统制造业/建筑业/房地产"、C 代表"服务行业"、D 代表"金融行业"、E 代表"其他"。

9. 不同用工性质在主要变量上的差异分析

由表 5 - 14 可知，相比用工性质为"劳务派遣或外包工"的员工，"短期劳动合同工"的员工认知到实际中"按岗位条件付薪"的得分要显著高于前者。用工性质为"无固定期限劳动合同或长期劳动合同工"的员工在公平差别阈（普通员工与中层管理人员）的得分要显著低于"短期劳动合同工"的员工。用工性质为"短期劳动合同工"的员工在客观薪酬差距（同类岗位之间的普通员工）的得分要显著低于"劳务派遣或外包工"

的员工。用工性质为"无固定期限劳动合同或长期劳动合同工"和"短期劳动合同工"的员工在客观薪酬差距（普通员工与基层管理人员）的得分要显著低于"劳务派遣或外包工"的员工。用工性质为"无固定期限劳动合同或长期劳动合同工"的员工在客观薪酬差距（普通员工与中层管理人员）的得分要显著低于"劳务派遣或外包工"的员工。

表 5 - 14　　　　不同用工性质在主要变量差异比较的方差分析

检验变量		平方和	df	均方	F 检验	事后比较 HSD 法
企业实际的"按岗位条件付薪"	组间	3.11	2	1.555	3.535 *	B > C
	组内	254.232	578	0.44		
	总数	257.342	580			
公平差别阈（普通员工与中层管理人员）	组间	23.478	2	11.739	4.316 *	A < B
	组内	1571.989	578	2.72		
	总数	1595.466	580			
客观薪酬差距（同类岗位之间的普通员工）	组间	4.749	2	2.375	6.389 **	B < C
	组内	214.839	578	0.372		
	总数	219.588	580			
客观薪酬差距（普通员工与基层管理人员）	组间	10.131	2	5.065	8.6 **	A < C
	组内	340.455	578	0.589		B < C
	总数	350.586	580			
客观薪酬差距（普通员工与中层管理人员）	组间	22.467	2	11.234	3.425 *	A < C
	组内	1895.567	578	3.28		
	总数	1918.034	580			

　　注：A 代表"无固定期限劳动合同或长期劳动合同工"、B 代表"短期劳动合同工"、C 代表"劳务派遣或外包工"。

5.5　相关测量工具的信效度检验

　　只有建立在良好信效度测量工具之上的实证研究，其结果才具有可靠性，因此在进行正式实证研究之前，需要检验测量工具的信效度。本研究采用 Cronbach's α 系数检验各个问卷的内部一致性，采用验证性因子分析（CFA）

检验各个问卷（除分类变量"公平差别阈"外）的内在结构效度，其检验的
具体结果如表 5 - 15 所示。

表 5 - 15　　　　　　　　　相关测量工具的信效度检验

问卷名称 \ 衡量指标	Cronbach's α 系数	χ^2/df	RMSEA	AGFI	GFI	IFI	CFI	NFI
公平标准	0.899	2.446	0.045	0.943	0.925	0.930	0.930	0.944
薪酬分配公平感	0.910	2.610	0.079	0.933	0.930	0.955	0.955	0.951
任务绩效	0.844	2.637	0.077	0.932	0.935	0.959	0.959	0.953
工作偏离行为	0.962	2.579	0.077	0.952	0.995	0.997	0.997	0.994
自利导向伦理气候	0.665	2.574	0.059	0.960	0.987	0.971	0.971	0.954
关怀导向伦理气候	0.657	1.178	0.020	0.984	0.996	0.998	0.998	0.984
规则导向伦理气候	0.727	1.125	0.018	0.992	0.998	0.999	0.999	0.993

从表 5 - 15 可以看出，各研究变量具有较好的信度指标，各研究变量
的 Cronbach's α 值均接近或大于 0.70 的判断标准；从验证性因子分析的结
果表明：首先，从绝对适配度统计量来看，χ^2/df 的值小于 5 的判断标准，
绝大多数 RMSEA 的值小于或接近 0.08 的判断标准，GFI 与 AGFI 的值大于
或者接近 0.90 的判断标准，这说明模型路径图与实际数据有良好的适配
度；然后，从增值适配度来看，IFI，CFI，NFI 的值大部分在 0.90，少数
接近 0.90，表明模型的适配度比较完美。总之，经过信效度分析发现，本
研究所选用的研究问卷具有较好的信效度。

5.6　主要变量的相关分析

如表 5 - 16 所示，只有员工对"按团体绩效付薪"、"按市场水平付
薪"这两种公平标准的认知差异与工作偏离行为、任务绩效不相关，员工
对"按岗位条件付薪"、"按市场水平付薪"这两种公平标准的认知差异与
规则导向 EC 不相关，而其他主要变量之间都存在显著相关关系。

表 5 - 16　　主要变量的相关分析

	1	2	3	4	5	6	7	8	9	10	11	12
1. 员工对"按工作要求付薪"的认知差异	1											
2. 员工对"按贡献付薪"的认知差异	0.454**	1										
3. 员工对"按岗位条件付薪"的认知差异	0.580**	0.505**	1									
4. 员工对"按团体绩效付薪"的认知差异	0.567**	0.472**	0.567**	1								
5. 员工对"按市场水平付薪"的认知差异	0.659**	0.492**	0.610**	0.581**	1							
6. 员工对"按个体特征付薪"的认知差异	0.514**	0.460**	0.478**	0.545**	0.536**	1						
7. 薪酬分配公平感	-0.262**	-0.278**	-0.279**	-0.253**	-0.251**	-0.232**	1					
8. 工作偏离行为	0.103*	0.135**	0.127**	0.068	0.054	0.194**	-0.192**	1				
9. 任务绩效	-0.109**	-0.119**	-0.132**	-0.042	-0.053	-0.190**	0.191**	-0.926**	1			
10. 关怀导向 EC	-0.222**	-0.253**	-0.236**	-0.211**	-0.232**	-0.212**	0.417**	0.244**	-0.262**	1		
11. 规则导向 EC	-0.083*	-0.113**	-0.057	-0.104**	-0.052	-0.126**	0.236**	0.193**	-0.219**	0.501**	1	
12. 自利导向 EC	0.257**	0.244**	0.243**	0.182**	0.242**	0.218**	-0.184**	-0.548**	0.593**	-0.291**	-0.160**	1

5.7　本章小结

5.7.1　研究结论

（1）不同性别上，女性期望"按岗位条件付薪"、"按团体绩效付薪"和"按市场水平付薪"的得分要远高于男性。男性认知到实际中"按个体贡献付薪"的得分要高于女性员工，而女性认知到实际中"按岗位条件付薪"的得分要高于男性。男性认为"公平差别阈"（同级员工之间）和认知的"客观薪酬差距"（同级员工之间）都要显著高于女性。男性的薪酬分配公平感和工作偏离行为也要高于女性。

（2）不同年龄上，"25岁及以下"和"26岁～35岁"的员工期望"按个体贡献付薪"的得分要显著高于年龄在"36岁及以上"的员工。"25岁及以下"的员工期望"按团体绩效付薪"的得分要显著高于年龄在"26岁～35岁"的员工。"25岁及以下"的员工认知到实际中"按工作要求付薪"、"按市场水平付薪"和"按个体特征付薪"的得分要显著高于年龄在"26岁～35岁"的员工。"25岁及以下"、"26岁～35岁"的员工认为的公平差别阈（普通员工与中层管理人员）要显著高于"36岁及以上"的员工。"25岁及以下"的员工认为的公平差别阈（普通员工与一般高层管理人员）要显著高于"26岁～35岁"和"36岁及以上"的员工。"25岁及以下"、"26岁～35岁"的员工认知到的客观薪酬差距（普通员工与一般高层管理人员）要显著高于"36岁及以上"的员工。"26岁～35岁"的员工的任务绩效要大于"25岁及以下"和"36岁及以上"的员工。

（3）不同工龄上，"2年以下"的员工期望按"按个体贡献付薪"的得分要高于"3～5年"的员工，"2年以下"的员工认知到实际中"按工作要求付薪"、"按个体贡献付薪"和"按岗位条件付薪"的得分要显著高于工龄在"3～5年"的员工，而"6年及以上"的员工认知到实际中的

"按个体特征付薪"显著高于工龄在"3~5年"的员工。"2年及以下"的员工认为的公平差别阈（普通员工与基层管理人员）要显著高于"3~5年"和"6年及以上"的员工。"2年及以下"的员工认为的公平差别阈（普通员工与中层管理人员）要显著高于"6年及以上"的员工。"2年及以下"的员工认知的客观薪酬差距（普通员工与一般高层管理人员）要显著低于"3~5年"的员工。"2年及以下"的员工的薪酬分配公平感要大于"3~5年"的员工。"3~5年"的员工的任务绩效要高于"2年及以下"和"6年及以上"的员工。

（4）不同学历层次上，"大专及以下"和"大学本科"的员工在期望"按个体贡献付薪"的得分要显著低于"研究生"的员工。"大专及以下"的员工期望"按个人特征付薪"的得分要显著高于"研究生"的员工。"大学本科"的员工认知到实际中"按个体贡献付薪"的得分要显著低于"研究生"的员工。"大专及以下"的员工认知到实际中"按个体贡献付薪"的得分要显著高于学历层次在"大学本科"和"研究生"的员工。"大专及以下"员工的公平差别阈（与同类员工之间）和公平差别阈（普通员工与中层管理人员）要明显小于"大学本科"和"研究生"的员工。"大专及以下"的公平差别阈（普通员工与基层管理人员）要明显小于"研究生"层次的员工。"大专及以下"的员工认知到的客观薪酬差距（与同类员工之间、普通员工与基层管理人员、普通员工与中层管理人员）要明显小于"研究生"层次的员工。"大专及以下"的员工认知到的客观薪酬差距（普通员工与中层管理人员）要明显小于"大学本科"的员工。

（5）不同职位层次上，"中高层管理人员"的员工期望"按工作要求付薪"的得分要显著低于职位层次在"基层管理人员"和"普通员工"的员工。职位层次为"基层管理人员"的员工期望"按市场水平付薪"的得分要显著高于职位层次在"中高层管理人员"的员工。职位层次为"中高层管理人员"的员工期望"按个人特征付薪"的得分要显著低于职位层次在"基层管理人员"的员工。职位层次在"中高层管理人员"的员工认知到实际中的"按工作要求付薪"和"按个人特征付薪"的得分要显著低于职位层次在"基层管理人员"和"普通员工"的员工。"基层管理人员"

的员工的偏离行为要大于职位层次在"普通员工"的员工。

（6）不同企业性质上，"国有或国有控股公司"的员工期望"按团体绩效付薪"的得分显著低于"外资或外资控股公司"的员工，"国有或国有控股公司"的员工期望"按市场水平付薪"的得分显著低于"经营性的事业单位及其他"的员工。"国有或国有控股公司"的员工期望"按个体特征付薪"的得分显著低于"外资或外资控股公司"以及"经营性的事业单位及其他"的员工。"国有或国有控股公司"的员工认知到实际中"按岗位条件付薪"的得分显著低于"民营或民营控股公司"的员工。"国有或国有控股公司"的员工认知到实际中"按个人特征付薪"的得分显著高于"外资或外资控股公司"的员工。"国有或国有控股公司"的员工在公平差别阈（与同类员工之间）的得分要显著高于"经营性的事业单位及其他"的员工。"国有或国有控股公司"的员工在公平差别阈（普通员工与高层管理人员）的得分要显著低于"民营或民营控股公司"的员工。"国有或国有控股公司"的员工在客观薪酬差距（普通员工与一般高层管理人员）的得分要显著高于"民营或民营控股公司"的员工。"国有或国有控股公司"的员工在客观薪酬差距（普通员工与公司"一把手"）的得分要显著低于"民营或民营控股公司"、"外资或外资控股公司"的员工。"国有或国有控股公司"员工的任务绩效和偏离行为要显著低于"外资或外资控股公司"的员工。

（7）不同职务类型上，"营销或销售"、"研发或设计"的员工在期望"按岗位条件付薪"上的得分要显著低于"人力资源"。"生产或施工"、"营销或销售"和"研发或设计"的员工在期望"按团队绩效付薪"上的得分要显著低于"人力资源"。"研发或设计"的员工在期望"按市场水平付薪"上的得分要显著低于"营销或销售"和"人力资源"的员工。"研发或设计"的员工在实际上认知到"按市场水平付薪"和"按个人特征付薪"上的得分要显著低于"技术或质量"和"研发或设计"的员工。"生产或施工"的员工在实际上认知到"按个人特征付薪"上的得分要显著低于"技术或质量"和"行政或后勤"的员工。"营销或销售"、"人力资源"和"行政或后勤"的员工在客观薪酬差距（普通员工与中层管理人员）上的得分要显著低于"研发或设计"的员工。"生产或施工"的员工的任务绩效要小于"营销与销售"的员工，但员工的工作偏离行为却显著高于"营销与销售"的员工。另外，"生产或施工"和"研发或设计"的员工的偏离行为要高于"行政或后勤"的员工。

（8）不同行业类型上，"IT/通信/高新技术行业"、"传统制造业/建筑业/房地产"和"服务行业"在员工期望的"按个体贡献付薪"和员工期望的"按市场水平付薪"的得分上要显著低于"金融行业"。"服务行业"在员工期望的"按个体特征付薪"的得分上要显著低于"金融行业"。"传统制造业/建筑业/房地产"在实际上的"按个体贡献付薪"的得分上要显著高于"服务行业"。"IT/通信/高新技术行业"、"传统制造业/建筑业/房地产"在实际上的"按岗位条件付薪"的得分上要显著高于"服务行业"。"IT/通信/高新技术行业"、"传统制造业/建筑业/房地产"、"服务行业"的员工在客观薪酬差距（普通员工与一般高层管理人员）上的得分要显著低于"金融行业"的员工。"传统制造业/建筑业/房地产"的员工的薪酬分配公平感要小于"服务行业"的员工。

（9）不同用工性质上，用工性质为"短期劳动合同工"的员工认知到实际中"按岗位条件付薪"的得分要显著高于"劳务派遣或外包工"的员工。"无固定期限劳动合同或长期劳动合同工"的员工在公平差别阈（普通员工与中层管理人员）的得分要显著低于"短期劳动合同工"的员工。用工性质为"短期劳动合同工"的员工在客观薪酬差距（同类岗位之间的普通员工）的得分要显著低于"劳务派遣或外包工"的员工。用工性质为"无固定期限劳动合同或长期劳动合同工"和"短期劳动合同工"的员工在客观薪酬差距（普通员工与基层管理人员）的得分要显著低于"劳务派遣或外包工"的员工。

5.7.2 讨论与分析

（1）不同性别在主要变量的得分上存在差异。可能有两个方面的原因：一方面，追求男女平等的女性在面对同样的职位男性的薪酬水准会比自己稍高时，会认为是不公平的，公平感低；另一方面，中国传统文化讲究男人以事业为重，女人以家庭为重，女性的经济地位还低于男性，导致女性长期处于弱势状态，形成女性不如男性的意识，认为男性的薪酬水准会比女性稍高是理所当然的事情，因此，男性也更容易按个体贡献付薪，接受的"公平差别阈"也高于女性。比如 Barber 和 Simmering（2002）基于分配公平理论分析了个体的性别对个体团队薪酬分配规则偏好的影响，认为女性更偏好平等规则。

（2）不同年龄和工龄上在主要变量的得分上存在差异。目前，在中国的分配体制中，论资排辈的现象还比较严重，报酬后置理论也认为在长期雇佣的隐性协议或默契形式（非正式合约）的条件下，雇主为了维系长期雇佣合约，而采取的事先对雇员承诺较高报酬，然后在其职业生涯中陆续支付的一种制度安排。因此，往往年龄和工龄越长，工资越高。年龄越大，可能会更容易受到"不患寡而患不均"等的影响在分配规则上也更加倾向平均律；因此，员工的年龄和工龄越小，越期望"按个体贡献付薪"和"按团队绩效付薪"，能够接受的公平差别阈也较大，但任务绩效较高的还是集中在年龄为"26 岁～35 岁"、工龄为"3～5 年"的员工，毕竟这个年龄或工龄段的员工已经初步掌握了工作所需要的知识、技巧和能力，因此任务绩效也相对较高。

（3）不同学历在主要变量的得分上存在差异，这很可能是因为在很多中国企业中，凭学历论收入的现象很严重，而且相比学历高的人，学历低的员工一般对自我期望和能力的估计也较低，因此不倾向于贡献律的公平标准。李颖晖（2015）就指出教育程度作为优势性地位获得，对分配公平感存在正向影响。教育程度越高，收入分配公平感越强。但这种正向影响也存在条件性：教育作为个人地位投资，激发相应的回报期待；所以，"大专及以下"和"大学本科"的员工期望"按个人特征付薪"而非"按个体贡献付薪"，"大专及以下"员工的公平差别阈也要明显小于"大学本科"和"研究生"的员工。

（4）不同职位层次在主要变量的得分上存在差异，Barber 和 Simmering（2002）就指出职位层次较高的个体更支持以公平（多劳多得）为基础的分配规则，职位层次较低个体则更支持以平等为基础的分配规则。另外，根据组织理论，组织中职位层次越高说明在组织中拥有的资源和决策权越多，从而认知到自己对绩效控制的程度也越强。中高层管理人员因其管理职位而使其拥有较大的权力。因此，与普通的员工相比，中高层管理人员更能认知到对自己的绩效的影响和控制，因此更容易产生较大的公平差别阈，相比普通员工，他们认为较大的公平差别阈是合理的。在公平标准的偏好上，"中高层管理人员"的员工期望"按工作要求付薪"、"按市场水平付薪"、"按个人特征付薪"的得分都较低，他们更希望"按个体贡献付薪"。

（5）不同企业性质在主要变量的得分上存在差异，这与当前的研究结论是一致的。国有企业主要依照员工所在的岗位价值或员工担任的职务层次设计工资体系，即按岗付酬或按职付酬（王凌云和刘洪，2007）；外资企业则主要依照员工个人的技能作为付酬要素，即所谓的技能工资方案（Shaw et al.，2005）；民营企业在激烈的竞争环境下倾向于采取更具激励性的工资体系（加大绩效工资比例）来激励员工并且降低薪酬成本（Werner et al.，2005；梁莱歆和冯延超，2010）。因此，国有或国有控股公司的员工期望"按团体绩效付薪"、"按市场水平付薪"、"按个体特征付薪"的得分显著低于其他类型的公司。另外，国有企业受传统的分配思想影响较为严重，仍然存在根深蒂固的"大锅饭"和"平均主义"思想，国有企业的性质使国企员工有更强的平均主义思想，对不公平的容忍力较低，所以拉大薪酬差距容易使员工产生不满情绪。因此，同非国有公司相比，国有公司员工更加关注公平、反感较大的公平差别阈。

（6）不同行业类型在主要变量的得分上存在差异。企业处于不同行业中，必然受行业特征的影响。以往研究也显示行业特征是影响薪酬分配的结构性因素。廖建桥等（2006）就指出在中国，行业差别对薪酬产生的影响甚至大于教育和城乡差异；行业特征（诸如垄断地位、集中率、平均收入水平、技术密集程度、资金密集程度等）会对个人收入产生重要影响（罗楚亮和李实，2007；傅娟，2008）。"金融行业"垄断地位高，平均收入和资金密集度也高，所以"金融行业"的员工主要偏向"按个体贡献付薪"，能接受较大的公平差别阈和收入差距。"IT/通信/高新技术行业"、

"传统制造业／建筑业／房地产"的技术密集度较高，更加侧重岗位的价值，因此这些行业的员工主要偏向"按岗位条件付薪"，"服务行业"的员工学历、职位一般都比较低，所以这个行业的员工主要偏"按个体特征付薪"，薪酬分配公平感也最高。

（7）不同职务类型在主要变量的得分上存在差异，这可能主要和职务所涉及的工作性质有关，与市场一线接触密切，绩效产出差异大的岗位容易按市场水平、个体贡献或团队绩效付薪，也能接受较大的公平差别阈和收入差距，任务绩效也相对较高。相反，那些处于后台的员工，绩效产出差异较小且较难衡量的岗位容易按个人特征付薪，也不能接受较大的公平差别阈和收入差距，任务绩效也相对较低。因此，不同职务类型的员工才会在主要变量上表现出明显的差异。

（8）不同用工性质在主要变量的得分上存在差异，林德贝克（A. Lindbeck）和斯诺尔（J. Snower）在20世纪80年代提出了"内部人—外部人模型"（insider-outsider model）。在"内部人—外部人"模型中，正式员工（也称劳动合同工）被称为"内部人"，非正式员工（也称劳动派遣工）被称为"外部人"。内部劳动力市场理论认为员工进入企业内部后，就处于内部劳动力市场中，内部劳动力市场与外部劳动力市场的运行规则并不相同。在内部劳动合同工之间差异并不大，但与外部相比较，劳动合同工和劳动派遣工的差异巨大。因此，用工性质为"劳动合同工"的员工在客观薪酬差距的得分要显著低于"劳务派遣或外包工"的员工。

第6章 公平标准和收入差距对薪酬分配公平感的影响

本章针对公平标准和收入差距对薪酬分配公平感的影响作用以及组织伦理气候的调节作用进行实证研究。

6.1　研究变量关系模型与研究假设

本节结合本书具体选择的研究变量，构建关于公平标准和收入差距对薪酬分配公平感影响的变量关系模型，在该模型中在第 4 章概念模型的基础之上，进一步明晰了本书研究变量之间的关系，如图 6-1 所示。

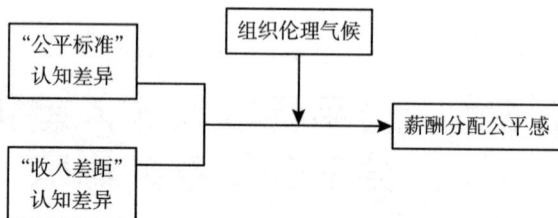

图 6-1　公平标准和收入差距对薪酬分配公平感的影响模型

同时，在本章节就以上变量关系的研究假设进行了汇总，为后续实证研究的展开奠定基础。研究假设摘选自第 4 章关于公平标准和收入差距对薪酬分配公平感的影响以及组织伦理气候所起的调节作用的研究假设提出部分。本章节对这些研究假设进行汇总，具体内容见表 6-1。

表 6-1　公平标准和收入差距与薪酬分配公平感之间关系的研究假设汇总

研究假设	假设的简要内容
H1	员工对"公平标准"的认知差异与薪酬分配公平感呈显著负相关关系。
H1a	员工对"按工作要求付薪"的认知差异与薪酬分配公平感呈显著负相关关系。
H1b	员工对"按个体贡献付薪"的认知差异与薪酬分配公平感呈显著负相关关系。
H1c	员工对"按岗位条件付薪"的认知差异与薪酬分配公平感呈显著负相关关系。

续表

研究假设	假设的简要内容
H1d	员工对"按团队绩效付薪"的认知差异与薪酬分配公平感呈显著负相关关系。
H1e	员工对"按市场水平付薪"的认知差异与薪酬分配公平感呈显著负相关关系。
H1f	员工对"按个人特征付薪"的认知差异与薪酬分配公平感呈显著负相关关系。
H2	"公平差别阈"与"客观薪酬差距"之间存在差异组（EDT≠客观薪酬差距）和无差异组（EDT=客观薪酬差距），且无差异组的薪酬分配公平感要显著高于后者。
H3	在员工对"公平标准"的认知差异和薪酬分配公平感的关系中，关怀导向和规则导向伦理气候具有正向调节作用，自利导向伦理气候具有负向调节作用。
H3a	在员工对"按工作要求付薪"的认知差异和薪酬分配公平感的关系中，关怀导向和规则导向伦理气候具有正向调节作用，自利导向伦理气候具有负向调节作用。
H3b	在员工对"按个体贡献付薪"的认知差异和薪酬分配公平感的关系中，关怀导向和规则导向伦理气候具有正向调节作用，自利导向伦理气候具有负向调节作用。
H3c	在员工对"按岗位条件付薪"的认知差异和薪酬分配公平感的关系中，关怀导向和规则导向伦理气候具有正向调节作用，自利导向伦理气候具有负向调节作用。
H3d	在员工对"按团队绩效付薪"的认知差异和薪酬分配公平感的关系中，关怀导向和规则导向伦理气候具有正向调节作用，自利导向伦理气候具有负向调节作用。
H3e	在员工对"按市场水平付薪"的认知差异和薪酬分配公平感的关系中，关怀导向和规则导向伦理气候具有正向调节作用，自利导向伦理气候具有负向调节作用。
H3f	在员工对"按个人特征付薪"的认知差异和薪酬分配公平感的关系中，关怀导向和规则导向伦理气候具有正向调节作用，自利导向伦理气候具有负向调节作用。
H4	在"差异组＆无差异组"和薪酬分配公平感的关系中，关怀导向和规则导向伦理气候具有正向调节作用，自利导向伦理气候具有负向调节作用。

6.2 研究变量之间的皮尔逊相关系数

相关系数主要用于两个变量之间的相关程度以及相关方向，由于本研究中所有涉及公平标准、组织伦理气候和薪酬分配公平感及绩效均为连续变量，故采用皮尔逊相关方法计算 3 个变量之间的相关系数（双尾检验）。表 6-2 给出了这些变量之间的皮尔逊相关系数。

如表 6-2 所示，员工对六类"公平标准"的认知差异与薪酬分配公平感均呈现显著负相关关系，满足进行调节作用分析的前提条件。

表6-2

研究变量之间的皮尔逊相关系数

变量	1	2	3	4	5	6	7	8	9	10
1. 员工对"按工作要求付薪"的认知差异	1									
2. 员工对"按个体贡献付薪"的认知差异	0.454**	1								
3. 员工对"按岗位条件付薪"的认知差异	0.580**	0.505**	1							
4. 员工对"按团体绩效付薪"的认知差异	0.567**	0.472**	0.567**	1						
5. 员工对"按市场水平付薪"的认知差异	0.659**	0.492**	0.610**	0.581**	1					
6. 员工对"按个体特征付薪"的认知差异	0.514**	0.460**	0.478**	0.545**	0.536**	1				
7. 关怀导向 EC	-0.222**	-0.253**	-0.236**	-0.211**	-0.232**	-0.212**	1			
8. 规则导向 EC	-0.083*	-0.113**	-0.057	-0.104*	-0.052	-0.126**	0.501**	1		
9. 自利导向 EC	0.257**	0.244**	0.243**	0.182**	0.242**	0.218**	-0.291**	-0.160**	1	
10. 薪酬分配公平感	-0.262**	-0.278**	-0.279**	-0.253**	-0.251**	-0.232**	0.417**	0.236**	-0.184**	1

注：* p < 0.05，** p < 0.01。

通过以上皮尔逊相关分析表明：员工对"按工作要求付薪"、"按个体贡献付薪"、"按岗位条件付薪"、"按团体绩效付薪"、"按市场水平付薪"、"按个体特征付薪"这 6 类公平标准的认知差异均与薪酬分配公平感呈显著负相关关系（$r = -0.262$，$r = -0.278$，$r = -0.279$，$r = -0.253$，$r = -0.251$，$r = -0.232$）。因此，假设 H1a、H1b、H1c、H1d、H1e 和 H1f 均得到验证。

6.3 公平标准和收入差距对薪酬分配公平感的影响

6.3.1 员工对"公平标准"的认知差异对薪酬分配公平感的影响

考虑到上文分析中，性别、工龄和行业类型在薪酬分配公平感上有差异，因此，需要将其作为控制变量。公平标准分为 6 类："按工作要求付薪"、"按个体贡献付薪"、"按岗位条件付薪"、"按团体绩效付薪"、"按市场水平付薪"和"按个人特征付薪"。每一类公平标准是一个独立的变量，反映的是某一类具体的公平标准。通过前述分析，可知员工对这六类"公平标准"的认知差异才会对薪酬分配公平感产生影响。考虑到本节旨在探讨每一类公平标准对薪酬分配公平感的影响，因此，表 6 - 3 在控制性别、工龄、行业类型等变量后，分别将员工对六类"公平标准"的认知差异纳入到回归模型，见 M2 至 M7。

表 6 - 3   员工对"公平标准"的认知差异对薪酬分配公平感的回归分析结果

变量	薪酬分配公平感						
	M1	M2	M3	M4	M5	M6	M7
性别	- 0.111 **	- 0.098 *	- 0.083 *	- 0.083 *	- 0.101 *	- 0.097 *	- 0.078
工龄	- 0.097 *	- 0.072	- 0.074	- 0.068	- 0.091 *	- 0.076	- 0.087 *

续表

变量	薪酬分配公平感						
	M1	M2	M3	M4	M5	M6	M7
行业类别	0.031	0.06	0.043	0.072	0.053	0.06	0.055
员工对"按工作要求付薪"的认知差异		−0.258**					
员工对"按个体贡献付薪"的认知差异			−0.267**				
员工对"按岗位条件付薪"的认知差异				−0.275**			
员工对"按团体绩效付薪"的认知差异					−0.251**		
员工对"按市场水平付薪"的认知差异						−0.247**	
员工对"按个体特征付薪"的认知差异							−0.223**
R^2	0.019	0.084	0.089	0.092	0.081	0.078	0.067
ΔR^2	0.019	0.065	0.07	0.072	0.062	0.059	0.048
ΔF	3.742*	40.748**	44.22**	45.936**	39.021**	37.024**	29.61**

注：$*p<0.05$，$**p<0.01$。

如表 6 − 3 所示，M2 主要将员工对"按工作要求付薪"的认知差异对薪酬分配公平感纳入回归分析模型，结果表明员工对"按工作要求付薪"的认知差异对薪酬分配公平感具有显著的负向影响作用（Beta = − 0.258）。假设 H1a 得到进一步验证。

M3 主要将员工对"按个体贡献付薪"的认知差异对薪酬分配公平感纳入回归分析模型，结果表明员工对"按个体贡献付薪"的认知差异对薪酬分配公平感具有显著的负向影响作用（Beta = − 0.267）。假设 H1b 得到进一步验证。

M4 主要将员工对"按岗位条件付薪"的认知差异对薪酬分配公平感纳入回归分析模型，结果表明员工对"按岗位条件付薪"的认知差异对薪酬分配公平感具有显著的负向影响作用（Beta = -0.275）。假设 H1c 得到进一步验证。

M5 主要将员工对"按团体绩效付薪"的认知差异对薪酬分配公平感纳入回归分析模型，结果表明员工对"按团体绩效付薪"的认知差异对薪酬分配公平感具有显著的负向影响作用（Beta = -0.251）。假设 H1d 得到进一步验证。

M6 主要将员工对"按市场水平付薪"的认知差异对薪酬分配公平感纳入回归分析模型，结果表明员工对"按市场水平付薪"的认知差异对薪酬分配公平感具有显著的负向影响作用（Beta = -0.247）。假设 H1e 得到进一步验证。

M7 主要将员工对"按个体特征付薪"的认知差异对薪酬分配公平感纳入回归分析模型，结果表明员工对"按个体特征付薪"的认知差异对薪酬分配公平感具有显著的负向影响作用（Beta = -0.223）。假设 H1f 得到进一步验证。

图 6-2 主要分析六类公平标准对薪酬分配公平感的共同影响，当把员工对六类"公平标准"的认知差异同时纳入结构方程模型后，只有员工对"按个体贡献付薪"的认知差异与薪酬分配公平感的影响显著，标准化系数为 Beta = -0.129（p < 0.01）。说明对员工对"按个体贡献付薪"的认知差异对薪酬分配公平感的竞争性影响效果最明显。

6.3.2 员工对"收入差距"的认知差异对薪酬分配公平感的影响

考虑到上文分析中，性别、工龄和行业类型在薪酬分配公平感上有差异，因此，需要将其作为控制变量。公平差别阈有 5 类比较对象，依次是"同类岗位普通员工之间"、"普通员工与基层管理者之间"、"普通员工与

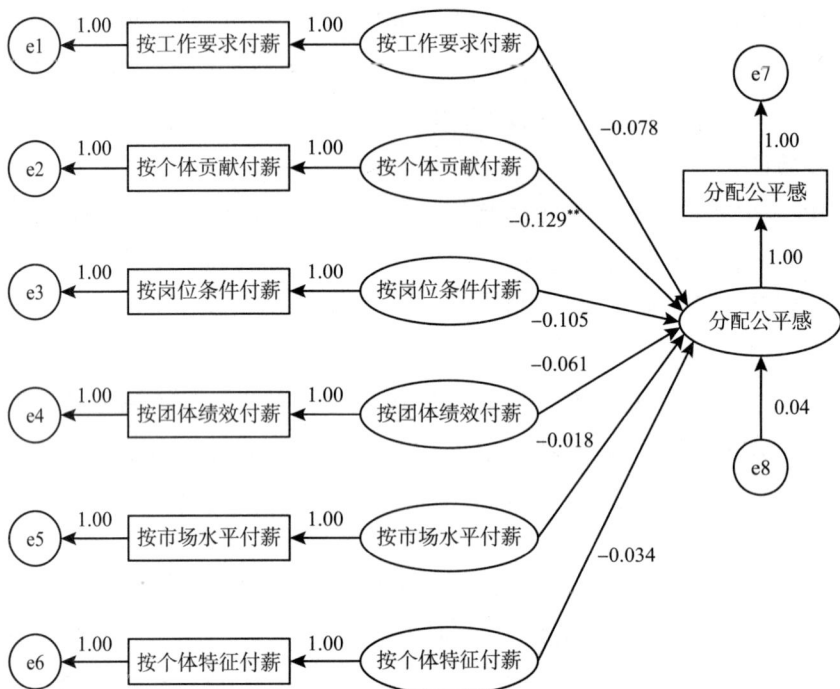

图 6 - 2 员工对六类"公平标准"认知差异对分配公平感的竞争性影响

（$\chi^2/\mathrm{df} = 2.851$；GFI = 0.965；AGFI = 0.936；NFI = 0.983；RMSEA = 0.077）

中层管理者之间"、"普通员工与一般高层管理者之间"、"普通员工与公司
'一把手'之间"。考虑到本节旨在探讨这 5 类比较中"差异组 & 无差异
组"对薪酬分配公平感的影响，因此，表 6 - 4 在控制性别、工龄、行业类
型等控制变量后，分别将这 5 类比较中"差异组 & 无差异组"纳入到回归
模型，见 M9 至 M13。

如表 6 - 4 所示，M9 中采用回归分析同类岗位普通员工之间的"差异
组 & 无差异组"对薪酬分配公平感的影响，结果表明同类岗位普通员工之
间的"差异组 & 无差异组"对薪酬分配公平感的影响并不显著（Beta =
0.000）。即，薪酬分配公平感在同类岗位普通员工之间的无差异组与差异
组上没有显著差异。

表 6 – 4   员工对"收入差距"的认知差异对薪酬分配公平感的回归分析结果

变量	薪酬分配公平感					
	M8	M9	M10	M11	M12	M13
性别	– 0.107	– 0.107	– 0.112 **	– 0.113 **	– 0.113 **	– 0.114 **
工龄	– 0.069	– 0.069	– 0.072	– 0.075	– 0.072	– 0.083 *
行业类别	0.018	0.018	0.019	0.011	0.022	0.018
同类岗位普通员工之间的"差异组 & 无差异组"		0.000				
普通员工与基层管理者之间的"差异组 & 无差异组"			0.093 **			
普通员工与中层管理者之间的"差异组 & 无差异组"				0.132 **		
普通员工与一般高层管理者之间的"差异组 & 无差异组"					0.108 **	
普通员工与公司"一把手"之间的"差异组 & 无差异组"						0.144 **
R^2	0.015	0.015	0.023	0.032	0.026	0.035
ΔR^2	0.015	0.000	0.009	0.017	0.012	0.020
ΔF	2.869 *	0.001	5.120 *	10.363 **	6.824 **	12.178 **

M10 中采用回归分析普通员工与基层管理者之间的"差异组 & 无差异组"对薪酬分配公平感的影响,结果表明普通员工与基层管理者之间的"差异组 & 无差异组"对薪酬分配公平感具有显著的正向影响(Beta = 0.093)。即,薪酬分配公平感在普通员工与基层管理者之间的无差异组与差异组上具有显著差异,且无差异组的薪酬分配公平感要显著高于后者。

M11 中采用回归分析普通员工与中层管理者之间的"差异组 & 无差异组"对薪酬分配公平感的影响,结果表明普通员工与中层管理者之间"差异组 & 无差异组"对薪酬分配公平感具有显著的正向影响(Beta = 0.132)。即,薪酬分配公平感在普通员工与中层管理者之间的无差异组与差异组上具有显著差异,且无差异组的薪酬分配公平感要显著高于后者。

M12 中采用回归分析普通员工与一般高层管理者之间的"差异组 & 无差异组"对薪酬分配公平感的影响,结果表明普通员工与一般高层管理者

之间的"差异组 & 无差异组"对薪酬分配公平感具有显著的正向影响
（Beta = 0.108）。即，薪酬分配公平感在普通员工与高层管理者之间的无差异组与差异组上具有显著差异，且无差异组的薪酬分配公平感要显著高于后者。

M13 中采用回归分析普通员工与公司"一把手"之间的"差异组 & 无差异组"对薪酬分配公平感的影响，结果表明普通员工与公司"一把手"之间的"差异组 & 无差异组"对薪酬分配公平感具有显著的正向影响（Beta = 0.144）。即，薪酬分配公平感在普通员工与公司"一把手"之间的无差异组与差异组具有显著差异，且无差异组的薪酬分配公平感要显著高于后者。

综上所述，薪酬分配公平感在同类岗位普通员工之间无差异组和差异组上不存在显著差异；在普通员工之间与基层管理者、普通员工与中层管理者之间、普通员工与一般高层管理者之间、普通员工与公司"一把手"之间这四类比较对象中的无差异组和差异组上存在显著差异，且无差异组中员工的薪酬分配公平感要显著大于差异组。因此，假设 H2 部分得到验证。

6.3.3　组织伦理气候在上述影响中的调节作用

6.3.3.1　组织伦理气候在公平标准与薪酬分配公平感之间的调节作用

据上述分析可知，性别、工龄、行业类型对薪酬分配公平感有影响，因此有必要将它们作为控制变量。如表 6 - 5 所示，分析调节效应时，首先将薪酬分配公平感设为因变量，然后依次引入控制变量、自变量（员工对"按工作要求付薪"的认知差异）和调节变量（关怀导向、规则导向和自利导向 EC），最后加入关怀导向 EC、规则导向和自利导向伦理气候分别与员工对"按工作要求付薪"的认知差异两者的交互项。为了消除变量之间的共线性，在构造两者的交互项时，先分别将两者标准化。分析指出两者的交互项对薪酬分配公平感的影响系数依次为 0.068、- 0.055 和 - 0.107。

说明关怀导向 EC 在员工对"按工作要求付薪"的认知差异对薪酬分配公平感的影响中具有显著正向调节效应，规则导向 EC 在员工对"按工作要求付薪"的认知差异对薪酬分配公平感的影响中不具有显著调节效应，自利导向 EC 在员工对"按工作要求付薪"的认知差异对薪酬分配公平感的影响中具有显著负向调节效应，假设 H3a 部分得到验证。

表 6－5　　　　　　　组织伦理气候的调节作用检验结果（1）

变量	薪酬分配公平感					
	M14	M15	M16	M17	M18	M19
性别	-0.106**	-0.106**	-0.102*	-0.104*	0.002**	0.002**
工龄	-0.029	-0.029	-0.061	-0.059	0.377	0.49
行业类别	0.024	0.024	0.042	0.047	0.048	0.05
员工对"按工作要求付薪"的认知差异	-0.174**	-0.149**	-0.241**	-0.244**	-0.221**	-0.179**
关怀导向 EC	0.376**	0.375**				
规则导向 EC			0.216**	0.223**		
自利导向 EC					-0.152**	-0.147**
关怀导向 EC×员工对"按工作要求付薪"的认知差异		0.068*				
规则导向 EC×员工对"按工作要求付薪"的认知差异				-0.055		
自利导向 EC×员工对"按工作要求付薪"的认知差异						-0.107**
R^2	0.223	0.227	0.138	0.14	0.104	0.114
ΔR^2	0.131	0.004	0.045	0.003	0.020	0.010
ΔF	95.938**	2.881	30.086**	1.934	13.147**	6.269**

根据 Cohen et al. (2000) 的研究，本书分别以均值减一个标准差和均值加一个标准差为基准，描述了不同关怀导向 EC 和自利导向 EC 水平下的员工对"按工作要求付薪"的认知差异对薪酬分配公平感的影响差异。

由图 6－3 和图 6－4 可知，关怀导向 EC 在员工对"按工作要求付薪"的认知差异对薪酬分配公平感的负向影响中具有正向调节作用，而自利导向 EC 在上述影响中具有负向调节作用。即不论员工对"按工作要求付薪"的认知差异低或高时，和当员工感知到高关怀导向伦理气候时，其分配公平感越高；当员工对"按工作要求付薪"的认知差异高时，和当员工感知到自利导向伦理气候越高时，其分配公平感越低。

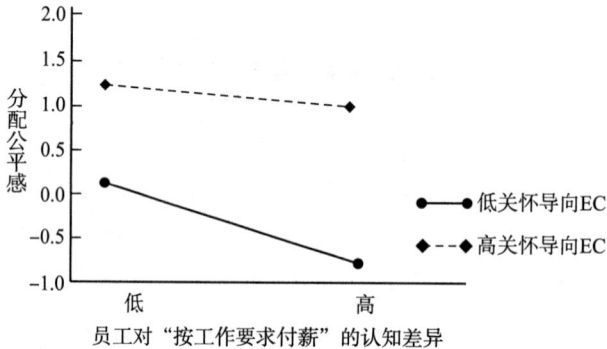

图 6-3　关怀导向 EC 的调节作用分析（1）

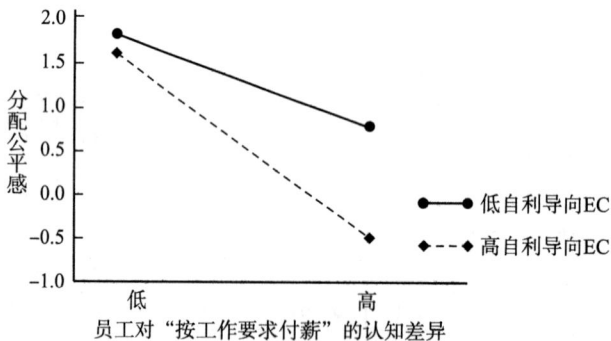

图 6-4　自利导向 EC 的调节作用分析（1）

同理，如表 6-6 所示，三个交互项对薪酬分配公平感的影响系数依次为 0.083、-0.072 和 -0.112。说明关怀导向 EC 在员工对"按个体贡献付薪"的认知差异对薪酬分配公平感的影响中具有显著正向调节效应，规则导向 EC 在员工对"按个体贡献付薪"的认知差异对薪酬分配公平感的影响中不具有调节效应，自利导向 EC 在员工对"按个体贡献付薪"的认知差异对薪酬分配公平感的影响中具有负向调节效应，假设 H3b 部分得到验证。

表 6 - 6　　　　　　　组织伦理气候的调节作用检验结果（2）

变量	薪酬分配公平感					
	M20	M21	M22	M23	M24	M25
性别	- 0. 101 *	- 0. 109 *	- 0. 095 *	- 0. 093 *	- 0. 126 **	- 0. 125 **
工龄	- 0. 034	- 0. 028	- 0. 067	- 0. 068	- 0. 048	- 0. 052
行业类别	0. 016	0. 018	0. 031	0. 031	0. 068	0. 068
员工对"按个体贡献付薪"的认知差异	- 0. 186 **	- 0. 159 **	- 0. 256 **	- 0. 266 **	- 0. 243 **	- 0. 206 **
关怀导向 EC	0. 369 **	0. 372 **				
规则导向 EC			0. 212 **	0. 219 **		
自利导向 EC					- 0. 152 **	- 0. 144 **
关怀导向 EC × 员工对"按个体贡献付薪"的认知差异		0. 083 *				
规则导向 EC × 员工对"按个体贡献付薪"的认知差异				- 0. 072		
自利导向 EC × 员工对"按个体贡献付薪"的认知差异						- 0. 112 **
R^2	0. 227	0. 233	0. 145	0. 15	0. 122	0. 133
ΔR^2	0. 076	0. 006	0. 043	0. 005	0. 02	0. 011
ΔF	92. 415 **	4. 434 *	29. 052 **	3. 278	13. 203 **	7. 062 **

根据 Cohen et al.（2000）的研究，本书分别以均值减一个标准差和均值加一个标准差为基准，描述了不同关怀导向 EC 和自利导向 EC 水平下的员工对"按个体贡献付薪"的认知差异对薪酬分配公平感的影响差异。

由图 6 - 5 和图 6 - 6 可知，关怀导向 EC 在员工对"按个体贡献付薪"的认知差异对薪酬分配公平感的负向影响中具有正向调节作用，而自利导向 EC 在上述影响中具有负向调节作用。即不论员工对"按个体贡献付薪"的认知差异低或高时，和当员工感知到高关怀导向伦理气候时，其分配公平感越高；当员工对"按个体贡献付薪"的认知差异高时，和当员工感知到自利导向伦理气候越高时，其分配公平感越低。

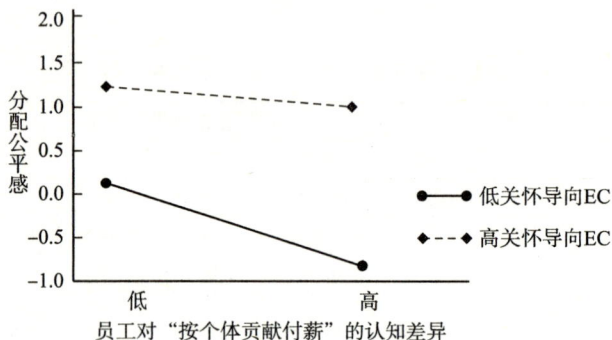

图 6 - 5　关怀导向 EC 的调节作用分析（2）

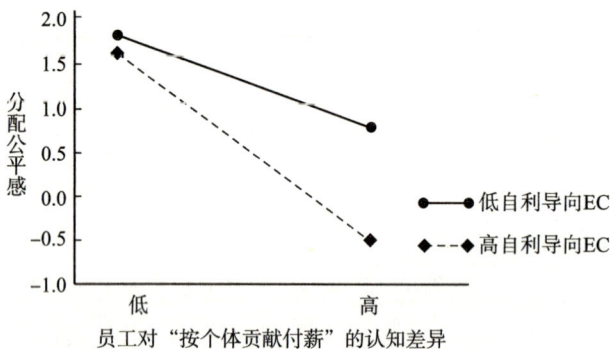

图 6 - 6　自利导向 EC 的调节作用分析（2）

　　如表 6 - 7 所示，三个交互项对分配公平感的影响系数依次为 0.118、
-0.076 和 -0.113。说明关怀导向 EC 在员工对"按岗位条件付薪"的认
知差异对薪酬分配公平感的影响中具有显著正向调节效应，规则导向 EC
不具有显著调节效应，自利导向 EC 具有显著负向调节效应，假设 H3c 部
分得到验证。

表 6 – 7 组织伦理气候的调节作用检验结果（3）

变量	薪酬分配公平感					
	M26	M27	M28	M29	M30	M31
性别	-0.095*	-0.105**	-0.085*	-0.084*	-0.119**	-0.12**
工龄	-0.025	-0.02	-0.074	-0.077	-0.092*	-0.098*
行业类别	0.036	0.035	0.057	0.062	0.094*	0.096*
员工对"按岗位条件付薪"的认知差异	-0.196**	-0.141**	-0.274**	-0.259**	-0.254**	-0.205**
关怀导向 EC	0.369**	0.376**				
规则导向 EC			0.222**	0.221**		
自利导向 EC					-0.155**	-0.148**
关怀导向 EC×员工对"按岗位条件付薪"的认知差异		0.118**				
规则导向 EC×员工对"按岗位条件付薪"的认知差异				-0.076		
自利导向 EC×员工对"按岗位条件付薪"的认知差异						-0.113**
R^2	0.229	0.240	0.152	0.158	0.114	0.126
ΔR^2	0.125	0.011	0.048	0.005	0.022	0.012
ΔF	92.526**	7.967**	32.437**	3.698	14.289**	1.934**

根据 Cohen et al.（2000）的研究，本书分别以均值减一个标准差和均值加一个标准差为基准，描述了不同关怀导向 EC 和自利导向 EC 水平下的员工对"按岗位条件付薪"的认知差异对薪酬分配感的影响差异。

由图 6 – 7 和图 6 – 8 可知，关怀导向员工对"按岗位条件付薪"的认知差异对薪酬分配公平感的负向影响中具有正向调节作用，而自利导向 EC 在上述影响中具有负向调节作用。即不论员工对"按岗位条件付薪"的认知差异低或高时，和当员工感知到高关怀导向伦理气候时，其分配公平感越高；当员工对"按岗位条件付薪"的认知差异高时，和当员工感知到自利导向伦理气候越高时，其分配公平感越低。

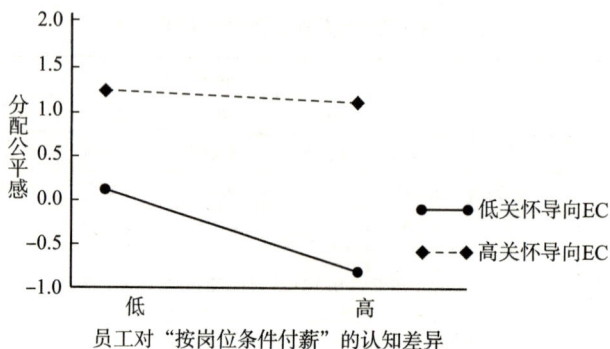

图 6 – 7　关怀导向 EC 的调节作用分析（3）

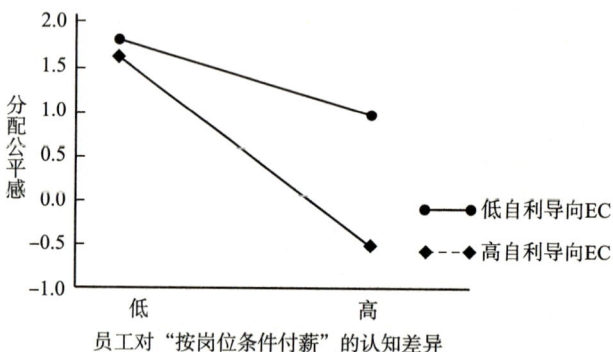

图 6 – 8　自利导向 EC 的调节作用分析（3）

　　同理，如表 6 – 8 所示，三个交互项对薪酬分配公平感的影响系数依次为 0.099、– 0.054 和 – 0.079。说明关怀导向 EC 在员工对"按团队绩效付薪"的认知差异对薪酬分配公平感的影响中具有显著正向调节效应，规则导向 EC 不具有显著调节效应，自利导向 EC 具有显著负向调节效应，假设 H3d 部分得到验证。

　　根据 Cohen et al.（2000）的研究，本书分别以均值减一个标准差和均值加一个标准差为基准，描述了不同关怀导向 EC 和自利导向 EC 水平下的员工对"按团队绩效付薪"的认知差异对薪酬分配公平感的影响差异。

表 6 – 8 组织伦理气候的调节作用检验结果（4）

变量	薪酬分配公平感					
	M32	M33	M34	M35	M36	M37
性别	– 0.088 *	– 0.091 *	– 0.093 *	– 0.093 *	– 0.127 **	– 0.126 **
工龄	– 0.054	– 0.049	– 0.089	– 0.091	– 0.082	– 0.081
行业类别	0.014	0.011	0.03	0.031	0.072	0.07
员工对"按团队绩效付薪"的认知差异	– 0.17 **	– 0.135 **	– 0.228 **	– 0.23 **	– 0.221 **	– 0.201 **
关怀导向 EC	0.373 **	0.386 **				
规则导向 EC			0.206 **	0.212 **		
自利导向 EC					– 0.167 **	– 0.161 **
关怀导向 EC × 员工对"按团队绩效付薪"的认知差异		0.099 *				
规则导向 EC × 员工对"按团队绩效付薪"的认知差异				– 0.054		
自利导向 EC × 员工对"按团队绩效付薪"的认知差异						– 0.079 *
R^2	0.212	0.221	0.123	0.126	0.107	0.113
ΔR^2	0.131	0.009	0.042	0.003	0.026	0.006
ΔF	95.27 **	6.387	27.228 **	1.904	16.445 **	3.67

由图 6 – 9 和图 6 – 10 可知，关怀导向 EC 在员工对"按团队绩效付薪"的认知差异对薪酬分配公平感的负向影响中具有正向调节作用，而自利导向 EC 在上述影响中具有负向调节作用。即不论员工对"按工作要求付薪"的认知差异低或高时，和当员工感知到高关怀导向伦理气候时，其分配公平感越高；当员工对"按工作要求付薪"的认知差异高时，和当员工感知到自利导向伦理气候越高时，其分配公平感越低。

同理，如表 6 – 9 所示，三个交互项对薪酬分配公平感的影响系数依次为 0.091、– 0.037 和 – 0.112。说明关怀导向 EC 在员工对"按市场水平付薪"的认知差异对薪酬分配公平感的影响中具有显著正向调节效应，规则导向 EC 不具有调节效应，自利导向 EC 具有显著负向调节效应，假设 H3e 得到验证。

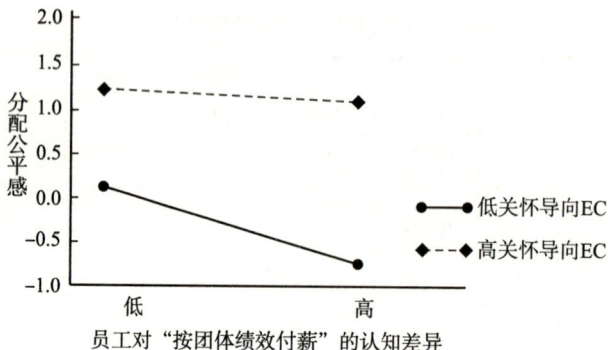

图6-9　关怀导向EC的调节作用分析（4）

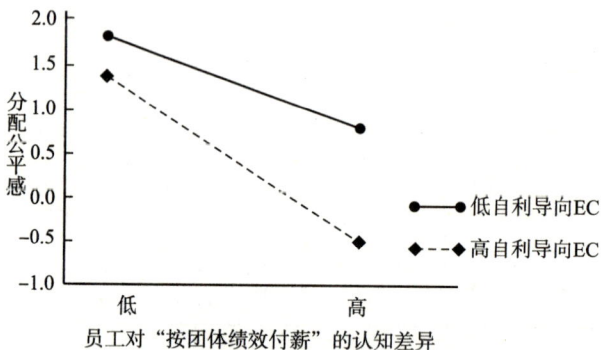

图6-10　自利导向EC的调节作用分析（4）

表6-9　　　　　　　　组织伦理气候的调节作用检验结果（5）

变量	薪酬分配公平感					
	M38	M39	M40	M41	M42	M43
性别	-0.086*	-0.09*	-0.089*	-0.09*	-0.123**	-0.123**
工龄	-0.044	-0.043	-0.074	-0.075	-0.069	-0.066
行业类别	0.018	0.015	0.036	0.038	0.076	0.073
员工对"按市场水平付薪"的认知差异	-0.158**	-0.124**	-0.233**	-0.229**	-0.21**	-0.163**
关怀导向EC	0.373**	0.371**				
规则导向EC			0.217**	0.217**		
自利导向EC					-0.157**	-0.156**

续表

变量	薪酬分配公平感					
	M38	M39	M40	M41	M42	M43
关怀导向 EC × 员工对"按市场水平付薪"的认知差异		0.091 **				
规则导向 EC × 员工对"按市场水平付薪"的认知差异				-0.037		
自利导向 EC × 员工对"按市场水平付薪"的认知差异						-0.112 **
R^2	0.208	0.215	0.125	0.126	0.101	0.111
ΔR^2	0.129	0.007	0.046	0.001	0.022	0.010
ΔF	93.824 **	5.256	30.539 **	0.864	14.204 **	6.657 **

　　根据 Cohen et al. (2000) 的研究，本书分别以均值减一个标准差和均值加一个标准差为基准，描述了不同关怀导向 EC 和自利导向 EC 水平下的员工对"按市场水平付薪"的认知差异对薪酬分配公平感的影响差异。

　　由图 6-11 和图 6-12 可知，关怀导向 EC 在员工对"按市场水平付薪"的认知差异对薪酬分配公平感的负向影响中具有正向调节作用，而自利导向 EC 在上述影响中具有负向调节作用。即不论员工对"按市场水平付薪"的认知差异低或高时，和当员工感知到高关怀导向伦理气候时，其分配公平感越高；当员工对"按市场水平付薪"的认知差异高时，和当员工感知到自利导向伦理气候越高时，其分配公平感越低。

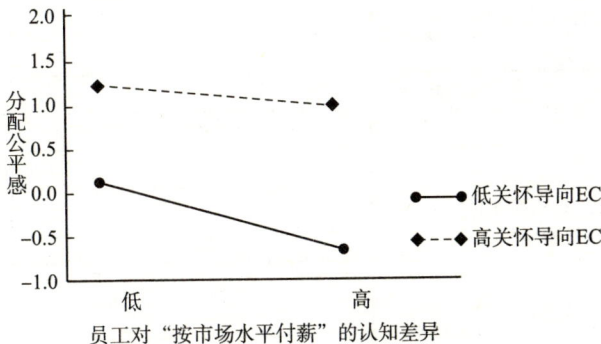

图 6-11　关怀导向 EC 的调节作用分析（5）

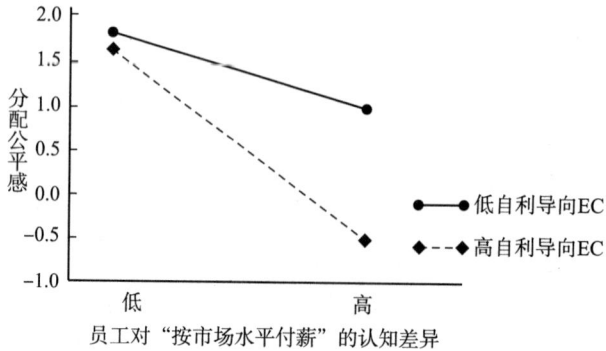

图 6 - 12　自利导向 EC 的调节作用分析（5）

　　同理，如表 6 - 10 所示，三个交互项对薪酬分配公平感的影响系数依次为 0.129、-0.048 和 -0.111。说明关怀导向 EC 在员工对"按个体特征付薪"的认知差异对薪酬分配公平感的影响中具有显著正向调节效应，规则导向 EC 不具有调节效应，自利导向 EC 具有显著负向调节效应，假设 H3f 得到验证。

表 6 - 10　　　　　　　　组织伦理气候的调节作用检验结果（6）

变量	薪酬分配公平感					
	M44	M45	M46	M47	M48	M49
性别	-0.074	-0.088 *	-0.074	-0.075	-0.109 **	-0.112 *
工龄	-0.051	-0.048	-0.086 *	-0.088 *	-0.079	-0.078
行业类别	0.013	0.009	0.031	0.033	0.072	0.07
员工对"按个体特征付薪"的认知差异	-0.14 **	-0.091 *	-0.195 **	-0.199 **	-0.185 **	-0.14 **
关怀导向 EC	0.38 **	0.38 **				
规则导向 EC			0.206 **	0.212 **		
自利导向 EC					-0.164 **	-0.163 **
关怀导向 EC × 员工对"按个体特征付薪"的认知差异		0.129 **				
规则导向 EC × 员工对"按个体特征付薪"的认知差异				-0.048		

续表

变量	薪酬分配公平感					
	M44	M45	M46	M47	M48	M49
自利导向 EC × 员工对"按个体特征付薪"的认知差异						− 0.111 *
R^2	0.203	0.217	0.108	0.111	0.091	0.102
ΔR^2	0.136	0.014	0.041	0.002	0.024	0.010
ΔF	97.741 **	10.467	26.604 **	1.446	15.302 **	6.583 **

　　根据 Cohen et al.（2000）的研究，本书分别以均值减一个标准差和均值加一个标准差为基准，描述了不同关怀导向 EC 和自利导向 EC 水平下的"按个体特征付薪"中实际与期望的不一致性对薪酬分配公平感的影响差异。

　　由图 6 - 13 和图 6 - 14 可知，关怀导向 EC 在员工对"按个体特征付薪"的认知差异对薪酬分配公平感的负向影响中具有正向调节作用，而自利导向 EC 在上述影响中具有负向调节作用。即不论员工对"按市场水平付薪"的认知差异低或高时，和当员工感知到高关怀导向伦理气候时，其分配公平感越高；当员工对"按市场水平付薪"的认知差异高时，和当员工感知到自利导向伦理气候越高时，其分配公平感越低。

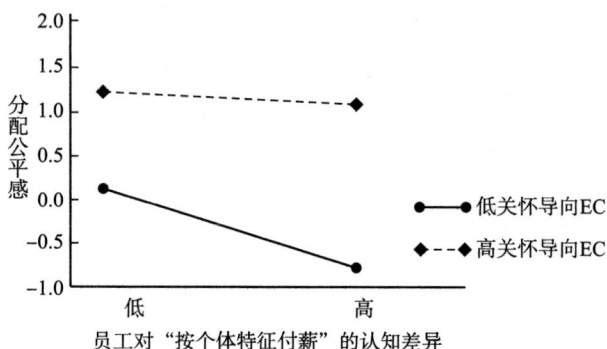

图 6 - 13　关怀导向 EC 的调节作用分析（6）

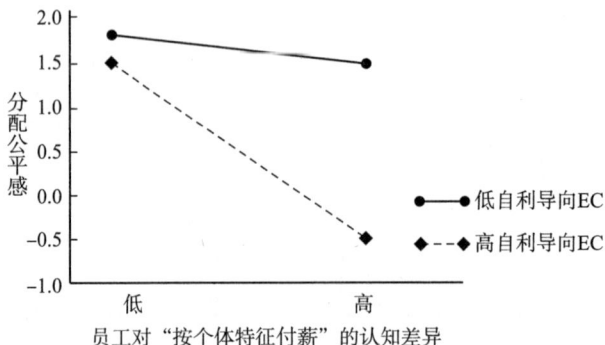

图 6－14　自利导向 EC 的调节作用分析（6）

此外，验证得出三类组织伦理气候（关怀导向、规则导向和自利导向伦理气候）对员工对六类"公平标准"的认知差异对任务绩效和工作偏离行为均不起调节作用，不满足温忠麟（2006）提出的有调节的中介作用假设。因此，三类组织伦理气候（关怀导向、规则导向和自利导向伦理气候）只在员工对六类"公平标准"的认知差异对薪酬分配公平感的影响中起调节作用。

综上所述，关怀导向伦理气候对员工对"公平标准"的认知差异和薪酬分配公平感的关系具有正向调节作用，规则导向伦理气候对员工对"公平标准"的认知差异和薪酬分配公平感的负向关系不具有调节作用，自利导向伦理气候对员工对"公平标准"的认知差异和薪酬分配公平感的关系具有负向调节作用。因此，假设 H3 部分得到验证。

6.3.3.2　组织伦理气候在收入差距与薪酬分配公平感之间的调节作用

在具体操作时，首先将虚拟变量×调节变量（即为两者的交互项）看成一组，采用层阶回归将其放进回归分析中，然后检验没有调节项和加了调节项之后模型的 R^2，如果 R^2 的改变是显著的，就说明调节作用显著。考虑到自变量同类岗位普通员工之间的"差异组 & 无差异组"与因变量"薪酬分配公平感"没有关系，而这是讨论第三个变量"组织伦理气候"的调节作用的前提条件，因此组织伦理气候调节作用的前提条件都没有满足。

如表 6-11 所示，分析调节效应时，首先将薪酬分配公平感设为因变量，然后依次引入控制变量、自变量普通员工与基层管理者之间的"差异组 & 无差异组"和调节变量，最后分别加入关怀导向 EC、自利导向 EC 和规则导向 EC 与普通员工与基层管理者之间的"差异组 & 无差异组"两者的交互项。为了消除变量之间的共线性，在构造两者的交互项时，先分别将两者标准化。三个交互项对薪酬分配公平感的影响系数依次为 -0.005、0.143 和 -0.012。说明普通员工与基层管理者之间的"差异组 & 无差异组"对薪酬分配公平感的作用不受关怀导向 EC 的影响，受规则导向 EC 的正向调节影响，不受自利导向 EC 的影响。

表 6-11　　　　　　　组织伦理气候的调节作用检验结果（7）

变量	薪酬分配公平感					
	M50	M51	M52	M53	M54	M55
性别	-0.098 *	-0.098 *	-0.106 **	-0.103 *	-0.145 **	-0.145 **
工龄	-0.055	-0.055	-0.095 *	-0.088 *	-0.086 *	-0.086 *
行业类别	-0.003	-0.003	0.009	0.012	0.058	0.058
普通员工与基层管理者之间的"差异组 & 无差异组"	0.079 *	0.079 *	0.088 *	0.088 *	0.072	0.072
关怀导向 EC	0.408 **	0.408 **				
规则导向 EC			0.230 **	0.121		
自利导向 EC					-0.200 **	-0.200 **
关怀导向 EC × 普通员工与基层管理者之间的"差异组 & 无差异组"		-0.005				
规则导向 EC × 普通员工与基层管理者之间的"差异组 & 无差异组"				0.143 *		
自利导向 EC × 普通员工与基层管理者之间的"差异组 & 无差异组"						-0.012
R^2	0.191	0.191	0.080	0.088	0.065	0.065
ΔR^2	0.163	0.000	0.052	0.008	0.038	0.000
ΔF	116.038 **	0.021	32.759 **	5.337 *	23.081 **	0.084 **

根据 Cohen et al. (2000) 的研究，本书分别以均值减一个标准差和均值加一个标准差为基准，描述了不同规则导向 EC 水平下的普通员工与基层管理者之间的"差异组 & 无差异组"对薪酬分配公平感的作用差异。

由图 6 – 15 可知，规则导向 EC 正向调节普通员工与基层管理者之间的"差异组 & 无差异组"对薪酬分配公平感的作用。即当普通员工与基层管理者之间的"差异组 & 无差异组"高时，当员工感知到规则导向伦理气候越高时，其分配公平感越高。

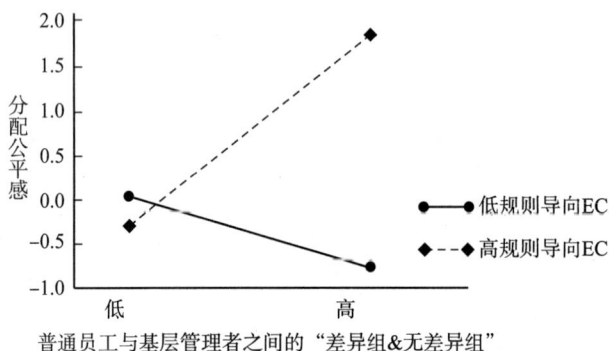

图 6 – 15　规则导向 EC 的调节作用分析 (1)

同理，由表 6 – 12 可知，三个交互项对薪酬分配公平感的影响系数依次为 – 0.012、0.127 和 – 0.021。说明普通员工与中层管理者之间的"差异组 & 无差异组"对薪酬分配公平感的影响不受关怀导向 EC 的影响，受规则导向 EC 的正向调节影响，不受自利导向 EC 的影响。

表 6 – 12　　　　　　　　组织伦理气候的调节作用检验结果 (8)

变量	薪酬分配公平感					
	M56	M57	M58	M59	M60	M61
性别	– 0.099 **	– 0.099 **	– 0.103 *	– 0.106 *	– 0.147	– 0.147
工龄	– 0.056	– 0.056	– 0.069	– 0.072	– 0.086	– 0.085
行业类别	– 0.019	– 0.018	– 0.012	– 0.007	0.041	0.041

续表

变量	薪酬分配公平感					
	M56	M57	M58	M59	M60	M61
普通员工与中层管理者之间的"差异组 & 无差异组"	0.139 **	0.139 **	0.133 **	0.133 **	0.115	0.115
关怀导向 EC	0.416 **	0.416 **				
规则导向 EC			0.232 **	0.141 *		
自利导向 EC					− 0.207	− 0.208
关怀导向 EC × 普通员工与中层管理者之间的"差异组 & 无差异组"		− 0.012				
规则导向 EC × 普通员工与中层管理者之间的"差异组 & 无差异组"				0.127 *		
自利导向 EC × 普通员工与中层管理者之间的"差异组 & 无差异组"						− 0.021
R²	0.203	0.204	0.085	0.093	0.073	0.073
ΔR²	0.171	0.000	0.053	0.008	0.041	0.000
ΔF	123.722 **	0.104	33.376 **	4.964 *	25.142 **	0.279

根据 Cohen et al.（2000）的研究，本书分别以均值减一个标准差和均值加一个标准差为基准，描述了不同规则导向 EC 水平下的普通员工与中层管理者之间的"差异组 & 无差异组"对薪酬分配公平感的作用差异。

由图 6 - 16 可知，规则导向 EC 正向调节普通员工与中层管理者之间的"差异组 & 无差异组"对薪酬分配公平感的作用。即当普通员工与中层管理者之间的"差异组 & 无差异组"高时，和当员工感知到规则导向伦理气候越高时，其分配公平感越高。

同理，由表 6 - 13 可知，三个交互项对薪酬分配公平感的影响系数依次为 − 0.028、0.122 和 − 0.008。说明普通员工与一般高层管理者之间的"差异组 & 无差异组"对薪酬分配公平感的影响不受关怀导向 EC 的影响，受规则导向 EC 的正向调节影响，不受自利导向 EC 的影响。

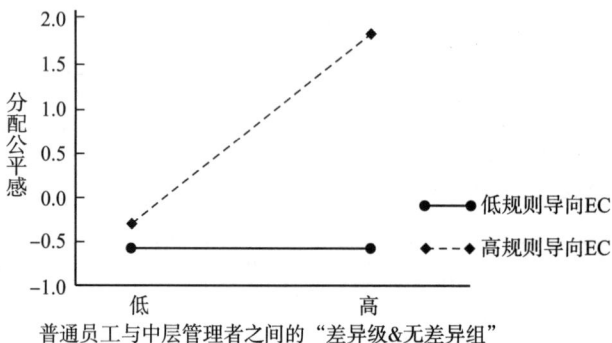

图6-16 规则导向EC的调节作用分析（2）

表6-13 组织伦理气候的调节作用检验结果（9）

变量	薪酬分配公平感					
	M62	M63	M64	M65	M66	M67
性别	-0.106**	-0.108**	-0.099**	-0.107**	0.144**	-0.144**
工龄	-0.088*	-0.089*	-0.046	-0.050	-0.081	-0.081
行业类别	0.010	0.010	-0.002	0.007	0.058	0.058
普通员工与一般高层管理者之间的"差异组 & 无差异组"	0.085*	0.085*	0.113**	0.113**	0.062	0.061
关怀导向EC	0.227**	0.245**				
规则导向EC			0.414**	0.311**		
自利导向EC					-0.195**	-0.196**
关怀导向EC×普通员工与一般高层管理者之间的"差异组 & 无差异组"		-0.028				
规则导向EC×普通员工与一般高层管理者之间的"差异组 & 无差异组"				0.122**		
自利导向EC×普通员工与一般高层管理者之间的"差异组 & 无差异组"						-0.008
R²	0.079	0.080	0.197	0.212	0.064	0.064
ΔR²	0.051	0.000	0.168	0.015	0.035	0.000
ΔF	31.574**	0.273	120.649**	30.675**	21.311**	0.038

根据 Cohen et al.（2000）的研究，本书分别以均值减一个标准差和均值加一个标准差为基准，描述了不同规则导向 EC 水平下的普通员工与一般高层管理者之间的"差异组 & 无差异组"对薪酬分配公平感的作用差异。

由图 6 - 17 可知，规则导向 EC 正向调节普通员工与一般高层管理者之间的"差异组 & 无差异组"对薪酬分配公平感的作用。即当普通员工与一般高层管理者之间的"差异组 & 无差异组"高时，和当员工感知到规则导向伦理气候越高时，其分配公平感越高。

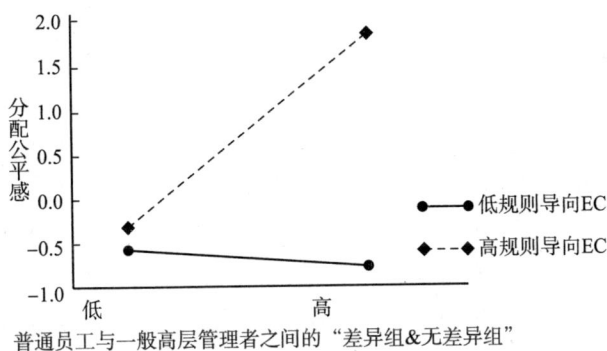

图 6 - 17　规则导向 EC 的调节作用分析（3）

同理，由表 6 - 14 可知，三个交互项对薪酬分配公平感的影响系数依次为 - 0.056（M69，ns）、0.119（M71，p < 0.05）和 - 0.059（M73，ns）。说明普通员工与公司"一把手"之间的"差异组 & 无差异组"对薪酬分配公平感的作用不受关怀导向 EC 的影响，受规则导向 EC 的正向调节影响，不受自利导向 EC 的影响。

表 6 - 14　　　　组织伦理气候的调节作用检验结果（10）

变量	薪酬分配公平感					
	M68	M69	M70	M71	M72	M73
性别	- 0.101 **	- 0.105 **	- 0.108 **	- 0.108 **	- 0.145 **	- 0.142 **
工龄	- 0.062	- 0.064	- 0.101 *	- 0.101 *	- 0.091 *	- 0.096 *

续表

变量	薪酬分配公平感					
	M68	M69	M70	M71	M72	M73
行业类别	-0.004	-0.002	0.009	0.008	0.056	0.055
普通员工与公司"一把手"之间的"差异组＆无差异组"	0.151 **	0.151 **	0.126 **	0.126 **	0.105 *	0.101 *
关怀导向 EC	0.414 **	0.412 **				
规则导向 EC			0.224 **	0.137 **		
自利导向 EC					-0.186 **	-0.195 **
关怀导向 EC × 普通员工与公司"一把手"之间的"差异组＆无差异组"		-0.056				
规则导向 EC × 普通员工与公司"一把手"之间的"差异组＆无差异组"				0.119 *		
自利导向 EC × 普通员工与公司"一把手"之间的"差异组＆无差异组"						-0.059
R²	0.207	0.211	0.088	0.088	0.070	0.074
ΔR²	0.169	0.003	0.049	0.000	0.032	0.003
ΔF	122.295 **	2.264	31.049 **	20.128 **	19.554 **	2.042

根据 Cohen et al. (2000) 的研究, 本书分别以均值减一个标准差和均值加一个标准差为基准, 描述了不同规则导向 EC 水平下的普通员工与公司"一把手"之间的"差异组 & 无差异组"对薪酬分配公平感的作用差异。

由图 6 - 18 可知, 规则导向 EC 正向调节普通员工与公司"一把手"之间的"差异组 & 无差异组"对薪酬分配公平感的作用。即当普通员工与公司"一把手"之间的"差异组 & 无差异组"高时, 和当员工感知到规则导向伦理气候越高时, 其分配公平感越高。

此外, 验证得出三类组织伦理气候(关怀导向、规则导向和自利导向伦理气候)对普通员工与基层管理者之间、普通员工与中层管理者之间、普通员工与一般高层管理者之间、普通员工与公司"一把手"之间这四类比较对象中的"差异组 & 无差异组"对任务绩效、工作偏离行为均不起调节作用,不满足温忠麟(2006)提出的有调节的中介作用假设。因此,三类组织伦理气候(关怀导向、规则导向和自利导向伦理气候)只对四类"差异组 & 无差异组"对薪酬分配公平感的影响中起调节作用。

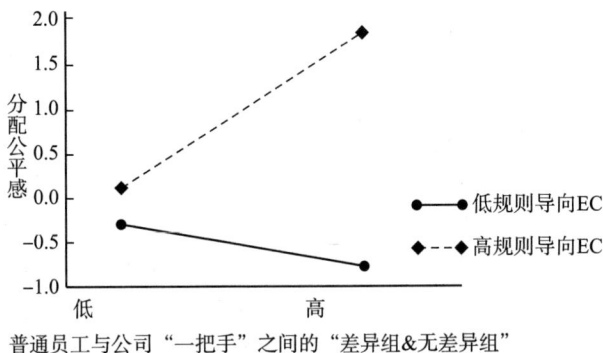

图 6 – 18 规则导向 EC 的调节作用分析(4)

综上所述同类岗位普通员工之间的"差异组 & 无差异组"对薪酬分配公平感的作用不受组织伦理气候的影响,只有普通员工与基层管理者之间、普通员工与中层管理者之间、普通员工与一般高层管理者之间、普通员工与公司"一把手"之间这四类比较中的"差异组 & 无差异组"对薪酬分配公平感的作用不受关怀导向 EC 的影响,受规则导向 EC 的正向调节影响,不受自利导向 EC 的影响。因此,假设 H4 部分得到验证。

6.4 本 章 小 结

6.4.1 研究假设验证情况汇总

见表 6 – 15。

表6-15 公平标准和收入差距与薪酬分配公平感之间关系的
研究假设验证情况汇总

研究假设	假设的简要内容	验证情况
H1	员工对"公平标准"的认知差异与薪酬分配公平感呈显著负相关关系	得到验证
H1a	员工对"按工作要求付薪"的认知差异与薪酬分配公平感呈显著负相关关系	得到验证
H1b	员工对"按个体贡献付薪"的认知差异与薪酬分配公平感呈显著负相关关系	得到验证
H1c	员工对"按岗位条件付薪"的认知差异与薪酬分配公平感呈显著负相关关系	得到验证
H1d	员工对"按团队绩效付薪"的认知差异与薪酬分配公平感呈显著负相关关系	得到验证
H1e	员工对"按市场水平付薪"的认知差异与薪酬分配公平感呈显著负相关关系	得到验证
H1f	员工对"按个人特征付薪"的认知差异与薪酬分配公平感呈显著负相关关系	得到验证
H2	"公平差别阈"与"客观薪酬差距"之间存在差异组（EDT≠客观薪酬差距）和无差异组（EDT＝客观薪酬差距），且无差异组的薪酬分配公平感要显著高于后者	部分得到验证
H3	在员工对"公平标准"的认知差异和薪酬分配公平感的关系中，关怀导向和规则导向伦理气候具有正向调节作用，自利导向伦理气候具有负向调节作用	部分得到验证
H3a	在员工对"按工作要求付薪"的认知差异和薪酬分配公平感的关系中，关怀导向和规则导向伦理气候具有正向调节作用，自利导向伦理气候具有负向调节作用	部分得到验证
H3b	在员工对"按个体贡献付薪"的认知差异和薪酬分配公平感的关系中，关怀导向和规则导向伦理气候具有正向调节作用，自利导向伦理气候具有负向调节作用	部分得到验证
H3c	在员工对"按岗位条件付薪"的认知差异和薪酬分配公平感的关系中，关怀导向和规则导向伦理气候具有正向调节作用，自利导向伦理气候具有负向调节作用	部分得到验证
H3d	在员工对"按团队绩效付薪"的认知差异和薪酬分配公平感的关系中，关怀导向和规则导向伦理气候具有正向调节作用，自利导向伦理气候具有负向调节作用	部分得到验证

研究假设	假设的简要内容	验证情况
H3e	在员工对"按市场水平付薪"的认知差异和薪酬分配公平感的关系中，关怀导向和规则导向伦理气候具有正向调节作用，自利导向伦理气候具有负向调节作用	部分得到验证
H3f	在员工对"按个人特征付薪"的认知差异和薪酬分配公平感的关系中，关怀导向和规则导向伦理气候具有正向调节作用，自利导向伦理气候具有负向调节作用	部分得到验证
H4	在"差异组 & 无差异组"和薪酬分配公平感的关系中，关怀导向和规则导向伦理气候具有正向调节作用，自利导向伦理气候具有负向调节作用	部分得到验证

6.4.2　研究结论

（1）员工对"按工作要求付薪"、"按个体贡献付薪"、"按岗位条件付薪"、"按个体特征付薪"、"按团体绩效付薪"和"按市场水平付薪"这六类公平标准的认知差异与薪酬分配公平感有显著的负相关关系。对薪酬分配公平感影响最大的是员工对"按个体贡献付薪"的认知差异。

（2）薪酬分配公平感在"同类岗位普通员工之间"的无差异组和差异组上不存在显著差异；在"普通员工之间与基层管理者之间"、"普通员工与中层管理者之间"、"普通员工与一般高层管理者之间"、"普通员工与公司'一把手'之间"这四类比较中的无差异组和差异组上存在显著差异，且无差异组中员工的薪酬分配公平感要显著大于差异组。

（3）在员工对"按工作要求付薪"、"按个体贡献付薪"、"按岗位条件付薪"、"按团队绩效付薪"、"按市场水平付薪"以及"按个人特征付薪"这六类公平标准的认知差异分别和薪酬分配公平感的关系中的关怀导向伦理气候有正向调节作用，规则导向伦理气候不具有调节作用，自利导向伦理气候有负向调节作用。

（4）同类岗位普通员工之间的"差异组 & 无差异组"对分配公平感的作用均不受关怀导向 EC、规则导向 EC 和自利导向 EC 的影响；普通员工与基层管理者之间、普通员工与中层管理者之间、普通员工与一般高层管理者之间、普通员工与公司"一把手"之间这四类比较中的"差异组 & 无差异组"对薪酬分配公平感的作用不受关怀导向 EC 的影响，受规则导向 EC 的正向调节影响，不受自利导向 EC 的影响。

6.4.3　讨论与分析

（1）本部分证实了公平标准和收入差距是影响中国企业员工的薪酬分配公平感的重要决定因素。具体而言，公平标准本身以及公平差别阈本身都不是直接影响薪酬分配公平感及绩效的决定性因素。只有当员工对"公平标准"出现认知差异时，员工的薪酬分配公平感才会发生变化，员工对六类"公平标准"的认知差异越高，员工的薪酬分配公平感越低。另外，只有当"公平差别阈"不等于"客观薪酬差距"，员工才会感觉到分配不公平。

（2）对薪酬分配公平感的影响最大的是"按个体贡献付薪"中实际与期望的不一致性。这非常符合中国企业的实际情况，中国目前实行的是"按劳分配为主体、多种分配方式并存的分配制度"。反映在企业的薪酬分配中，"按个体贡献付薪"已经成为中国企业员工普遍认同的分配标准，如果员工对"按个体贡献付薪"出现认知差异时，薪酬分配公平感将会大幅度改变。因此，为了提升企业员工的薪酬分配公平感，企业要同时考虑"按个体贡献付薪"中企业实际的取值以及员工期望的取值，只要实际与期望的不一致性越小，员工的薪酬分配公平感就越高。

（3）研究假设 H2 部分得到验证，主要是即薪酬分配公平感在同类岗位普通员工之间无差异组（收入差距＝公平差别阈）和差异组（收入差距－公平差别阈）无显著差异。这可能有两方面的因素：一方面，同类岗位普通员工之间由于岗位相同，岗位工资一致，收入差距员工能接受的最大收入差距（即公平差别阈）之间的差异本身并不明显，因而对分配公平感的影响并不大。另一方面，由于本研究采用的投射法，即除了普通员工（占总样本的 60.6%）自身填答外，管理者（占总样本的 39.4%）还需要假定自身是一名普通员工，从而填答同类岗位之间收入差距和公平差别阈的选项，由于管理者对普通员工收入差距实际情况的并无直观了解，在一定程度上会使得管理者填答后收入差距和公平差别阈差异很小，进而会对研究结果造成一定的偏差。

（4）在员工对"公平标准"的认知差异和薪酬分配公平感的关系中，关怀导向伦理气候具有正向调节作用，自利导向伦理气候具有负向调节作用。可见，中国企业薪酬分配中公平标准（也称分配公平观）对薪酬分配公平感的影响确实会受到文化的影响。这是因为中国人特有的分配公平观源于中国社会长期的文化传统。由于中国文化为各种角色预设了相应的角色义务与伦理规范，中国人在进行公平判断时，个人除考虑合作双方的贡献外，还不得不考虑各种关系施加给自己的义务和要求，这或许是中国人公平观的独特之处（张志学，2006）。该结论非常契合中国企业情境中的实际情况。黄光国（2005）通过研究台湾地区家族式企业中人际氛围的特点，并参考了西方的社会交易理论之后，提出了中国背景下人际氛围的基本模式是一种情感性关系，主要用以满足关心、温情、安全感和归属感等情感方面的需要。作为典型的集体主义至上的国家，中国社会文化传统自古就强调人与人之间的相互依赖和相互合作，而非从按照成本收益核算原则决定生活基本问题的根本立场。所以，中国的文化背景使得中国企业员工更加偏好关怀导向伦理气候，而非自利导向伦理气候。因此，关怀导向伦理气候起到正向调节作用。自利导向伦理气候起到负向调节作用。

（5）在"差异组 & 无差异组"对薪酬分配公平感的影响中，规则导向伦理气候起显著正向调节作用。即，相比低规则导向伦理气候，在高规则导向伦理气候下，"差异组 & 无差异组"对薪酬分配公平感的正向影响更大。规则导向的伦理气候实际上在公司里塑造的是一个遵守制度的文化。因此，当员工感到大家都非常遵守制度上，由收入差距导致的分配不公平感会大大增加。这与周浩和龙立荣（2014）的研究结论一致。他们认为在中国组织情境下，较之程序公平和互动公平（人际公平、信息公平），分配制度公平对员工分配公平感的解释力最强，在分配制度不公平的情境下，程序公平和人际公平才会影响分配公平感，仅仅起到亡羊补牢的作用。可见，如果把组织中的分配比喻为一场游戏，在有普遍认同的游戏规则前提下，要解决的问题是如何公平而有效地执行这些规则；在中国，更现实的问题则是游戏规则本身的公平性。这也就解释了规则导向伦理气候具有正向调节作用的背后逻辑。

（6）假设 H12 部分得到验证，主要是由于同类岗位普通员工之间的"差异组 & 无差异组"对薪酬分配公平感存在影响不成立。这点已经在前文进行了分析，在此不再进行赘述。

在员工对"公平标准"的认知差异和薪酬分配公平感的关系中，规则导向伦理气候不具有调节作用。这可能是因为公平标准本身的定义就是指人们对在资源分配中要实现公平所应遵循的规律与原则（余凯成和何威，1995）。可见公平标准本身就是规律与原则，因此，在公平标准这项规律与原则执行过程中，它对薪酬分配公平感的影响更多的是受到关怀导向和自利导向伦理气候的影响，而非受到规则导向伦理气候的影响。

在"差异组 & 无差异组"对薪酬分配公平感的影响中，关怀导向和自利导向伦理气候却不具有调节作用。这可能是因为客观薪酬差距已经客观存在，如果客观薪酬差距不等于公平差别阈已经成为既定事实，这本身就反映了某类特定组织伦理气候。即，如果客观薪酬差距大于公平差别阈，组织内部偏向自利导向伦理气候；如果客观薪酬差距小于公平差别阈，组织内部偏向关怀导向伦理气候。因此，关怀导向和自利导向伦理气候本身并不会在其中起到调节作用。相反，如果组织内部是规则导向伦理气候占主导地位，即使收入差距过高，员工倾向认为大家都愿意遵守规则，而如前文所述，规则或制度才是薪酬分配公平感的决定性因素，所以只有规则导向伦理气候在"差异组 & 无差异组"对薪酬分配公平感的影响中起到调节作用。

第7章 公平标准和收入差距对任务绩效的影响

第4章主要内容集中在梳理公平标准和收入差距的作用后果，并提出了相应的研究假设，这为后续开展实证研究奠定了坚实的基础。本章针对公平标准和收入差距对任务绩效的影响作用以及薪酬分配公平感的中介作用进行实证研究。

7.1 研究变量关系模型与研究假设

本节结合本书具体选择的研究变量，构建关于公平标准和收入差距对任务绩效影响的变量关系模型，在该模型中在第4章概念模型的基础之上，进一步明晰了本书研究变量之间的关系，如图7-1所示。

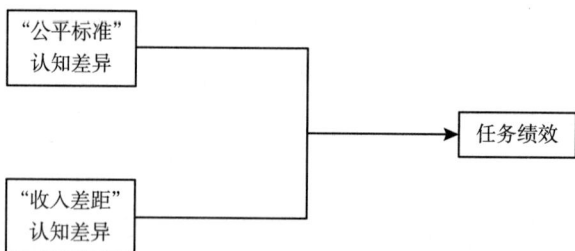

图7-1 公平标准和收入差距对任务绩效的影响模型

同时，在本章节就以上变量关系的研究假设进行了汇总，以为后续实证研究的展开奠定基础。研究假设摘选自第4章关于公平标准和收入差距对任务绩效的影响以及薪酬分配公平感所起的中介作用的研究假设提出部分。本章节对这些研究假设进行汇总，具体内容见表7-1。

表7-1　　公平标准和收入差距与任务绩效之间关系的研究假设汇总

研究假设	假设的简要内容
H5	员工对"公平标准"的认知差异与任务绩效呈显著负相关关系。
H5a	员工对"按工作要求付薪"的认知差异与任务绩效呈显著负相关关系。
H5b	员工对"按个体贡献付薪"的认知差异与任务绩效呈显著负相关关系。

续表

研究假设	假设的简要内容
H5c	员工对"按岗位条件付薪"的认知差异与任务绩效呈显著负相关关系。
H5d	员工对"按团队绩效付薪"的认知差异与任务绩效呈显著负相关关系。
H5e	员工对"按市场水平付薪"的认知差异与任务绩效呈显著负相关关系。
H5f	员工对"按个人特征付薪"的认知差异与任务绩效呈显著负相关关系。
H6	"公平差别阈"与"客观薪酬差距"之间存在差异组（EDT ≠ 客观薪酬差距）和无差异组（EDT = 客观薪酬差距）。无差异组中员工的任务绩效要显著大于差异组。
H7	薪酬分配公平感在员工对"公平标准"的认知差异对任务绩效的影响中具有中介效应。
H7a	薪酬分配公平感在员工对"按工作要求付薪"的认知差异对任务绩效的影响中具有中介效应。
H7b	薪酬分配公平感在员工对"按个体贡献付薪"的认知差异对任务绩效的影响中具有中介效应。
H7c	薪酬分配公平感在员工对"按岗位条件付薪"的认知差异对任务绩效的影响中具有中介效应。
H7d	薪酬分配公平感在员工对"按团队绩效付薪"的认知差异对任务绩效的影响中具有中介效应。
H7e	薪酬分配公平感在员工对"按市场水平付薪"的认知差异对任务绩效的影响中具有中介效应。
H7f	薪酬分配公平感在员工对"按个人特征付薪"的认知差异对任务绩效的影响中具有中介效应。

7.2 研究变量之间的皮尔逊相关系数

相关系数主要用于两个变量之间的相关程度以及相关方向，由于本研究中所有涉及公平标准、薪酬分配公平感和任务绩效均为连续变量，故采用皮尔逊相关方法计算变量之间的相关系数（双尾检验）。表 7-2 给出了这些变量之间的皮尔逊相关系数。

员工对"按工作要求付薪"、"按个体贡献付薪"、"按岗位条件付薪"、"按个体特征付薪"这 4 类公平标准的认知差异与任务绩效呈显著负相关关系（$r = -0.109^{**}$，$r = -0.119^{**}$，$r = -0.132^{**}$，$r = -0.190^{**}$）。因此，假设 H5a、H5b、H5c 和 H5f 均得到验证。

表 7 – 2 　　　员工对"公平标准"的认知差异和薪酬分配公平感及任务绩效的
皮尔逊相关系数表

变量	1	2	3	4	5	6	7	8
1. 员工对"按工作要求付薪"的认知差异	1							
2. 员工对"按个体贡献付薪"的认知差异	0.454 **	1						
3. 员工对"按岗位条件付薪"的认知差异	0.580 **	0.505 **	1					
4. 员工对"按团体绩效付薪"的认知差异	0.567 **	0.472 **	0.567 **	1				
5. 员工对"按市场水平付薪"的认知差异	0.659 **	0.492 **	0.610 **	0.581 **	1			
6. 员工对"按个体特征付薪"的认知差异	0.514 **	0.460 **	0.478 **	0.545 **	0.536 **	1		
7. 薪酬分配公平感	– 0.262 **	– 0.278 **	– 0.279 **	– 0.253 **	– 0.251 **	– 0.232 **	1	
8. 任务绩效	– 0.109 **	– 0.119 **	– 0.132 **	– 0.042	– 0.053	– 0.190 **	0.191 **	1

7.3　公平标准和收入差距对任务绩效的影响

7.3.1　员工对"公平标准"的认知差异对任务绩效的影响

考虑到上文分析中，年龄、工龄、企业性质和职务类型在任务绩效上有差异，因此，需要将其作为控制变量。皮尔逊相关矩阵表分析表明：只有员工对"按工作要求付薪"、"按个体贡献付薪"、"按岗位条件付薪"、"按个体特征付薪"这四类公平标准的认知差异与任务绩效存在显著相关关系，而存在相关关系是进行回归分析的前提条件。

因此，本节主要分析这四类公平标准对任务绩效的影响作用。因此，表 7-3 在控制年龄、工龄、企业性质和职务类型等控制变量后，分别将员工对每类"公平标准"的认知差异纳入到影响任务绩效的回归模型，见 M1 至 M5。

表 7-3　　员工对"公平标准"的认知差异对任务绩效的回归分析结果

变量	任务绩效				
	M1	M2	M3	M4	M5
年龄	0.069	0.057	0.057	0.052	0.045
工龄	− 0.126 **	− 0.111 *	− 0.111 *	− 0.105 *	− 0.106 *
企业性质	0.078 **	0.082 *	0.082 *	0.08	0.104 *
职务类型	0.069	0.061	0.069	0.063	0.061
员工对"按工作要求付薪"的认知差异		− 0.093 *			
员工对"按个体贡献付薪"的认知差异			− 0.111 **		
员工对"按岗位条件付薪"的认知差异				− 0.114 **	
员工对"按个体特征付薪"的认知差异					− 0.194 **
R^2	0.024	0.033	0.036	0.037	0.061
ΔR^2	0.024	0.008	0.012	0.013	0.036
ΔF	3.592 **	4.993 *	7.202 **	7.498 **	22.309 **

如表 7-3 所示，M2 主要采用回归分析员工对"按工作要求付薪"的认知差异对任务绩效的影响，结果表明：员工对"按工作要求付薪"的认知差异对任务绩效具有显著的负向影响作用（Beta = − 0.093）。假设 H5a 得到进一步验证。

M3 主要采用回归分析员工对"按个体贡献付薪"的认知差异对任务绩效的影响，结果表明：员工对"按个体贡献付薪"的认知差异对任务绩效具有显著的负向影响作用（Beta = − 0.111）。假设 H5b 得到进一步验证。

M4 主要采用回归分析员工对"按岗位条件付薪"的认知差异对任务绩效的影响，结果表明：员工对"按岗位条件付薪"的认知差异对任务绩效具有显著的负向影响作用（Beta = -0.114）。假设 H5c 得到进一步验证。

M5 主要采用回归分析员工对"按个体特征付薪"的认知差异对任务绩效的影响，结果表明：员工对"按个体特征付薪"的认知差异对任务绩效具有显著的负向影响作用（Beta = -0.194）。假设 H5f 得到进一步验证。

图 7 - 2 主要分析四类公平标准对任务绩效的共同影响，当把四类公平标准同时纳入结构方程模型后，只有员工对"按个体特征付薪"的认知差异对任务绩效影响显著，标准化系数为 Beta = -0.181。说明在对任务绩效影响最大的还是员工对"按个体特征付薪"的认知差异。

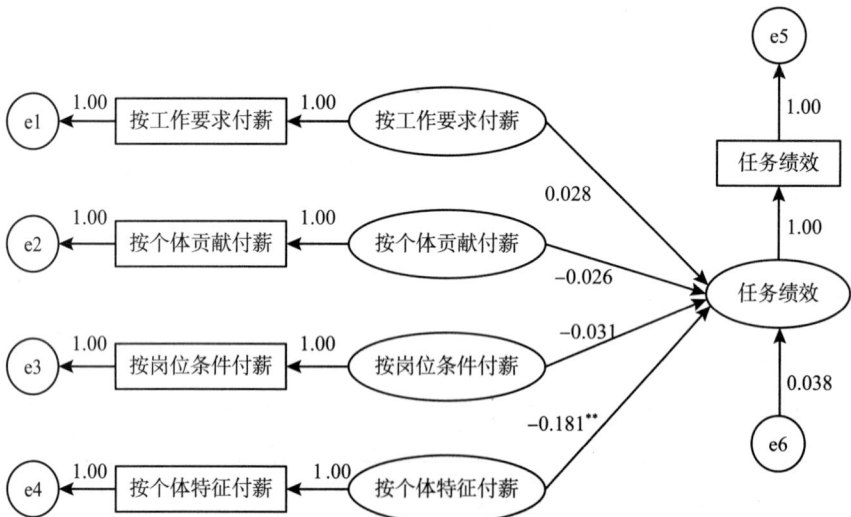

图 7 - 2 员工对四类"公平标准"的认知差异对任务绩效的竞争性影响

$(\chi^2/df = 2.861；GFI = 0.975；AGFI = 0.934；NFI = 0.973；RMSEA = 0.075)$

7.3.2 员工对"收入差距"的认知差异对任务绩效的影响

考虑到上文分析中，年龄、工龄、企业性质和职务类型在任务绩效上有差异，因此，需要将其作为控制变量。表 7 - 4 在控制年龄、工龄、企业性质和职务类型等变量后，分别将每类"差异组 & 无差异组"纳入回归模型，见 M6 至 M11。

表 7 - 4　　员工对"收入差距"的认知差异对任务绩效的回归分析结果

变量	任务绩效					
	M6	M7	M8	M9	M10	M11
年龄	0.069	0.056	0.068	0.067	0.065	0.059
工龄	-0.126**	-0.114*	-0.125**	-0.125	-0.120**	-0.127**
企业性质	0.078	0.078	0.077	0.079	0.075	0.075
职务类型	0.069	0.070	0.072	0.067	0.065	0.056
同类岗位普通员工之间的"差异组 & 无差异组"		0.108**				
普通员工与基层管理者之间的"差异组 & 无差异组"			0.057			
普通员工与中层之间的"差异组 & 无差异组"				0.038		
普通员工与一般高层管理者之间的"差异组 & 无差异组"					0.053	
普通员工与"一把手"之间的"差异组 & 无差异组"						0.107**
R^2	0.024	0.036	0.028	0.026	0.027	0.036
ΔR^2	0.024	0.011	0.003	0.001	0.003	0.011
ΔF	3.592**	6.846**	1.926	0.843	1.634	6.708**

如表 7 - 4 所示，M7 采用回归分析检验同类岗位普通员工之间的"差异组 & 无差异组"对任务绩效的影响，结果表明：同类岗位普通员工之间的"差异组 & 无差异组"对任务绩效有正向影响（Beta = 0.108）。即，员工任务绩效在"同类岗位普通员工之间"的无差异组与差异组上有显著差异，且无差异组的员工任务绩效要显著高于后者。

M8 采用回归分析检验普通员工与基层管理者之间的"差异组 & 无差异组"对任务绩效的影响，结果表明：普通员工与基层管理者之间的"差异组 & 无差异组"对任务绩效没有显著影响（Beta = 0.057）。即，员工任务绩效在"普通员工与基层管理者之间"的无差异组与差异组上没有显著差异。

M9 采用回归分析检验普通员工与中层管理者之间的"差异组 & 无差异组"对任务绩效的影响，结果表明：普通员工与中层管理者之间的"差异组 & 无差异组"对任务绩效没有显著影响（Beta = 0.038）。即，员工任务绩效在"普通员工与中层管理者之间"的无差异组与差异组上没有显著差异。

M10 采用回归分析检验普通员工与一般高层管理者之间的"差异组 & 无差异组"对任务绩效的影响，结果表明：普通员工与一般高层管理者之间的"差异组 & 无差异组"对任务绩效没有显著影响（Beta = 0.053）。即，员工任务绩效在"普通员工与一般高层管理者之间"的无差异组与差异组上没有显著差异。

M11 采用回归分析检验普通员工与公司"一把手"之间的"差异组 & 无差异组"对任务绩效的影响，结果表明：普通员工与公司"一把手"之间的"差异组 & 无差异组"对任务绩效没有显著影响（Beta = 0.107）。即，员工任务绩效在"普通员工与公司'一把手'之间"的无差异组与差异组上有显著差异，且无差异组的员工任务绩效要显著高于后者。

综上所述，员工的任务绩效在"同类岗位普通员工之间"、"普通员工与公司'一把手'之间"这两类比较中的无差异组和差异组上存在显著差异，且无差异组中员工的任务绩效要显著大于差异组；员工的任务绩效在"普通员工与基层管理者之间"、"普通员工与中层管理者之间"、"普通员工与一般高层管理者之间"这三类比较中的无差异组和差异组上不存在显著差异。因此，假设 H5 部分得到验证。

7.3.3　薪酬分配公平感在上述影响中的中介作用

由于收入差距中的无差异组合有差异组为分类变量，本研究不检验薪酬分配公平感在收入差距中"差异组 & 无差异组"与任务绩效之间的中介作用，而只检验其在员工对"公平标准"的认知差异与任务绩效之间的中介作用（见图 7 - 3）。

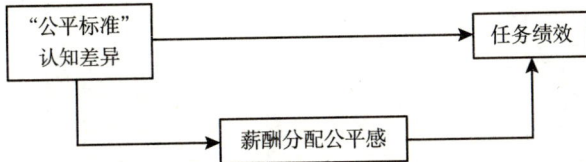

图 7 - 3　薪酬分配公平感在公平标准与任务绩效之间关系的中介影响模型

根据 Baron 和 Kenny（1986）对于中介变量的检验方法，中介作用的检验分四步进行。第一步，自变量和结果变量间需要有显著的相关关系；第二步，自变量和中介变量间需要有显著的相关关系；第三步，中介变量和结果变量间需要有显著的相关关系；第四步，加入中介变量之后，自变量与结果变量间相关不显著（完全中介）或相关程度减弱（部分中介），前三步称之为中介作用分析的前提条件。

第一步分析员工对 4 类"公平标准"的认知差异与任务绩效之间的关系，皮尔逊相关系数显示员工对 4 类"公平标准"（按工作要求付薪、按个体贡献付薪、按岗位条件付薪、按个体特征付薪）的认知差异与任务绩效呈显著负相关关系（$r = -0.109^{**}$，$r = -0.119^{**}$，$r = -0.132^{**}$，$r = -0.190^{**}$）。第二步分析员工对 4 类"公平标准"的认知差异与薪酬分配公平感之间的关系，皮尔逊相关系数表明员工对 4 类"公平标准"（按工作要求付薪、按个体贡献付薪、按岗位条件付薪、按个体特征付薪）的认知差异均与薪酬分配公平感呈显著负相关关系（$r = -0.262^{**}$，$r = -0.278^{**}$，$r = -0.279^{**}$，$r = -0.232^{**}$）。第三步分析薪酬分配公平感与任务绩效之间的关系，皮尔逊相关系数表明薪酬分配公平感与任务绩效之间的相关系数分别为 $r = 0.191$。由此可见分析薪酬分配公平感在员工对"公平标准"认知差异与任务绩效之间的中介作用的前提条件成立。

采用回归分析法检验薪酬分配公平感在公平标准与任务绩效之间的中介作用。如表 7 - 5 所示，分别将员工对"按工作要求付薪"、"按个体贡献付薪"、"按岗位条件付薪"和"按个体特征付薪"这四类公平标准的认

表7-5　薪酬分配公平感在员工对"公平标准"认知差异对任务绩效的影响中的中介作用检验结果

变量	任务绩效								
	M12	M13	M14	M15	M16	M17	M18	M19	M20
年龄	0.069	0.057	0.067*	0.057	0.066	0.052	0.063	0.045	0.053
工龄	-0.126*	-0.111*	-0.107	-0.111*	-0.106	-0.105*	-0.102*	-0.106*	-0.100*
企业性质	0.078	0.082*	0.081*	0.082*	0.082	0.080	0.080*	0.104*	0.100*
职务类型	0.069	0.061	0.067	0.069	0.071	0.063	0.067	0.061	0.064
员工对"按工作要求付薪"的认知差异		-0.093*	-0.047						
员工对"按个体贡献付薪"的认知差异				-0.111**	-0.064				
员工对"按岗位条件付薪"的认知差异						-0.114**	-0.066		
员工对"按个体特征付薪"的认知差异								-0.194**	-0.158**
薪酬分配公平感			0.175**		0.170**		0.169**		0.151**
R^2	0.024	0.033	0.61	0.036	0.063	0.037	0.063	0.061	0.082
ΔR^2	0.024	0.008	0.028	0.012	0.026	0.029	0.053	0.036	0.021
ΔF	3.592**	4.993*	17.399**	7.202**	16.222**	7.498**	16.071**	22.309**	13.355**

知差异代入回归方程，加入中介变量（薪酬分配公平感）后，员工对"按工作要求付薪"、"按个体贡献付薪"、"按岗位条件付薪"这三类公平标准的认知差异对任务绩效的回归系数不显著（$\beta = -0.047$，$\beta = -0.064$，$\beta = -0.066$）。员工对"按个体特征付薪"的认知差异对任务绩效的回归系数依然显著（$\beta = -0.158$）。说明薪酬分配公平感在员工对"按工作要求付薪"、"按个体贡献付薪"、"按岗位条件付薪"这三类公平标准的认知差异对任务绩效的影响中具有完全中介效应，在员工对"按个体特征付薪"的认知差异对任务绩效的影响中具有部分中介效应。假设 H6a、假设 H6b、假设 H6c 和假设 H6f 都得到验证。

7.4 本章小结

7.4.1 研究假设验证情况汇总

情况汇总见表 7 - 6。

表 7 - 6 公平标准和收入差距与任务绩效之间关系的研究假设验证情况汇总

研究假设	假设的简要内容	假设验证情况
H5	员工对"公平标准"的认知差异与任务绩效呈显著负相关关系。	部分得到验证
H5a	员工对"按工作要求付薪"的认知差异与任务绩效呈显著负相关关系。	得到验证
H5b	员工对"按个体贡献付薪"的认知差异与任务绩效呈显著负相关关系。	得到验证
H5c	员工对"按岗位条件付薪"的认知差异与任务绩效呈显著负相关关系。	得到验证
H5d	员工对"按团队绩效付薪"的认知差异与任务绩效呈显著负相关关系。	没有得到验证
H5e	员工对"按市场水平付薪"的认知差异与任务绩效呈显著负相关关系。	没有得到验证

续表

研究假设	假设的简要内容	假设验证情况
H5f	员工对"按个人特征付薪"的认知差异与任务绩效呈显著负相关关系。	得到验证
H6	"公平差别阈"与"客观薪酬差距"存在差异组（EDT≠客观薪酬差距）和无差异组（EDT＝客观薪酬差距）。无差异组中员工的任务绩效要显著大于差异组。	部分得到验证
H7	薪酬分配公平感在员工对"公平标准"的认知差异对任务绩效的影响中具有中介效应。	部分得到验证
H7a	薪酬分配公平感在员工对"按工作要求付薪"的认知差异对任务绩效的影响中具有中介效应。	得到验证
H7b	薪酬分配公平感在员工对"按个体贡献付薪"的认知差异对任务绩效的影响中具有中介效应。	得到验证
H7c	薪酬分配公平感在员工对"按岗位条件付薪"的认知差异对任务绩效的影响中具有中介效应。	得到验证
H7d	薪酬分配公平感在员工对"按团队绩效付薪"的认知差异对任务绩效的影响中具有中介效应。	没有得到验证
H7e	薪酬分配公平感在员工对"按市场水平付薪"的认知差异对任务绩效的影响中具有中介效应。	没有得到验证
H7f	薪酬分配公平感在员工对"按个人特征付薪"的认知差异对任务绩效的影响中具有中介效应。	得到验证

7.4.2　研究结论

（1）员工对"按工作要求付薪"、"按个体贡献付薪"、"按岗位条件付薪"和"按个体特征付薪"这四类公平标准的认知差异与任务绩效有显著的负相关关系。在对任务绩效影响最大的是员工对"按个体特征付薪"的认知差异；而员工对"按团体绩效付薪"、"按市场水平付"这两类公平标准的认知差异与任务绩效的相关关系并不显著。

（2）任务绩效在"同类岗位普通员工之间"、"普通员工与公司'一把手'之间"这两类比较中的无差异组和差异组上存在显著差异，且无差异组中员工的任务绩效要显著大于差异组；任务绩效在"普通员工与基层管理者之间"、"普通员工与中层管理者之间"、"普通员工与一般高层管理者之间"这三类比较中的无差异组和差异组上不存在显著差异。

（3）薪酬分配公平感在员工对"按工作要求付薪"、"按个体贡献付薪"、"按岗位条件付薪"这三类公平标准的认知差异对任务绩效的影响中具完全中介效应，在员工对"按个体特征付薪"的认知差异对任务绩效的影响中具有部分中介效应。

（4）薪酬分配公平感在同类岗位普通员工之间、普通员工与基层管理者之间、普通员工与中层管理者之间、普通员工与一般高层管理者之间这四类比较中的"差异组 & 无差异组"对任务绩效的影响中均不具有中介效应。薪酬分配公平感在普通员工与公司"一把手"之间的"差异组 & 无差异组"对任务绩效的影响中具有部分中介效应。

7.4.3　讨论与分析

（1）对任务绩效影响最大的是"按个体特征付薪"中实际与期望的不一致性。这说明引发个体任务绩效改变的主要动因是员工对"按个体特征付薪"的认知差异。因此，为了增加员工的任务绩效企业要同时考虑"按个体特征付薪"中企业实际的取值和员工期望的取值，只要实际与期望的不一致性越小，员工的任务绩效就越高。

（2）研究假设 H5d、H5e、H7d、H7e 没有得到验证，主要是因为员工对"按团体绩效付薪"和"按市场水平付薪"这两类公平标准的认知差异对任务绩效的影响作用不显著，这在一定程度上可以解释。因为按照绩效的决定模型可知，影响绩效关键要素是员工个体及其所从事的岗位特征，而"按个体贡献付薪"和"按个人特征付薪"主要涉及员工个体特征，"按工作要求付薪"和"按岗位条件付薪"主要涉及员工所从事的岗位特征。而"按团体绩效付薪"、"按市场水平付薪"这两类公平标准既不属于个体特征也不属于岗位特征。所以它对任务绩效的影响作用不显著。

（3）研究假设 H6 部分得到验证，主要是因为任务绩效在"普通员工与基层管理者之间"、"普通员工与中层管理者之间"、"普通员工与一般高层管理者之间"这三类比较中的无差异组与差异组上不存在显著差异。由于任务绩效是指与工作产出直接相关，因此员工的比较对象也是非常直观、明确，5 类比较对象中只有"同类岗位员工"和"公司'一把手'"非常直观、明确。因此，决定任务绩效高低的主要是通过与"同类岗位普通员工"以及与"公司'一把手'"的比较，而其他比较对象对任务绩效的影响则非常小。

第8章 公平标准和收入差距对工作偏离行为的影响

第 4 章主要内容集中在梳理公平标准和收入差距的作用后果，并提出了相应的研究假设，这为后续开展实证研究奠定了坚实的基础。本章针对公平标准和收入差距对工作偏离行为的影响作用以及薪酬分配公平感的中介作用进行实证研究。

8.1 研究变量关系模型与研究假设

本节结合本研究具体选择的研究变量，构建关于公平标准和收入差距对工作偏离行为影响的变量关系模型，在该模型中在第 4 章概念模型的基础之上，进一步明晰了本研究研究变量之间的关系，如图 8-1 所示。

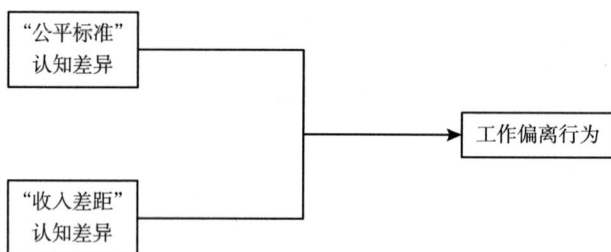

图 8-1　公平标准和收入差距对工作偏离行为的影响模型

同时，在本章节就以上变量关系的研究假设进行了汇总，以为后续实证研究的展开奠定基础。研究假设摘选自第 4 章关于公平标准和收入差距对工作偏离行为的影响以及薪酬分配公平感所起的中介作用的研究假设提出部分。本章节对这些研究假设进行汇总，具体内容见表 8-1。

表 8-1　　　公平标准和收入差距与工作偏离行为之间关系的研究假设汇总

研究假设	假设的简要内容
H8	员工对"公平标准"的认知差异与工作偏离行为呈显著负相关关系。
H8a	员工对"按工作要求付薪"的认知差异与工作偏离行为呈显著负相关关系。
H8b	员工对"按个体贡献付薪"的认知差异与工作偏离行为呈显著负相关关系。

续表

研究假设	假设的简要内容
H8c	员工对"按岗位条件付薪"的认知差异与工作偏离行为呈显著负相关关系。
H8d	员工对"按团队绩效付薪"的认知差异与工作偏离行为呈显著负相关关系。
H8e	员工对"按市场水平付薪"的认知差异与工作偏离行为呈显著负相关关系。
H8f	员工对"按个人特征付薪"的认知差异与工作偏离行为呈显著负相关关系。
H9	"公平差别阈"与"客观薪酬差距"之间存在差异组（EDT≠客观薪酬差距）和无差异组（EDT＝客观薪酬差距）。无差异组中员工的工作偏离行为要显著大于差异组。
H10	薪酬分配公平感在员工对"公平标准"的认知差异对工作偏离行为的影响中具有中介效应。
H10a	薪酬分配公平感在员工对"按工作要求付薪"的认知差异对工作偏离行为的影响中具有中介效应。
H10b	薪酬分配公平感在员工对"按个体贡献付薪"的认知差异对工作偏离行为的影响中具有中介效应。
H10c	薪酬分配公平感在员工对"按岗位条件付薪"的认知差异对工作偏离行为的影响中具有中介效应。
H10d	薪酬分配公平感在员工对"按团队绩效付薪"的认知差异对工作偏离行为的影响中具有中介效应。
H10e	薪酬分配公平感在员工对"按市场水平付薪"的认知差异对工作偏离行为的影响中具有中介效应。
H10f	薪酬分配公平感在员工对"按个人特征付薪"的认知差异对工作偏离行为的影响中具有中介效应。

8.2 研究变量之间的皮尔逊相关系数

相关系数主要用于两个变量之间的相关程度以及相关方向，由于本研究中所有涉及公平标准、薪酬分配公平感和工作偏离行为均为连续变量，故采用皮尔逊相关方法计算变量之间的相关系数（双尾检验）。表 8 – 2 给出了这些变量之间的皮尔逊相关系数。

员工对"按工作要求付薪"、"按个体贡献付薪"、"按岗位条件付薪"、"按个体特征付薪"这四类公平标准的认知差异与工作偏离行为呈显著正相关关系（$r = -0.103$，$r = 0.135$，$r = 0.127$，$r = 0.194$）。因此，假设 H8a、H8b、H8c 和 H8f 均得到验证。

表 8－2　　员工对"公平标准"的认知差异和薪酬分配公平感及工作偏离行为的
皮尔逊相关系数表

变量	1	2	3	4	5	6	7	8
1. 员工对"按工作要求付薪"的认知差异	1							
2. 员工对"按个体贡献付薪"的认知差异	0.454**	1						
3. 员工对"按岗位条件付薪"的认知差异	0.580**	0.505**	1					
4. 员工对"按团体绩效付薪"的认知差异	0.567**	0.472**	0.567**	1				
5. 员工对"按市场水平付薪"的认知差异	0.659**	0.492**	0.610**	0.581**	1			
6. 员工对"按个体特征付薪"的认知差异	0.514**	0.460**	0.478**	0.545**	0.536**	1		
7. 薪酬分配公平感	−0.262**	−0.278**	−0.279**	−0.253**	−0.251**	−0.232**	1	
8. 工作偏离行为	0.103**	0.135**	0.127**	0.068	0.054	0.194**	−0.192**	1

8.3　公平标准和收入差距对工作偏离行为的影响

8.3.1　员工对"公平标准"的认知差异对工作偏离行为的影响

考虑到上文分析中，性别、职位、企业性质和职务类型在工作偏离行为上有差异。因此，需要将其作为控制变量。皮尔逊相关矩阵表分析表明：

只有员工对"按工作要求付薪"、"按个体贡献付薪"、"按岗位条件付薪"、"按个体特征付薪"这四类公平标准的认知差异与工作偏离行为存在显著相关关系，而存在相关关系是进行回归分析的前提条件。

因此，本节主要分析这四类公平标准对工作偏离行为的影响作用。表8－3在控制性别、职位、企业性质和职务类型等控制变量后，分别将员工对每类"公平标准"的认知差异纳入到影响工作偏离行为的回归模型，见M1 至 M5。

表 8－3   员工对"公平标准"的认知差异对工作偏离行为的回归分析结果

变量	工作偏离行为				
	M1	M2	M3	M4	M5
性别	－ 0.129 **	－ 0.136 **	－ 0.143 **	－ 0.146 **	－ 0.162 **
职位	－ 0.039	－ 0.041	－ 0.026	－ 0.030	－ 0.027
企业性质	－ 0.066	－ 0.07	－ 0.069	－ 0.065	－ 0.089 *
职务类型	－ 0.021	－ 0.009	－ 0.017	－ 0.008	－ 0.001
员工对"按工作要求付薪"的认知差异		0.111 **			
员工对"按个体贡献付薪"的认知差异			0.149 **		
员工对"按岗位条件付薪"的认知差异				0.138 **	
员工对"按个体特征付薪"的认知差异					0.227 **
R^2	0.028	0.040	0.050	0.047	0.078
ΔR^2	0.028	0.012	0.022	0.019	0.049
ΔF	4.170 *	7.257 **	13.160 **	11.315 **	30.776 **

如表8－3所示，M2主要采用回归分析员工对"按工作要求付薪"的认知差异对工作偏离行为的影响，结果表明：员工对"按工作要求付薪"的认知差异对工作偏离行为具有显著的正向影响作用（Beta＝0.111）。假设H8a得到进一步验证。

M3主要采用回归分析员工对"按个体贡献付薪"的认知差异对工作

偏离行为的影响，结果表明：员工对"按个体贡献付薪"的认知差异对工作偏离行为具有显著的正向影响作用（Beta = 0.149）。假设 H8b 得到进一步验证。

M4 主要采用回归分析员工对"按岗位条件付薪"的认知差异对工作偏离行为的影响，结果表明：员工对"按岗位条件付薪"的认知差异对工作偏离行为具有显著的正向影响作用（Beta = 0.138）。假设 H8c 得到进一步验证。

M5 主要采用回归分析员工对"按个体特征付薪"的认知差异对工作偏离行为的影响，结果表明：员工对"按个体特征付薪"的认知差异对工作偏离行为具有显著的正向影响作用（Beta = 0.227）。假设 H8f 得到进一步验证。

图 8 - 2 主要分析四类公平标准对工作偏离行为的共同影响，当把四类公平标准同时纳入结构方程模型后，只有员工对"按个体特征付薪"的认知差异对工作偏离行为影响显著，标准化系数为 Beta = 0.203。说明在对工作偏离行为影响最大的还是员工对"按个体特征付薪"的认知差异。

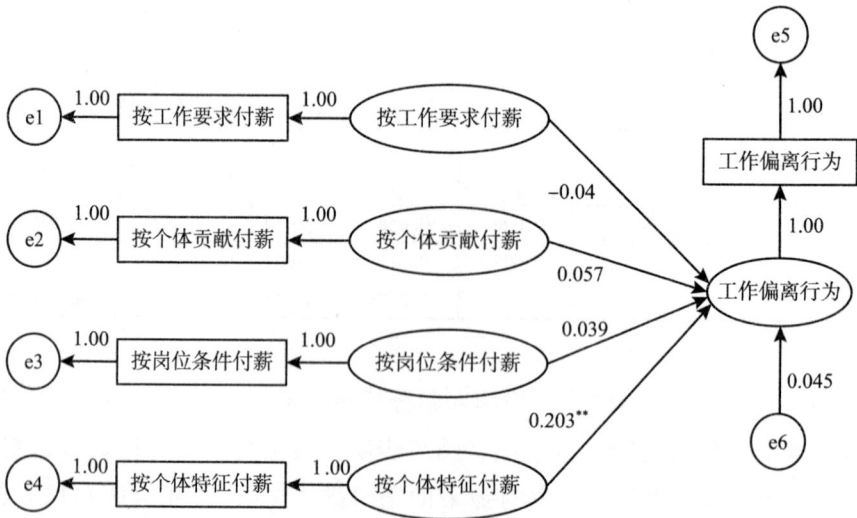

图 8 - 2 员工对四类"公平标准"的认知差异对工作偏离行为的竞争性影响
（$\chi^2/df = 2.871$；GFI = 0.969；AGFI = 0.941；NFI = 0.987；RMSEA = 0.067）

8.3.2 员工对"收入差距"的认知差异对工作偏离行为的影响

考虑到上文分析中，性别、职位、企业性质和职务类型在工作偏离行为上有差异。因此，需要将其作为控制变量。表 8 - 4 在控制性别、职位、企业性质和职务类型等变量后，分别将每类"差异组 & 无差异组"纳入到回归模型，见 M6 至 M11。

表 8 - 4　　员工对"收入差距"的认知差异对工作偏离行为的回归分析结果

变量	工作偏离行为					
	M6	M7	M8	M9	M10	M11
性别	- 0.129 **	- 0.113 *	- 0.122 **	- 0.127	- 0.127	- 0.129 **
职位	- 0.039	- 0.033	- 0.034	- 0.042	- 0.028	- 0.037
企业性质	- 0.066	- 0.069	- 0.066	- 0.069	- 0.062	- 0.062
职务类型	- 0.021	- 0.028	- 0.028	- 0.019	- 0.015	- 0.005
同类岗位普通员工之间的"差异组 & 无差异组"		- 0.132 **				
普通员工与基层管理者之间的"差异组 & 无差异组"			- 0.095 *			
普通员工与中层管理者之间的"差异组 & 无差异组"				- 0.060		
普通员工与一般高层管理者之间的"差异组 & 无差异组"					- 0.081 *	
普通员工与"一把手"之间的"差异组 & 无差异组"						- 0.148 **
R²	0.028	0.045	0.037	0.032	0.035	0.050
ΔR²	0.028	0.017	0.009	0.004	0.006	0.021
ΔF	4.170 **	10.270 **	5.293 *	2.096	3.792 *	12.995 **

如表 8 - 4 所示，M7 采用回归分析检验同类岗位普通员工之间的"差异组 & 无差异组"对工作偏离行为的影响，结果表明：同类岗位普通员工之间的"差异组 & 无差异组"对工作偏离行为有正向影响（Beta = - 0.132）。

即，员工工作偏离行为在"同类岗位普通员工之间"的无差异组与差异组上有显著差异，且无差异组的员工工作偏离行为要显著低于后者。

M8 采用回归分析检验普通员工与基层管理者之间的"差异组 & 无差异组"对工作偏离行为的影响，结果表明：普通员工与基层管理者之间的"差异组 & 无差异组"对工作偏离行为有负向影响（Beta = -0.095）。即，员工工作偏离行为在"普通员工与基层管理者之间"的无差异组与差异组上有显著差异，且无差异组的员工工作偏离行为要显著低于后者。

M9 采用回归分析检验普通员工与中层管理者之间的"差异组 & 无差异组"对工作偏离行为的影响，结果表明：普通员工与中层管理者之间的"差异组 & 无差异组"对工作偏离行为没有显著影响（Beta = -0.060）。即，员工工作偏离行为在"普通员工与中层管理者之间"的无差异组与差异组上没有显著差异。

M10 采用回归分析检验普通员工与一般高层管理者之间的"差异组 & 无差异组"对工作偏离行为的影响，结果表明：普通员工与一般高层管理者之间的"差异组 & 无差异组"对工作偏离行为有负向影响（Beta = -0.081）。即，员工工作偏离行为在"普通员工与一般高层管理者之间"的无差异组与差异组上有显著差异，且无差异组的员工工作偏离行为要显著低于后者。

M11 采用回归分析检验普通员工与公司"一把手"之间的"差异组 & 无差异组"对工作偏离行为的影响，结果表明：普通员工与公司"一把手"之间的"差异组 & 无差异组"对工作偏离行为有显著影响（Beta = -0.148）。即，员工工作偏离行为在"普通员工与公司'一把手'之间"的无差异组与差异组上有显著差异，且无差异组的员工工作偏离行为要显著低于后者。

综上所述，员工工作偏离行为在"同类岗位普通员工之间"、"普通员工与基层管理者之间"、"普通员工与一般高层管理者之间"、"普通员工与公司'一把手'之间"这四类比较中的无差异组和差异组上存在显著差异，且无差异组中员工的偏离行为均显著少于差异组；员工工作偏离行为在"普通员工与中层管理者之间"的无差异组和差异组上不存在显著差异。因此，假设 H9 部分得到验证。

8.3.3　薪酬分配公平感在上述影响中的中介作用

由于收入差距中的无差异组和有差异组为分类变量，故本研究不检验薪酬分配公平感在收入差距中"差异组 & 无差异组"与工作偏离行为之间的中介作用，而只检验其在员工对"公平标准"的认知差异与工作偏离行为之间的中介作用（见图 8-3）。

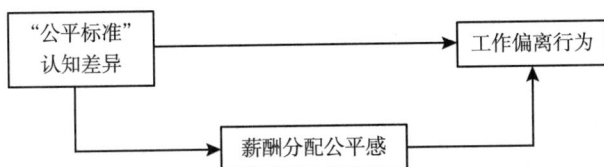

图 8-3　薪酬分配公平感在公平标准与工作偏离行为之间关系的中介影响模型

根据 Baron 和 Kenny（1986）对于中介变量的检验方法，中介作用的检验同意可以分四步进行。第一步分析员工对 4 类"公平标准"的认知差异与工作偏离行为之间的关系，皮尔逊相关系数显示员工对 4 类"公平标准"（按工作要求付薪、按个体贡献付薪、按岗位条件付薪、按个体特征付薪）的认知差异与工作偏离行为呈显著正相关关系（$r = 0.103$，$r = 0.135$，$r = 0.127$，$r = 0.194$）。第二步分析员工对 4 类"公平标准"的认知差异与薪酬分配公平感之间的关系，皮尔逊相关系数表明员工对 4 类"公平标准"（按工作要求付薪、按个体贡献付薪、按岗位条件付薪、按个体特征付薪）的认知差异均与薪酬分配公平感呈显著负相关关系（$r = -0.262$，$r = -0.278$，$r = -0.279$，$r = -0.232$）。第三步分析薪酬分配公平感与工作偏离行为之间的关系，皮尔逊相关系数表明薪酬分配公平感与工作偏离行为之间的相关系数分别为 $r = 0.192$。由此可见分析薪酬分配公平感在员工对"公平标准"认知差异与工作偏离行为之间的中介作用的前提条件成立。

采用回归分析法检验薪酬分配公平感在公平标准与工作偏离行为之间的中介作用。如表 8-5 所示，分别将员工对"按工作要求付薪"、"按个

表 8-5　薪酬分配公平感在员工对"公平标准"认知差异对工作偏离行为的影响中的中介作用检验结果

变量	工作偏离行为								
	M12	M13	M14	M15	M16	M17	M18	M19	M20
年龄	-0.129**	-0.136**	-0.155**	-0.143	-0.159**	-0.146	-0.160*	-0.162**	-0.175**
工龄	-0.039	-0.041	-0.049	-0.026	-0.039	-0.030	-0.042	-0.027	-0.038
企业性质	-0.066	-0.070	-0.066	-0.069	-0.066	-0.065	-0.064	-0.089*	-0.084*
职务类型	-0.021	-0.009	-0.009	-0.017	-0.013	-0.008	-0.007	-0.001	0.000
员工对"按工作要求付薪"的认知差异		0.111**	0.060						
员工对"按个体贡献付薪"的认知差异				0.149**	0.098*				
员工对"按岗位条件付薪"的认知差异						0.138**	0.087*		
员工对"按个体特征付薪"的认知差异								0.227**	0.188**
薪酬分配公平感			-0.195**		-0.183**		-0.187**		-0.169**
R²	0.028	0.040	0.075	0.050	0.081	0.047	0.079	0.078	0.104
ΔR²	0.028	0.012	0.035	0.022	0.031	0.019	0.032	0.078	0.104
ΔF	4.170**	7.257**	21.674**	13.160**	19.114**	11.315**	19.770**	30.776**	17.056**

体贡献付薪"、"按岗位条件付薪"和"按个体特征付薪"这四类公平标准的认知差异代入回归方程，加入中介变量（薪酬分配公平感）后，员工对"按工作要求付薪"的认知差异对工作偏离行为的回归系数不显著（β = 0.060），员工对"按个体贡献付薪"、"按岗位条件付薪"和"按个体特征付薪"这三类公平标准的认知差异对工作偏离行为的回归系数依然显著（β = 0.098，β = 0.087，β = 0.188）。说明薪酬分配公平感在员工对"按工作要求付薪"的认知差异对工作偏离行为的影响中具有完全中介效应，在员工对"按个体贡献付薪"、"按岗位条件付薪"、"按个体特征付薪"这三类公平标准的认知差异对工作偏离行为的影响中具有部分中介效应。假设 H10a、假设 H10b、假设 H10c 和假设 H10f 都得到验证。

8.4 本章小结

8.4.1 研究假设验证情况汇总

见表 8 – 6。

表 8 – 6 公平标准和收入差距与工作偏离行为之间关系的研究假设验证情况汇总

研究假设	假设的简要内容	假设验证情况
H8	员工对"公平标准"的认知差异与工作偏离行为呈显著负相关关系	部分得到验证
H8a	员工对"按工作要求付薪"的认知差异与工作偏离行为呈显著负相关关系	得到验证
H8b	员工对"按个体贡献付薪"的认知差异与工作偏离行为呈显著负相关关系	得到验证
H8c	员工对"按岗位条件付薪"的认知差异与工作偏离行为呈显著负相关关系	得到验证
H8d	员工对"按团队绩效付薪"的认知差异与工作偏离行为呈显著负相关关系	没有得到验证

续表

研究假设	假设的简要内容	假设验证情况
H8e	员工对"按市场水平付薪"的认知差异与工作偏离行为呈显著负相关关系	没有得到验证
H8f	员工对"按个人特征付薪"的认知差异与工作偏离行为呈显著负相关关系	得到验证
H9	"公平差别阈"与"客观薪酬差距"存在差异组（EDT≠客观薪酬差距）和无差异组（EDT=客观薪酬差距）。无差异组中员工的工作偏离行为要显著少于差异组	部分得到验证
H10	薪酬分配公平感在员工对"公平标准"的认知差异对工作偏离行为的影响中具有中介效应	部分得到验证
H10a	薪酬分配公平感在员工对"按工作要求付薪"的认知差异对工作偏离行为的影响中具有中介效应	得到验证
H10b	薪酬分配公平感在员工对"按个体贡献付薪"的认知差异对工作偏离行为的影响中具有中介效应	得到验证
H10c	薪酬分配公平感在员工对"按岗位条件付薪"的认知差异对工作偏离行为的影响中具有中介效应	得到验证
H10d	薪酬分配公平感在员工对"按团队绩效付薪"的认知差异对工作偏离行为的影响中具有中介效应	没有得到验证
H10e	薪酬分配公平感在员工对"按市场水平付薪"的认知差异对工作偏离行为的影响中具有中介效应	没有得到验证
H10f	薪酬分配公平感在员工对"按个人特征付薪"的认知差异对工作偏离行为的影响中具有中介效应	得到验证

8.4.2 研究结论

（1）员工对"按工作要求付薪"、"按个体贡献付薪"、"按岗位条件付薪"和"按个体特征付薪"这四类公平标准的认知差异与工作偏离行为有显著的正相关关系。对员工工作偏离行为影响最大的是员工对"按个体特征付薪"的认知差异；而员工对"按团体绩效付薪"、"按市场水平付薪"这两类公平标准的认知差异和工作偏离行为的相关关系并不显著。

（2）员工工作偏离行为在"同类岗位普通员工之间"、"普通员工与基层管理者之间"、"普通员工与一般高层管理者之间"、"普通员工与公司

'一把手'之间"这四类比较中的无差异组和差异组上存在显著差异，且无差异组中员工的工作偏离行为均显著少于差异组；员工工作偏离行为在"普通员工与中层管理者之间"中的无差异组和差异组上不存在显著差异。

（3）薪酬分配公平感在"按工作要求付薪"中实际与期望的不一致性对员工工作偏离行为的影响中具有完全中介效应，在员工对"按个体贡献付薪"、"按岗位条件付薪"、"按个体特征付薪"这三类公平标准的认知差异对员工工作偏离行为的影响中具有部分中介效应。

（4）薪酬分配公平感在同类岗位普通员工之间的、普通员工与中层管理者之间这两类比较中的"差异组 & 无差异组"对工作偏离行为的影响中均不具有中介效应。薪酬分配公平感在普通员工与基层管理者之间、普通员工与高层管理者之间这两类比较中的"差异组 & 无差异组"对工作偏离行为的影响中具有完全中介效应，在普通员工与公司"一把手"之间的"差异组 & 无差异组"对工作偏离行为的影响中具有部分中介效应。

8.4.3　讨论与分析

（1）对员工工作偏离行为的影响最大的是"按个体特征付薪"中实际与期望的不一致性。这说明引发个体绩效改变的主要动因是员工对"按个体特征付薪"的认知差异。因此，为了减少员工的偏离行为，企业要同时考虑"按个体特征付薪"中企业实际的取值和员工期望的取值，只要员工的认知差异越小，员工的工作偏离行为就越少。

（2）薪酬分配公平感是员工对"公平标准"的认知差异和收入差距中"差异组 & 无差异组"影响员工工作偏离行为的重要中介机制，这个结论和相对剥夺理论的核心观点非常一致。事实上，薪酬分配公平感也是一种典型的相对剥夺感。相对剥夺是指当人们将自己的处境与某种标准或某种参照物相比较而发现自己处于劣势时所产生的受剥夺感，这种感觉会产生消极情绪，可以表现为愤怒、怨恨或不满。默顿认为，当个人将自己的处境与其参照群体中的人相比较并发现自己处于劣势时，就会觉得自己受到了剥夺。这种剥夺因人们不是与某一绝对的或永恒的标准相比，而是与某一变量相比，因此这种剥夺是相对的，本研究中的这个变量就是员工期望的"公平标准"。当企业实际的"公平标准"与员工期望的"公平标准"不一致，员工的相对剥夺感就会产生。这种相对剥夺感会导致员工产生工作偏离行为。

（3）研究假设 H8d、H8e、H10d、H10e 没有得到验证，主要是因为员工对"按团体绩效付薪"和"按市场水平付薪"这两类公平标准的认知差异对员工工作偏离行为的影响作用不显著。这在一定程度上可以解释。工作偏离行为是一种典型、负面的周边绩效。按照绩效的决定模型可知，影响绩效的关键要素是员工个体及其所从事的岗位特征，而"按个体贡献付薪"和"按个人特征付薪"主要涉及到员工个体特征，"按工作要求付薪"和"按岗位条件付薪"主要涉及到员工所从事的岗位特征。而"按团体绩效付薪"、"按市场水平付薪"这两类公平标准既不属于个体特征也不属于岗位特征。所以它对任务绩效的影响作用不显著。

（4）研究假设 H9 部分得到验证，主要是因为员工工作偏离行为在"普通员工与中层管理者之间"的无差异组与差异组上不存在显著差异。本研究中的工作偏离行为包括人际指向偏离行为和组织指向偏离行为，所以产生工作偏离行为的原因也主要来自人际和组织两大方面，而 5 类比较对象中，"同类岗位员工"和"基层管理者"与普通员工接触机会最多，彼此之间形成的人际因素可能是导致员工人际指向偏离行为的主要诱因。而"一般高层管理者和公司'一把手'"更多是组织最直接的代言人，普通员工与他们的收入差距可能是导致员工产生组织指向偏离行为的主要诱因。因此，决定工作偏离行为多寡的主要是通过与同类岗位普通员工、与基层管理者、与高层管理者以及与公司"一把手"的比较，而与中层管理者的比较对工作偏离行为的影响则非常小，因此会导致工作偏离行为在"普通员工与中层管理者之间"的无差异组与差异组上不存在显著差异。

第9章　企业薪酬分配的内部
平衡机制探讨

在现实的企业管理中，组织面临着日益复杂的外部环境和更加灵活柔性的内部环境。一个优秀的企业管理者，更应该于时于地、于情于景、灵活地运用好"平衡管理"思想，扮演好多面手和平衡家的角色。一般而言，在企业管理中，管理者会在以下多个方面实施平衡管理实践。

（1）员工雇用与民主。传统的泰勒管理模式的最显著特点是把企业看作一部大机器，而企业员工是这部大机器中的零部件。它强调雇用者的绝对服从与步调一致，还强调严格的工作标准化和程序化管理。为适应信息化时代瞬间万变的市场环境，在"平衡管理"思想下，现代企业管理模式应强调下放权力、发扬民主，而不是把员工当作工具。比如，在现代企业目标管理中，员工既是目标制定的参与者，又是目标实施的执行者。

（2）下属控制与激励。按照传统的控制管理方式，经理的主要工作就是控制下属的行为，以确保圆满完成公司既定的工作任务。在平衡管理思想下，管理不仅仅是"控制"，更重要的是"指导与激励"。经理如果能做好控制与激励的平衡工作，就有可能开创企业的新局面，带来更高的管理效率与效益。

（3）内部与外部顾客。过去的管理理论比较重视企业的内部管理问题，直接目的是强化和提高企业的管理效率和效益，这当然是必要的。然而，在以市场为导向的现代企业管理中，如果忽略了"顾客关系的协调管理"，就会失去现代企业与顾客之间的"平衡"，这也就意味着丧失现有的市场。企业内部与外部顾客的平衡已上升为企业管理核心内容。

（4）公司治理、责任与权利。计划经济时代的企业原有组织结构已经严重滞后，企业组织内部权力与责任的失衡，严重地制约了企业效率的提高与效益的增长。为此，必须加强企业的内部治理，形成一个由经营者、股东大会、董事会、监事会、独立董事及外部董事组成的相对完整的监督和制衡体系。应设计、制定用于激励与约束经营层的制度，如股票期权，以保证公司利益与经营者利益相一致。而所有这些都需要一个控制与平衡的标准，这就是权利与责任的对称。

（5）目标和发展。在目标管理中，有两个至关重要的"平衡"：一是发展目标或计划在时间和空间上的平衡，即组织的短期目标和长期目标的平衡，以及组织在各时段的任务目标的衔接，组织各部门的任务所对应的比例关系等。二是执行计划中的综合平衡，组织要研究组织活动过程中资源供应的平衡，要分析不同环节在不同时间的任务和能力之间的平衡。另外，目标管理是一个动态的过程，目标应根据执行情况和环境变化进行调整、修改，以保证管理工作的协调和平衡。企业在确立自己的经营发展战略时，要做好风险和收益的平衡。企业的发展战略无论是多元化经营还是专业化经营，都是为了规避风险，获得竞争优势，进而获取超额利润。关键是企业能否根据现有资源和能力做到平衡、稳健发展。

本研究中主要探讨薪酬分配的内部平衡机制，从薪酬分配中的"公平标准"和"收入差距"两个方面去探讨内部平衡机制的表现，并针对这两方面对企业薪酬分配的内部平衡机制设计进行了分析。

9.1 企业薪酬分配中公平标准的内部平衡现状

本研究采用相依样本 t 检验来分析薪酬分配中"公平标准"和"收入差距"内部平衡的典型现状，从而有助于针对当前现状提出内部平衡机制的设计框架。

相依样本 t 检验也称"成对样本 t 检验"适用于同一组受试者介绍前后两次测验时的两次测验值平均数的差异比较。在问卷调查分析中，用于检验样本在两种量表分数或测验值平均数的差异。相依样本受试的情况常是同一批受试者或样本在前后两次测量值的差异比较，该检验的图示架构如图 9-1 所示：

在公平标准量表中每个题项均包含员工期望的"公平标准"和企业实际的"公平标准"，即包含两份量表，因而在创建数据文件时必须区隔为两个部分。在员工期望的"公平标准"有六种类型共 25 个题项。在企业实际的"公平标准"也有六种类型共 25 个题项。针对员工期望的"公平标准"和企业实际的"公平标准"进行相依样本 t 检验，结果如表 9-1 所示。

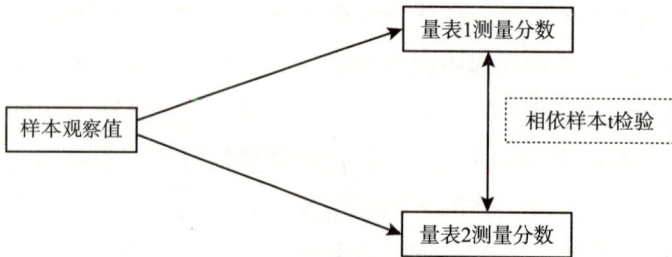

图 9 - 1　相依样本 t 检验

表 9 - 1　　员工对公平标准的期望得分与实际得分差异比较的相依样本检验

变量		人数	平均数	标准差	t 值
配对变量 （按工作要求付薪）	员工期望的"按工作要求付薪"	581	3.5387	0.62536	9.750 **
	企业实际的"按工作要求付薪"	581	3.2725	0.66977	
配对变量 （按个体贡献付薪）	员工期望的"按个体贡献付薪"	581	4.1179	0.67473	15.879 **
	企业实际的"按个体贡献付薪"	581	3.5822	0.77877	
配对变量 （按岗位条件付薪）	员工期望的"按岗位条件付薪"	581	3.7979	0.59977	8.257 **
	企业实际的"按岗位条件付薪"	581	3.5945	0.6661	
配对变量 （按团体绩效付薪）	员工期望的"按团体绩效付薪"	581	3.852	0.68501	8.832 **
	企业实际的"按团体绩效付薪"	581	3.5525	0.83239	
配对变量 （按市场水平付薪）	员工期望的"按市场水平付薪"	581	3.6076	0.66747	11.442 **
	企业实际的"按市场水平付薪"	581	3.2737	0.73869	
配对变量 （按个人特征付薪）	员工期望的"按个人特征付薪"	581	3.3293	0.73798	7.762 **
	企业实际的"按个人特征付薪"	581	3.1084	0.75398	

　　如表 9 - 1 可知，就公平标准中"配对变量"而言，员工期望的"按工作要求付薪"与企业实际的"按工作要求付薪"的平均数差异值检验的 t 值 =9.750，员工期望的"按个体贡献付薪"与企业实际的"按个体贡献付薪"的平均数差异值检验的 t 值 = 15.879，员工期望的"按岗位条件付薪"与企业实际的"按岗位条件付薪"的平均数差异值检验的 t 值 = 8.257，员工期望的"按团体绩效付薪"与企业实际的"按团体绩效付薪"

的平均数差异值检验的 t 值 = 8.832，员工期望的"按市场水平付薪"与企业实际的"按市场水平付薪"的平均数差异值检验的 t 值 = 11.442，员工期望的"按个人特征付薪"与企业实际的"按个人特征付薪"的平均数差异值检验的 t 值 = 7.762，上述 t 值的显著性检验概率值 p = 0.000，均达到 0.05 的显著水平。

结论显示：员工在"按工作要求付薪"、"按个体贡献付薪"、"按岗位条件付薪"、"按团体绩效付薪"、"按市场水平付薪"和"按个人特征付薪"上期望得分与实际得分间存在显著差异。员工在"公平标准"上期望得分显著高于实际得分。针对"公平标准"，存在两类测量方式。相依样本 T 检验结论指出两种测量方式下"公平标准"的得分存在显著差异，且员工期望的"公平标准"明显高于企业实际的"公平标准"。

这说明总体上而言，人们都认为企业实际的"公平标准"远低于员工期望的"公平标准"。正由于这种对"公平标准"的认知差异，员工才会产生薪酬分配不公平感、降低任务绩效以及增加工作偏离行为（参见第 6、7、8 章的研究结论）。这也值得企业管理者深思，如何制定或完善本企业的薪酬分配制度以及如何调整员工对"公平标准"的期望都是亟待解决的现实问题。

9.2　企业薪酬分配中收入差距的内部平衡现状

同样，根据相依样本 t 检验可知，在收入差距中每个题项均包含员工自身持有的"公平差别阈"和员工认知的企业"客观薪酬差距"，即包含两份问卷，因而在创建数据文件时必须区隔为两个部分。"公平差别阈"共 5 个题项。"客观薪酬差距"也有 5 种类型，共 5 个题项。针对"公平差别阈"和"客观薪酬差距"进行相依样本 t 检验，结果如表 9 - 2 所示。

表 9-2　　员工对公平差别阈与企业客观薪酬差距差异比较的相依样本检验

变量		人数	平均数	标准差	t 值
配对变量 （同类岗位的普通员工之间）	公平差别阈	581	1.222	0.42367	-9.852 **
	客观薪酬差距	581	1.4755	0.6153	
配对变量 （普通员工与基层管理者之间）	公平差别阈	581	1.7506	0.65342	-6.829 **
	客观薪酬差距	581	1.9568	0.77747	
配对变量 （普通员工与中层管理者之间）	公平差别阈	581	3.3064	1.65855	-7.935 **
	客观薪酬差距	581	3.9174	1.8185	
配对变量 （普通员工与一般高层管理者之间）	公平差别阈	581	6.8907	6.35641	-7.462 **
	客观薪酬差距	581	9.3606	8.77174	
配对变量 （普通员工与公司"一把手"之间）	公平差别阈	581	19.2229	25.80946	-7.056 **
	客观薪酬差距	581	25.9888	29.45381	

　　如表 9-2 可知，就收入差距中"配对变量"而言，在同类岗位的普通员工之间、普通员工与基层管理者之间、普通员工与中层管理者之间、普通员工与一般高层管理人员之间、普通员工与公司"一把手"之间，员工期望的"公平差别阈"与客观薪酬差距的平均数差异值检验的 t 值分别为 -9.852、-6.829、-7.935、-7.462、-7.056。上述 t 值均达到 0.05 的显著水平。结论显示："公平差别阈"和"客观薪酬差距"（同类岗位普通员工之间、普通员工与基层管理者之间、普通员工与中层管理者之间、普通员工与一般高层管理者之间、普通员工与公司"一把手"之间）的得分存在显著差异，且"公平差别阈"明显低于"客观薪酬差距"。

　　这说明总体上而言，人们都认为"客观薪酬差距"是显著高于"公平差别阈"。正由于这种对"收入差距"的认知差异，员工才会产生薪酬分配不公平感、降低任务绩效以及增加工作偏离行为（参见第 6、7、8 章的研究结论）。这值得企业管理者深思，如何制定或完善本企业的薪酬客观差距以及如何调整员工期望的"公平差别阈"都是亟待解决的现实问题。

9.3 企业薪酬分配的内部平衡机制设计探讨

9.3.1 企业薪酬分配的内部平衡机制设计核心

在企业薪酬分配中，企业和员工之间的薪酬分配关系中存在一类包含员工主观感受的隐性心理契约，它是企业和员工之间存在的非正式的、隐含的对彼此的相互理解和期望。这种心理契约是企业薪酬分配中"公平标准"和"收入差距"的内部平衡机制设计核心。罗宾斯等人指出组织中的心理契约包括两种主要成分：交易型（transactional）成分和关系型（relational）成分。不同心理契约之间的差异主要基于这两种成分所占比例的不同。交易型成分更多关注具体的、短期的和经济型的交互关系（如组织根据员工提供的服务而支付报酬）。它的特点是：具体的经济条件（如工资水平）是主要激励；在工作中个人投入水平有限（如在工作中用时较短，低情感投资）；主要运用已有技能（不开发新技能）；契约内容清楚明确。关系型成分更多关注广泛的、长期的、社会情感型的交互关系（如风险、信任等），它的特点是：在经济方面交互作用的同时，还有情感投入（如个人支持、家庭关注）；影响到全方位的个人关系（如个人的成长和开发以及员工的家庭生活）；契约内容是动态而灵活的，更多隐含的和主观上的理解。研究表明，交易型取向的心理契约相比关系型取向的心理契约，员工对组织的信任度更低，对组织变革更加抵制（Rousseau，1998）。

据以上推断可知，本研究中的经济性薪酬分配属于交易型取向的心理契约。为此，本研究从员工（雇员）认知的交易型心理契约出发，设计了一个企业薪酬分配的内部平衡机制。

9.3.2　企业薪酬分配的内部平衡机制设计视角

Morrison 和 Robinson（1997）区分了心理契约的破裂（Breach）和违背（Violation），认为两个概念完全不同，前者是指个体对于组织未能完成其在心理契约中应承担的责任的认知评价。后者则指个体在组织未能充分履行心理契约的认知基础上产生的一种情绪体验。在此基础上，Morrison & Robinson（1997）提出心理契约违背的动态发展模型，认为个体认知到心理契约违背要经历三个阶段：认知到差异、认知到破裂、违背体验，每个阶段均会受到不同认知加工过程的影响。该模型指出影响个体认知到差异的三个关键要素：无力兑现、食言和理解歧义。而且显著性和警觉性会影响个体认知到差异的程度。当个体认知到差异后，员工会比较契约双方履行责任的程度。即，员工会把雇主履行"雇主责任"的程度与自己履行"雇员责任"的程度进行比较，当发现前者低于后者时，则确认为契约被打破。余琛（2003）分析了组织对员工应尽义务和员工对组织的期望两者的实现情况，经过两者的高低组合，将员工的心理契约分成代表不同满足程度的四种类型（期望低，履行低；期望高，履行低；期望低，履行高；期望高，履行高）。

可见，心理契约执行的过程中都面临着契约双方没有完全实现契约内容的情况。事实上，员工心理契约的满足程度变化过程恰恰是企业薪酬分配内部平衡机制的运行过程，两者是紧密联系，内在逻辑也是高度一致的。因此，本研究从薪酬分配中员工的心理契约满足程度的视角来探讨企业薪酬分配的内部平衡机制设计。

如图 9 - 2 所示，薪酬分配中"公平标准"表现为企业实际的"公平标准"和员工期望的"公平标准"两个方面。当个体认知到差异后，员工会比较两者的差异程度。经过两者的高低组合，将员工的心理契约分成代表不同满足程度的四种类型（象限Ⅰ：企业实际高、员工期望高；象限Ⅱ：企业实际高、员工期望低；象限Ⅲ：企业实际低、员工期望低；象限Ⅳ：企业实际低、员工期望高）。如前文表 9 - 1 分析指出"象限Ⅳ：企业实际低、员工期望高"在企业实际薪酬分配中非常普遍，事实上，这个象限内员工的心理契约满足感最低，薪酬分配处于最不平衡的一种状态。企业薪酬分配过程的平衡重点在于根据企业实际情况使得在公平标准制定过程中员工的心理契约满足状态从象限Ⅳ转换到象限Ⅰ、象限Ⅱ和象限Ⅲ。

企业实际	Ⅱ 企业实际高 员工期望低	Ⅰ 企业实际高 员工期望高
	Ⅲ 企业实际低 员工期望低	Ⅳ 企业实际低 员工期望高

员工期望

图9-2 员工对"公平标准"认知中的心理契约满足模型

如图9-3所示，薪酬分配中"收入差距"有"客观薪酬差距"和"公平差别阈"两个方面。当个体认知到差异后，员工会比较两者的差异程度。经过两者的对比组合，将员工的心理契约分成代表不同满足程度的三种类型（象限Ⅰ、象限Ⅲ：客观薪酬差距与公平差别阈相等；象限Ⅱ：客观薪酬差距大于公平差别阈；象限Ⅳ：客观薪酬差距小于公平差别阈）。如前文表9-2分析指出"象限Ⅱ：客观薪酬差距大于公平差别阈"在企业实际薪酬分配中非常普遍，事实上，这个象限内员工的心理契约满足感最低，薪酬分配处于最不平衡的一种状态。企业薪酬分配过程的平衡重点在

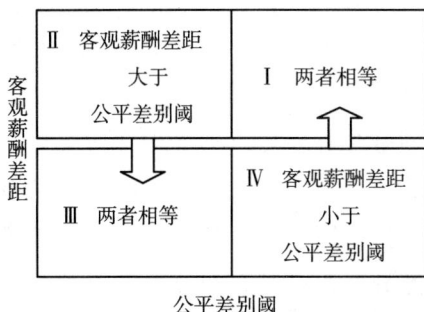

客观薪酬差距	Ⅱ 客观薪酬差距 大于 公平差别阈	Ⅰ 两者相等
	Ⅲ 两者相等	Ⅳ 客观薪酬差距 小于 公平差别阈

公平差别阈

图9-3 员工对"收入差距"认知中的心理契约满足模型

于根据企业实际情况使得在收入差距设置过程中员工的心理契约满足状态从象限Ⅳ转换到象限Ⅰ（对应策略：提高客观薪酬差距），从象限Ⅱ转换到象限Ⅲ（对应策略：降低客观薪酬差距）。

9.3.3　企业薪酬分配的内部平衡机制设计框架

企业薪酬分配的内部平衡机制设计要考虑到影响契约履行的关键要素及其心理契约的形成过程。Dunahee & Wangler（1974）指出影响心理契约产生和保持的因素主要有3个：其一，雇用前的谈判。其二，工作过程中雇员和雇主重新定义心理契约。其三，维持契约公平和动态平衡。Turnley & Feldman（1999）建立了心理契约违背的食言模型，该模型指出3个关键要素会导致雇员将食言理解成违背，这3个要素依次是：雇员期望的来源、心理契约破裂的具体要素、食言本身的特征。其中，雇员期望的来源主要有三个：一是组织代理人对自己给出的具体承诺；二是雇员自身对日常实践和企业文化的认知；三是雇员自身对企业运行的特殊期望，且这种期望常常是比较理想化的。考虑到心理契约比较多变和模糊，因此心理契约具体的破裂要件不会非常完整，但是以往的相关研究指出绩效工资、薪酬水平、工作安全感、额外福利、晋升机会、工作本身及培训发展均是雇员和雇主双方比较认同的具体要件。至于认知契约差异的性质特点包括：差异的幅度、对奖赏不足和奖赏过度的权衡、许诺与差异发生的时间差、知觉到的原因（食言、无能和理解歧义）。

基于以上分析，本研究将按"不平衡诱因—内部平衡机制—平衡结果"分析了企业薪酬分配过程中的一些问题。如图9-4所示，企业薪酬分配的内部平衡机制设计模型是对心理契约满足程度情况进行动态管理（不平衡状态→平衡状态）的过程。其中，不平衡的诱因主要从员工角度、企业角度以及双方互动角度探讨，即员工期望的来源、心理契约具体的破裂要件和双方认知到的契约差异。内部平衡机制主要是从企业薪酬分配的不平衡状态（心理契约满足度低）向平衡状态（心理契约满足度高）转变的机理。具体的平衡机制可以从企业和员工方面进行阐述：企业应调整实际公平标准和客观薪酬差距、塑造伦理气候。员工应熟悉企业政策、了解自身的公平认知和公平差别阈限。平衡结果主要表现为薪酬分配公平感的提高、任务绩效的提升以及工作偏离行为的减少。

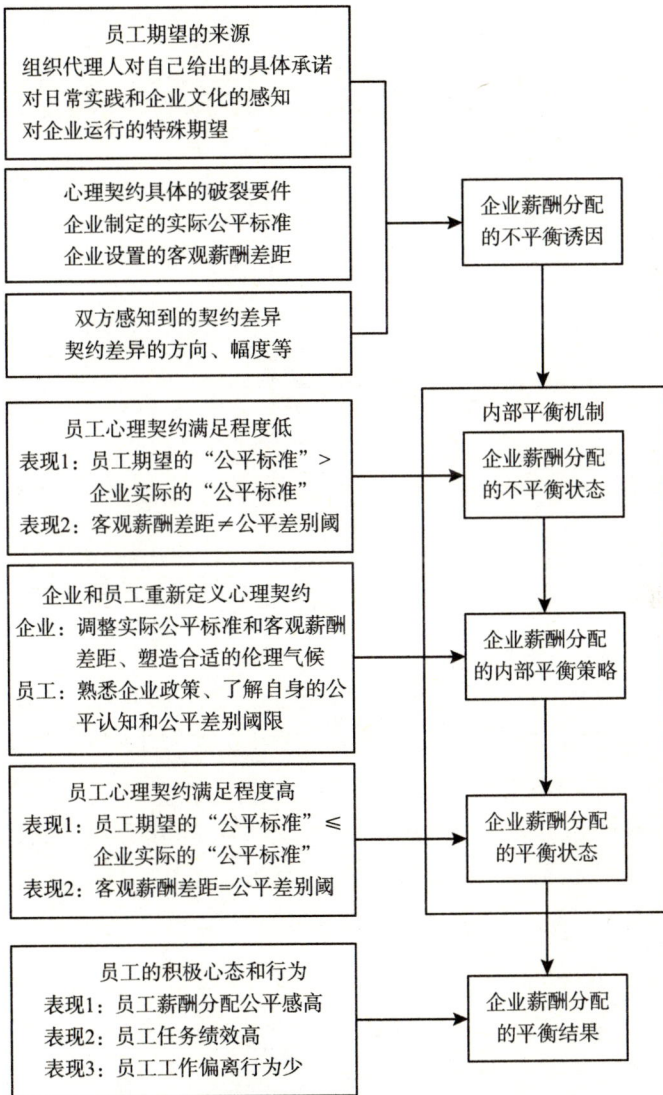

```
┌─────────────────────────────┐
│          员工期望的来源          │
│  组织代理人对自己给出的具体承诺     │
│   对日常实践和企业文化的感知        │
│     对企业运行的特殊期望           │──┐
└─────────────────────────────┘  │
┌─────────────────────────────┐  │   ┌──────────────┐
│     心理契约具体的破裂要件         │  ├──▶│  企业薪酬分配     │
│   企业制定的实际公平标准           │──┤   │  的不平衡诱因     │
│   企业设置的客观薪酬差距           │  │   └──────────────┘
└─────────────────────────────┘  │
┌─────────────────────────────┐  │
│    双方感知到的契约差异           │  │
│    契约差异的方向、幅度等          │──┘
└─────────────────────────────┘

┌─────────────────────────────┐      内部平衡机制
│      员工心理契约满足程度低        │      ┌──────────────┐
│ 表现1：员工期望的"公平标准">      │──────▶│  企业薪酬分配     │
│        企业实际的"公平标准"       │      │  的不平衡状态     │
│ 表现2：客观薪酬差距≠公平差别阈      │      └──────────────┘
└─────────────────────────────┘
┌─────────────────────────────┐
│   企业和员工重新定义心理契约        │      ┌──────────────┐
│ 企业：调整实际公平标准和客观薪酬     │──────▶│  企业薪酬分配     │
│       差距、塑造合适的伦理气候      │      │  的内部平衡策略    │
│ 员工：熟悉企业政策、了解自身的公      │      └──────────────┘
│       平认知和公平差别阈限         │
└─────────────────────────────┘
┌─────────────────────────────┐
│      员工心理契约满足程度高        │      ┌──────────────┐
│ 表现1：员工期望的"公平标准"≤      │──────▶│  企业薪酬分配     │
│        企业实际的"公平标准"       │      │  的平衡状态      │
│ 表现2：客观薪酬差距=公平差别阈      │      └──────────────┘
└─────────────────────────────┘
┌─────────────────────────────┐
│      员工的积极心态和行为          │      ┌──────────────┐
│ 表现1：员工薪酬分配公平感高         │──────▶│  企业薪酬分配     │
│ 表现2：员工任务绩效高             │      │  的平衡结果      │
│ 表现3：员工工作偏离行为少           │      └──────────────┘
└─────────────────────────────┘
```

图 9 - 4 企业薪酬分配的内部平衡机制设计框架

第10章　研究结论与管理启示

10.1 研究结论与局限

10.1.1 研究结论

（1）通过文献分析、深度访谈和内容编码，本研究开发了公平标准的问卷，并探讨公平标准的六种类型，结果表明：本研究开发的公平标准包括六大类型，即"按工作要求付薪"、"按个体贡献付薪"、"按岗位条件付薪"、"按团体绩效付薪"、"按市场水平付薪"和"按个人特征付薪"。所开发的公平标准问卷有较高的信度和较理想的效度。

（2）员工对"按工作要求付薪"、"按个体贡献付薪"、"按岗位条件付薪"、"按个体特征付薪"、"按团体绩效付薪"和"按市场水平付薪"这六类公平标准的认知差异与薪酬分配公平感显著负相关关系。其中，对薪酬分配公平感影响最大的是员工对"按个体贡献付薪"的认知差异。在员工对"按工作要求付薪"、"按个体贡献付薪"、"按岗位条件付薪"、"按团队绩效付薪"、"按市场水平付薪"以及"按个人特征付薪"这六类公平标准的认知差异分别对薪酬分配公平感产生的影响中，关怀导向伦理气候具有正向调节作用，规则导向伦理气候不具有调节作用，自利导向伦理气候具有负向调节作用。

（3）薪酬分配公平感在"同类岗位普通员工之间"的无差异组（公平差别阈＝客观薪酬差距）和差异组（公平差别阈≠客观薪酬差距）上不存在显著差异；在"普通员工与基层管理者之间"、"普通员工与中层管理者之间"、"普通员工与一般高层管理者之间"以及"普通员工与公司'一把手'之间"这四类比较中的无差异组和差异组上存在显著差异，且无差异组的员工的薪酬分配公平感要显著大于差异组。在"同类岗位普通员工之间"这一类比较中"差异组 & 无差异组"对薪酬分配公平感产生的影响中，关怀导向、规则导向和自利导向伦理气候均不起到调节作用。在"普通员工与基层管理者之间"、"普通员工与中层管理者之间"、"普通员工与一般高层管理者之间"、"普通员工与公司'一把手'之间"这四类比较中"差异组 & 无差异组"对薪酬分配公平感产生的影响中，规则导向伦理气候起到正向调节作用，关怀导向、自利导向伦理气候均不起到调节作用。

（4）员工对"按工作要求付薪"、"按个体贡献付薪"、"按岗位条件付薪"和"按个体特征付薪"这四类公平标准的认知差异与任务绩效显著负相关关系，而员工对"按团体绩效付薪"和"按市场水平付薪"这两类公平标准的认知差异与任务绩效的相关关系不显著。其中，对任务绩效影响最大的是员工对"按个体特征付薪"的认知差异。

（5）任务绩效在"同类岗位普通员工之间"、"普通员工与公司'一把手'"之间这两类比较中的无差异组和差异组上存在显著差异，且无差异组的员工任务绩效要显著大于差异组；员工任务绩效在"普通员工与基层管理者之间"、"普通员工与中层管理者之间"、"普通员工与一般高层管理者之间"这三类比较中的无差异组和差异组上不存在显著差异。

（6）薪酬分配公平感在员工对"按工作要求付薪"、"按个体贡献付薪"、"按岗位条件付薪"这三类公平标准的认知差异对任务绩效的影响中具有完全中介效应，在员工对"按个体特征付薪"这一类公平标准的认知差异对任务绩效的影响中具有部分中介效应。

（7）员工对"按工作要求付薪"、"按个体贡献付薪"、"按岗位条件付薪"和"按个体特征付薪"这四类公平标准的认知差异与工作偏离行为显著正相关关系，而员工对"按团体绩效付薪"和"按市场水平付薪"这两类公平标准的认知差异与工作偏离行为的相关关系不显著。其中，对工作偏离行为影响最大的是员工对"按个体特征付薪"的认知差异。

（8）员工工作偏离行为在"同类岗位普通员工之间"、"普通员工与基层管理者之间"、"普通员工与一般高层管理者之间"、"普通员工与公司'一把手'之间"这四类比较中的无差异组和差异组上存在显著差异，且无差异组的员工工作偏离行为要显著少于差异组；员工工作偏离行为在普通员工与中层管理者之间这一类比较中的无差异组和差异组上不存在显著差异。

（9）薪酬分配公平感在员工对"按工作要求付薪"的认知差异对工作偏离行为的影响中具有完全中介效应，在员工对"按个体贡献付薪"、"按岗位条件付薪"和"按个体特征付薪"这三类公平标准的认知差异对工作偏离行为的影响中具有部分中介效应。

（10）当企业薪酬分配处于"公平标准"中的象限Ⅳ（企业实际低、员工期望高）和"收入差距"中的象限Ⅱ（客观薪酬差距＞公平差别阈）时，员工的心理契约满足感最低，薪酬分配处于最不平衡的一种状态。据此，本研究按"不平衡诱因—内部平衡机制—平衡结果"得出企业薪酬分配的内部平衡机制设计框架。

10.1.2　研究局限

（1）研究样木的局限性，本研究样本来源于成都、重庆和云南等西部地区的 MBA 学员和人力资源管理培训班及若干家企业，该样本很好地排除了地域等的影响，保证了内部信度，但同时也降低外部效度，后续的研究可以扩大地域或样本来验证本研究得出的结论。

（2）研究方法的局限性，尽管本研究中的主要变量都测量的是员工主观的认知，因此采用的被试自我报告调查法以及横截面数据。但员工绩效可以采用配对调查，即由该员工的直接主管来报告。另外，由于获取企业实际"收入差距"难度较大，本研究采用员工对企业实际"收入差距"的感知或估计值来进行间接测量，这可能会与实际值稍有些偏差。尽管本研究采用区间值极大地减少了误差，但为了增加研究的信效度，本研究仍然建议今后可以采用配对调查来获取和测量企业实际"收入差距"的客观数据。为了提升本研究的信效度，后续研究可自我报告和他评相结合的方式收集数据，并采用使用纵向研究的方法。另外，随着问卷调查的日益普遍，越来越多的研究者对这种研究方法提出了质疑，认为这种方法仅仅只能分析两个变量之间的相关关系，而缺乏对为什么产生这种关系的系统分析，今后研究者可以试图通过案例分析的方法补充前面面上多规模调查不够深入的缺陷。

此外，本研究中关于员工对"公平标准"的认知差异，采用的是通用的差异分数来测量，为了提升研究的信效度，今后有必要借鉴匹配研究或一致性研究领域由 Edward 和 Parry（1993）提出的与响应面（response surface）相结合的多项式回归方法（cross-level polynomial regressions）来展开一致性研究，从而更加清晰揭示员工对"公平标准"的认知差异对薪酬分配公平感的作用效果。

（3）研究情境和量表的局限性，在研究具体的管理行为的伦理问题时，中西方具有不同的特色和认识。中国社会是一个伦理型社会，伦理思想是中国传统文化的一个重要方面，"道之以德，齐之以礼"以及"义利观"的伦理思想都显示了我国独特的伦理文化。因此，作为一种典型的组织文化，组织伦理气候在中国文化背景下应当具有不同的概念、含义和边界。因此研究者不能简单地套用在西方的组织伦理气候量表。后续研究可以考虑中国文化和情境的特殊性，通过文献梳理和质性研究，使得中国企业组织的伦理气候内涵情境化，进而开发出符合中国文化情境的组织伦理气候本土化量表，为本土组织行为的发展做出贡献。

（4）公平标准与公平差别阈两者之间的关系有待深入探讨。公平差别阈概念指的是使两个条件不等的人刚能产生公平感时适宜的差别比值。然而何为"适宜"？这会受到所采用的公平标准的影响。例如，当一个人采用平均分配标准时，任何差别对其来说都是不适宜的；当一个人采用按需分配标准时，满足其需要的分配对其来说才是适宜的；当一个人采用按劳分配标准时，多劳多得，只要投入产出之比相同，即使分配的结果上存在巨大差异，其感知到的公平感也会很高。因此，今后有必要探讨公平标准与公平差别阈两者之间的密切关联，而不仅仅是把它们单独进行讨论。

（5）个体变量在公平标准和收入差距对分配公平感中的调节影响有待进一步探讨。在组织公平的文献当中，有另外一个被广泛研究的概念叫公平敏感性，这种公平敏感性与公平差别阈在一定程度上有类似的地方，都是指对于不公平的忍受或者接受程度，但是比之公平差别阈，公平敏感性对于分配公平可能具有更好的解释效用，又因其是人格特点的一种，具有相对稳定的特性，在实际操作中也更加简便易行。因此，今后有必要分析员工公平敏感性在公平标准和收入差距对分配公平感中的调节影响。

（6）企业薪酬分配内部平衡机制的结果变量探讨比较少。作为分享社会财富（包括物质和非物质的形式）的一项基本准则，公平一直是人类长期探索的课题。社会上的公平涉及整个社会的公正性、合理性，企业在内的各类组织是重要的社会财富分配者的角色。作为员工和组织之间重要经济纽带的薪酬是否公平分配关乎到组织内成员的满意度和行为表现，甚至会影响到组织的存亡以及社会的安定（李晔和龙立荣，2003）。因此，未来的研究可以将企业绩效等组织层次的变量纳入到结果变量，探讨实现了企业薪酬分配的内部平衡，会给企业带来哪些影响，这将进一步提升本研究的意义和价值。

（7）由于管理者和普通员工这两个群体由于职位层次和任职角色的不同，他们对"收入差距"和"公平差别阈"及其两者的差异会有些不同，今后需要针对管理者和普通员工，以及国有企业和非国有企业等分类进行深入探讨。

10.2 管理启示

薪酬问题之所以会引起学术界和管理界的广泛关注，其中一个重要原因就是薪酬具有激励功能。设计合理的薪酬系统能够有效传递组织鼓励和倡导的行为与结果，它不是被动和一成不变的，而应该主动适应组织内外环境的变化并作出相应的调整。确保薪酬分配的内部平衡，成为一个难题。基于研究结论，我们提出以下管理建议：

（1）企业管理者可以依据本研究开发的公平标准问卷制定适合本企业薪酬分配实际情况的公平标准。

近30年，中国经济和社会一直都处于转型和变革之中，多种所有制共存，各种分配形式、分配制度、人事体系并存，从计划经济体制下全国统一的工资标准体系，到市场经济体制下的自主决定分配。目前企业应该设置多元化的公平标准。本研究得出薪酬分配中公平标准包括以下六大类，即"按工作要求付薪"、"按个体贡献付薪"、"按岗位条件付薪"、"按团体绩效付薪"、"按市场水平付薪"和"按个人特征付薪",且前文在问卷开发中得出这六类公平标准分别占整体公平标准的解释变异量的31.05%、10.09%、6.33%、5.61%、4.61%和4.07%。因此,企业管理者在薪酬分配中制定公平标准时可以重点考虑以上六大分类,利用本研究开发的公平标准问卷在企业内部进行调研,梳理和诊断本企业的公平标准实际得分、员工期望的得分以及两者得分的差值,从而为企业找到在制定公平标准存在哪些问题以及从哪方面可以改进或提升,最终为制定薪酬分配方案提供强有力的参考依据。另外,由于每种公平标准所占的权重并不一致,每个企业中可针对本企业的实际情况针对性地设置一些权重,考虑自身在公平标准制定中的侧重点。比如以销售为主业的公司可以着重考虑"按贡献付薪",以生产作业为主业的公司可以重点考虑"按工作要求付薪"或"按岗位条件付薪"。

(2)参照公平差别阈测量问卷,精心设计适应性指标,合理拉开薪酬差距。

公平差别阈理论能够较好地平衡人们在社会分配领域中的心态,消除平均主义分配与分配差距过大,两种分配形式造成的社会弊端及由此带来的不公平感。在实践中,可参照俞文钊教授所提出的《分配差距适宜性问卷》这一模式,也可参照本研究中改造后的公平差别阈测量问卷,并结合自身的不同特点加以修订,设计适应性的指标,同时,不同控制变量(包括性别、年龄、工龄、学历层次、职位层次、企业性质、职务类型、行业类型和用工性质)在员工期望的"公平差别阈"和认知的"客观薪酬差距"上表现出差异,因此有必要选择合适的比较人群进行测定,确保测验结果的公平。如划分不同工龄、不同职务、不同职称、不同学历的员工群体,针对工资、奖金和绩效的公平差别阈等,可以量化的指标进行调查测定,用统计分析的方法得出不同人群所认同的公平差别阈的合理比值,从而根据测定的结果进行薪酬系统设计。比如本研究得出结论:"同类岗位普通员工之间"的公平差别阈不超过1.5倍累计占比85.5%。"普通员工与基层管理者之间"的公平差别阈不超过2.8倍累计占比94.1%。"普通员工与中层管理者之间"的公平差别阈不超过 6 倍，累计占比 95.2%。"普通员工与一般高层管理者之间"的公平差别阈不超过 10 倍累计占比 94.7%。"普通员工与公司'一把手'之间"的公平差别阈不超过 15 倍累计占比 73.0%。因此企业可以参照这个取值来设计本企业的薪酬系统，从而消除平均主义分配和分配差距过大带来的人们不公平感，做到相对公平。

此外，近年来高管与普通员工之间的巨大薪酬差距引起了社会各界的广泛关注，人们普遍质疑高管"天价"薪酬与其工作和努力的匹配程度，认为巨大的薪酬差距是一种严重的社会不公。以高管与员工的薪酬差距为例，与原来体制下相比，高管与员工的薪酬差距明显拉大：原来 1~5 倍占 74.99%，现在只占 52.39%；而 8 倍以上的比例从原来的不到 10%，增长为现在的 24.53%（林泽炎，2004）。2010 年上市公司高管与员工间薪酬绝对差距的平均值是 68.17 万元，相对差距的平均值是 12.83 倍。其中，相对差距超过 8 倍以上的公司占到总数的 38.58%（高明华，2011）。针对上市公司的数据分析显示高管与员工的相对薪酬差距的均值 9.63 倍，证明整体薪酬差距普遍较大；标准差为 12.88，最大值为 162.53，最小值为 0.8。证明不同上市公司的高管与员工相对薪酬差距起伏较大。为了消除薪酬差距过大产生的不良影响，2009 年人力资源和社会保障部等六部门联合出台了《关于进一步规范中央企业负责人薪酬管理的指导意见》，要求央企高管年薪不得超过普通职工平均工资的 20 倍。2009 年，针对央企管理层非正常的高薪酬问题，国家颁布了"限薪令"。该令的颁布在我国引起热议，有人支持有人反对。针对国有企业负责人的薪酬改革，本研究可以建立企业薪酬分配差异化改革试点，通过完善国有企业负责人薪酬分类管理制度，建立健全职业经理人薪酬管理制度。首先，选择处于竞争性行业或领域、已实行或正在试点职业经理人制度的中央企业开展试点，每类企业选择 2~3 家，数量控制在 4~6 家，试点人员为市场化选聘和管理的职业经理人。然后，对市场化选聘的职业经理人实行市场化薪酬分配机制，建立科学合理的业绩考核评价体系。最后，到 2020 年左右，全面形成与国有企业负责人选任方式相匹配、与企业功能性质相适应的负责人薪酬管理办法和业绩考核评价办法。

（3）合理管理员工的期望，最大限度提升员工的薪酬分配公平感、任务绩效，减少工作偏离行为。

相依样本 T 检验结果指出员工在实际中认知的"公平标准"得分和员工期望的"公平标准"得分均存在显著差异，且前者得分远远低于后者得分；员工期望的"公平差别阈"和认知的"客观薪酬差距"的得分存在显著差异，且前者明显低于后者。因此，在一个组织内，组织的管理者要做到调整员工对"公平标准"和"公平差别阈"的期望，帮助员工正确认识公平的含义，合理度量其"公平标准"和"公平差别阈"，让员工不仅看到自己得到的金钱等经济回报，而且看到组织为其提供的发展空间、工作氛围、提升机会以及荣誉、地位等非经济回报，努力降低员工的不公平感。

另外，六类公平标准在实际薪酬分配中是否与员工的期望水平保持在一个合理的范围。如果实际与期望的不一致性越小，员工的薪酬分配公平感越高；相反，如果实际与期望的不一致性越大，员工的薪酬分配公平感越低。另外，薪酬公平与否，差距是否合适，是个体的自我认知，不同的个体之间由于认知标准不同而存在差异。因此，在薪酬管理过程中应注意对员工个体公平认知的引导，使其树立正确的薪酬态度。

（4）管理者应该重视薪酬策略建设中的文化差异，在制定公平标准时，有必要企业内部塑造关怀和规则导向伦理气候，遏制自利导向伦理气候。

员工对"公平标准"的认知差异分别和薪酬分配公平感的关系中，关怀导向伦理气候具有正向调节作用，规则导向伦理气候不具有调节作用，自利导向伦理气候具有负向调节作用。这就因为公平标准本身的定义就是指人们对在资源分配中要实现公平所应遵循的规律与原则（余凯成和何威，1995）。可见公平标准本身就是规律与原则，因此，在公平标准这项规律与原则执行过程中，它对员工的薪酬分配公平感的影响更多的是受到关怀导向和自利导向伦理气候的影响，而非受到规则导向伦理气候的影响。除了"同类岗位普通员工之间"的"差异组 & 无差异组"外，其他"差异组 & 无差异组"对薪酬分配公平感的作用不受关怀导向 EC 和自利导向 EC 的影响，而受规则导向 EC 的正向调节影响。如果组织内部是规则导向伦理气候占主导地位，即使收入差距过高，员工倾向认为大家都愿意遵守规则，而如前面所述，规则或制度才是薪酬分配公平感的决定性因素，所以只有规则导向伦理气候在"差异组 & 无差异组"对员工的薪酬分配公平感的影响中起到调节作用。可见，员工的薪酬分配公平感容易受到较大的组织情境依赖。在企业内部营造不同类型的组织伦理气候，将在较大程度上改善员工对薪酬分配公平的认知，从而改变员工的薪酬分配公平感。按照 Simon（1991）的顺从性理论，如果在组织内部形成了以自利和独立为导向的伦理气候，那么员工就会把以自利和独立为导向的各种行为作为"正当行为"，从而在工作中表现出各种类型的工作偏离行为；反之，如果有意识地在组织内部培育以规则和关怀为导向的伦理气候，那么员工就会把以规则和关怀为导向的各种行为作为"正当行为"。相应的，与这些正当行为背道而驰的那些工作偏离行为也就会在一定程度上得到控制。与此同时，良好的组织伦理气候（即以规则和关怀为导向的组织伦理气候）一方面使员工相信遵守规则、相互协作是完成任务和达成目标的正当方式与合法手段；另一方面使员工产生"被同事需要以及自身在组织中处于受重视的位置"的良好认知。由此可见，对于企业而言，应该把组织伦理气候的培育作为企业文化建设的核心内容，同时在制定公平标准时，营造关怀导向的伦理气候，遏制自利导向的伦理气候，从而缓解员工由于公平标准中实际与期望的不一致性带来的薪酬分配公平感的急剧降低；而在设置普通员工与公司其他各类员工的收入差距时，一定要营造规则导向的伦理气候，让员工觉得收入差距的制定不是公司领导的主观愿望和想法，而是有章可循、有据可查的，这样能缓解员工由于收入差距与公平差别阈不相等而带来的薪酬分配公平感的急剧降低。总而言之，企业应通过在组织内部倡导积极而明确的合适伦理价值观，营造适合当时情境的组织伦理气候，从而能极大改进或提升员工的薪酬分配公平感。

参考文献

[1] 常修泽. 包容性改革论探讨——中国中长期全方位改革的战略选择 [J]. 经济社会体制比较，2013（6）：4-20.

[2] 陈加洲，凌文栓，方俐洛. 组织中的心理契约 [J]. 管理科学学报，2001（4）：74-79.

[3] 陈涛. 科技人员收入分配依据合理性调查及政策启示——基于江苏省南通市2300份调查表的分析 [J]. 中国科技论坛，2007（8）：118-121.

[4] 陈维政，刘云，吴继红. 双向视角的员工组织关系探索——i-p/s模型的实证研究 [J]. 中国工业经济，2005（1）：110-117.

[5] 陈维政，余凯成，黄培伦. 组织行为学高级教程 [M]. 高等教育出版社，2004.

[6] 陈曦，马剑虹，时勘. 绩效、能力、职位对组织分配公平观的影响 [J]. 心理学报，2007，39（5）：901-908.

[7] 陈芝娴. 不同的薪酬制度下薪酬分配公平与工作价值观对工作满意度之影响——以寿险业为例 [D]. 台湾：朝阳科技大学，2005：12-15.

[8] 邓如陵. 公平差别阈限理论与教师积极性的调动 [J]. 教师教育研究，2003，15：67-71.

[9] 杜旌. 绩效工资：一把双刃剑 [J]. 南开管理评论，2009（3）：117-124.

[10] 傅娟. 中国垄断行业的高收入及其原因：基于整个收入分布的经

验研究 [J]. 世界经济, 2008 (7): 67 - 77.

[11] 高波, 梁颖. 浙粤企业家社会公平观的实证研究 [J]. 商业经济与管理, 2012 (8): 91 - 96.

[12] 高明华. 高管、员工薪酬差距正加大 [J]. 董事会, 2011 (11): 109 - 109.

[13] 辜文贤. 薪酬结构、分配公平与百货公司专柜销售人员工作表现关系之研究——工作经验、销售能力与成长需求强度的干扰效应 [D]. 台湾: 国立中山大学人力资源管理研究所, 2003: 22 - 28.

[14] 郭正文. 薪酬公平认知与工作态度相关之探讨——以中部某医学中心之行政人员为例 [D]. 台湾: 中台医护技术学院医护管理研究所, 2005: 12 - 36.

[15] 韩锐, 李景平. 公务员薪酬公平感、满意度对行为绩效的影响 [J]. 经济体制改革, 2013 (3): 34 - 37.

[16] 韩锐, 李景平, 张记国. 公务员薪酬公平感、对职场偏差行为的影响机制——基于个体—情境交互视角 [J]. 经济体制改革, 2014 (2): 20 - 24.

[17] 何振. 替代公平的构想及实证 [D]. 四川大学, 2007.

[18] 贺伟, 蒿坡. 薪酬分配差异一定会降低员工情感承诺吗——薪酬水平、绩效薪酬强度和员工多元化的调节作用 [J]. 南开管理评论, 2014, 17 (4): 13 - 23.

[19] 贺伟, 龙立荣. 基于需求层次理论的薪酬分类与员工偏好研究 [J]. 商业经济与管理, 2010 (5): 40 - 48.

[20] 贺伟, 龙立荣, 赵海霞. 员工心理账户视角的薪酬心理折扣研究 [J]. 中国工业经济, 2011 (1): 99 - 108.

[21] 贺伟. 薪酬分配差异对员工心理的影响与作用机制研究 [D]. 华中科技大学, 2013.

[22] 洪振顺. 组织公正对组织公民行为影响之研究——信任关系观点 [J]. 中山大学学报, 1998.

[23] 黄超吾. 薪酬设计公平对员工态度之探讨 [D]. 台湾: 中山大

学人力资源管理研究所，2003：62.

[24] 黄光国，胡先缙. 人情与面子——中国人的权力游戏 [J]. 领导文萃，2005：162-166.

[25] 黄光国. 儒家思想中的正义观. 杨国枢、黄光国主编《中国人的心理和行为》[M]. 台北：桂冠图书公司，1991.

[26] 黄彦军，徐凤琴. 公平差别阈限理论与体育教师积极性 [J]. 广州体育学院学报，2003（23）：97-100.

[27] 黄玉顺. 中国正义论纲要 [J]. 四川大学学报：哲学社会科学版，2009（5）：32-42.

[28] 赖志超，黄光国. 程序正义与分配正义：台湾企业员工的正义知觉与工作态度 [J]. 台湾：中华心理学刊，2000，42（2）：171-190.

[29] 李爱梅，凌文辁. 论行为经济学对传统经济理论的挑战 [J]. 暨南学报：哲学社会科学版，2005，27（1）：24-29.

[30] 李爱梅. 心理账户与非理性经济决策行为的实证研究 [D]. 暨南大学，2005.

[31] 李培挺. 转型期组织生态正义研究：基于现代管理境遇视角 [J]. 商业经济与管理，2015，3：7.

[32] 李晔，龙立荣. 组织公平感研究对人力资源管理的启示 [J]. 外国经济与管理，2003，25（2）：12-17.

[33] 李颖晖. 教育程度与分配公平感：结构地位与相对剥夺视角下的双重考察 [J]. 社会，2015，35（1）：143-160.

[34] 李原，孙健敏. 雇佣关系中的心理契约：从组织与员工双重视角下考察契约中"组织责任"的认知差异 [J]. 管理世界，2006（11）：101-110.

[35] 梁莱歆，冯延超. 民营企业政治关联，雇员规模与薪酬成本 [J]. 中国工业经济，2010（10）：127-137.

[36] 廖建桥，张凌，刘智强. 基尼系数与企业内部薪酬分配合理性研究 [J]. 中国工业经济，2006（2）：98-105.

[37] 林淑姬，樊景立，吴静吉等. 薪酬公平、程序公正与组织承诺、

组织公民行为关系之研究 [J]. 管理评论, 1993 (2): 87-108.

[38] 林泽炎. 中国企业人力资源管理制度建设及实施概况 [J]. 中国人力资源开发, 2004 (9): 82-85.

[39] 刘爱军. 薪酬涵义辨析 [J]. 当代财经, 2007 (4): 81-85.

[40] 刘文彬, 井润田, 李贵卿等. 员工"大五"人格特质、组织伦理气氛与反生产行为: 一项跨层次检验 [J]. 管理评论, 2014: 26 (11).

[41] 刘文彬, 井润田. 组织文化影响员工反生产行为的实证研究——基于组织伦理气候的视角 [J]. 中国软科学, 2010 (9): 118-129.

[42] 刘亚, 龙立荣, 李晔. 组织公平感对组织效果变量的影响 [J]. 管理世界, 2003 (3): 126-132.

[43] 刘玉新, 张建卫, 黄国华. 组织公正对反生产行为的影响机制——自我决定理论视角 [J]. 科学学与科学技术管理, 2011, 32 (8): 162-172.

[44] 龙立荣, 刘亚. 组织不公正及其效果研究述评 [J]. 心理科学进展, 2004, 12 (4): 584-593.

[45] 龙立荣, 祖伟, 贺伟. 员工对企业经济性薪酬的内隐分类与偏好研究 [J]. 科学学与科学技术管理, 2010, 31 (12): 154-162.

[46] 卢嘉, 时勘. 工作满意度的结构及其与公平感、离职意向的关系 [C]. 全国心理学学术会议文摘选集, 2001.

[47] 吕晓俊, 严文华. 组织公平感对工作绩效的影响研究 [J]. 上海行政学院学报, 2009 (1): 75-81.

[48] 罗伯特·F. 德维利斯著, 魏勇刚、席仲恩、龙长权译. 量表编制: 理论与应用 (第2版) ——校订新译本 [M]. 重庆: 重庆大学出版社, 2010: 68-69.

[49] 罗楚亮, 李实. 人力资本、行业特征与收入差距——基于第一次全国经济普查资料的经验研究 [J]. 管理世界, 2007 (10): 19-30.

[50] 马新建. 分配公平抱怨的认知与治理 [J]. 中国人力资源开发, 2007: 61-63.

[51] 茅于轼. 中国人的道德前景 [M]. 广州: 暨南大学出版社, 2003.

[52] 米尔科维奇, 纽曼著. 董克用等译. 薪酬管理 (第六版) [M].

北京：中国人民大学出版社，2002，5.

[53] 宓小雄．攀比机制与公平观［J］．光明日报，1988，2.

[54] 潘明．高校教师薪酬公平感与工作满意度关系探讨［J］．浙江工业大学学报：社会科学版，2008（2）.

[55] 彭剑峰．人力资源管理概论［M］．上海：复旦大学出版社，2004，5：374.

[56] 邱皓政．结构方程模型的原理与应用［M］．北京：中国轻工业出版社，2009.

[57] 饶征，孙波．以 KPI 为核心的绩效管理［M］．北京：中国人民大学出版社，2002.

[58] 汪纯孝，伍晓奕，张秀娟．企业薪酬管理公平性对员工工作态度和行为的影响［J］．南开管理评论，2006（6）：5－12.

[59] 汪新艳，廖建桥．组织公平感对员工绩效的影响［J］．工业工程与管理，2009，14（2）：97－102.

[60] 汪新艳．中国员工组织公平感结构和现状的实证解析［J］．管理评论，2009，21（9）：39－47.

[61] 王鉴忠．管理的异化与前瞻：主体性管理新范式探索［J］．管理学报，2010（6）：791－796.

[62] 王凌云，刘洪．我国不同所有制企业薪酬体系比较研究［J］．商业经济与管理，2007（9）：37－41.

[63] 王熹．互动公正及其因素结构实证研究［J］．心理与行为研究，2012（3）.

[64] 王雁飞，朱瑜．组织伦理气氛的理论与研究［J］．心理科学进展，2006，14（2）：300－308.

[65] 温忠麟，张雷，侯杰泰．有中介的调节变量和有调节的中介变量［J］．心理学报，2006，38（3）：448－452.

[66] 吴红梅．西方组织伦理氛围研究探析［J］．外国经济与管理，2005，27（9）：32－38.

[67] 吴明隆．SPSS 统计应用实务——问卷分析与应用统计［M］．科

学出版社发行处，2003.

[68] 吴明隆．结构方程模型——AMOS 的操作与应用 [M]．重庆：重庆大学出版社，2010，10：254.

[69] 吴明隆．问卷统计分析实务 [M]．重庆：重庆大学出版社，2010.

[70] 吴沁芳．从"平均"到"公正"的嬗变——中国公正观的价值维度转换 [J]．道德与文明，2007 (4)：26 –30.

[71] 吴斯丹．内部层面的 CSR：职场健康与组织正义 [N]．第一财经日报，2014 (8).

[72] 徐大建．西方公平正义思想的演变及启示 [J]．上海财经大学学报，2012，3.

[73] 许新强，李薇．文化价值对分配偏好的影响研究 [J]．财会月刊：理论版，2009 (6)：8 –11.

[74] 薛贤，宋合义，陈曦．薪酬分配公平与 OCB 之间关系的作用研究——价值认同的调节效应 [J]．华东经济管理，2014，28 (5)：123 –128.

[75] 严奇峰．互动平衡理论——从儒家伦范与正义观点探讨本土之和谐人际互动关系 [J]．中原学报，1993 (22)：154 –163.

[76] 杨春江，李陶然，逯野．基于工作嵌入视角的组织伦理气候与员工离职行为关系研究 [J]．管理学报，2014，11 (3)：351 –359.

[77] 杨柳，贾自欣．组织公平观的质性研究：以企业知识型员工为例 [J]．中国人力资源开发，2014 (5)：30 –37.

[78] 杨中芳，许志超．平均分配与不公平感 [J]．中华心理学刊（台湾），1986 (28) 2：61 –80.

[79] 余琛．不同心理契约满足状态下员工结果变量比较研究 [J]．科学学研究，2003 (12)：173 –176.

[80] 余凯成，何威．中国大陆企业职工分配公平感研究 [J]．台北：本土心理研究，1995 (4)：42 –91.

[81] 俞文钊．公平差别阈与分配公平 [J]．行为科学，1991 (1)：8 –13.

[82] 俞文钊．中国的激励理论及其模式 [M]．上海：华东师范大学

出版社，1993.

[83] 袁怡. 不确定性与员工薪酬公正性知觉 [D]. 北京大学，2004.

[84] 约瑟夫·J·马尔托奇奥，周眉译. 战略薪酬（第二版）[M].
北京：社会科学文献出版社，2012：1－2.

[85] 张德. 人力资源开发与管理 [M]. 北京：清华大学出版社，2004.

[86] 张燕，解蕴慧，王泸. 组织公平感与员工工作行为：心理安全感
的中介作用 [J]. 北京大学学报（自然科学版），2015，1：21.

[87] 张勇，龙立荣. 绩效薪酬对雇员创造力的影响：人－工作匹配和
创造力自我效能的作用 [J]. 心理学报，2013：45（3）.

[88] 张勇，龙立荣. 绩效薪酬对团队成员探索行为和利用行为的影响
[J]. 管理科学，2013，26（3）：9－18.

[89] 张志学，张建君，梁钧平. 企业制度和企业文化的功效：组织控
制的观点 [J] 经济科学，2006（1）：117－128.

[90] 张志学. 中国人的分配正义观 [J]. 李原主编.《中国社会心理
学评论（第三辑）》，北京：社会科学文献出版社，2006.

[91] 赵海霞. 国外可变薪酬激励效果及其影响因素研究述评 [J]. 外
国经济与管理，2009，31（4）：59－64.

[92] 赵海霞，龙立荣. 团队薪酬对团队绩效的作用机制研究 [J]. 管
理学报，2012，9（6）：843－849.

[93] 赵海霞，龙立荣. 团队薪酬分配对团队知识共享的作用机制研究
[J]. 科技管理研究，2012，32（1）：113－117.

[94] 赵海霞. 团队薪酬分配规则与分配公平感 [J]. 科技管理研究，
2011，31（14）：149－153.

[95] 赵海霞，郑晓明，龙立荣. 团队薪酬分配对团队公民行为的影响
机制研究 [J]. 科学学与科学技术管理，2013，34（12）：157－166.

[96] 赵小仕. 不完全劳动契约的属性研究 [J]. 社会保障研究，2009
（2）：39－44.

[97] 赵志裕. 义：中国社会的公平观 [G]. 高尚仁. 杨中芳. 中国人·
中国心传统篇. 台北：远流出版事业股份有限公司，1991：279.

［98］周浩，龙立荣. 分配制度公平对员工分配公平感的影响：中国组织情境下的实证研究［J］. 心理与行为研究，2014，12（5）：675 - 681.

［99］周鸿雁. 论管理公正的基本原则［J］. 湖北大学学报：哲学社会科学版，2005（3）：262 - 266.

［100］朱晓妹，王重鸣. 中国背景下知识型员工的心理契约结构研究［J］. 科学学研究，2005（1）：118 - 122.

［101］朱真茹，杨国枢. 个人现代性与相对作业量对报酬分配行为的影响［J］. 中央研究院民族学研究所集刊，1976：（41）.

［102］Adams J. S.（1965）. Inequity in Social Exchange［J］. Advances in Experimental Social Psychology，1965，2（4）：267 - 299.

［103］Akerlof G. A，Yellen J L.（1990）. The Fair Wage - Effort Hypothesis and Unemployment［J］. Quarterly Journal of Economics，105（2）：255 - 283.

［104］Ambrose M. L，Seabright M A，Schminke M.（2002）. Sabotage in the Workplace：the Role of Organizational Injustice［J］. Organizational Behavior and Human Decision Processes，（2）：947 - 965.

［105］Amos E A，Weathington B L.（2008）. An analysis of the relation between employee-organization value congruence and employee attitudes［J］. Journal of Psychology Interdisciplinary & Applied，142（6）：615 - 31.

［106］Anderson C A，Anderson K B，Deuser W E.（1996）. Examining an affective aggression framework：Weapon and temperature effects on aggressive thoughts，affect，and attitudes［J］. Personality and Social Psychology，22（1）：366 - 376.

［107］Appelbaum S H，Shapiro B T.（2006）. Diagnosis and Remedies for Deviant Workplace Behaviors［J］. Journal of American Academy of Business，9（2）：14 - 20.

［108］Aquino，K.（2000）. Structural and individual determinants of workplace victimization：the effects of hierarchical status and conflict management style［J］. Journal of Management，26（2），171 - 193.

［109］Ashforth，B. E.（1997）. Petty tyranny in organizations：A preliminary examination of antecedents and consequences [J]. Canadian Journal of Administrative Sciences. 14 (1): 126 – 140.

[110] Bamberger P A, Levi R. (2013). Team – Based Reward Allocation Structures and the Helping Behaviors of Outcome – Interdependent Team Members [J]. Journal of Managerial Psychology, 24 (4): 300 – 327.

[111] Barber, A E, Simmering, M J. (2002). Understanding Pay Plan Acceptance: the Role of Distributive Justice Theory [J]. Human Resource Management Review, 12 (1): 25 – 42.

[112] Baron, R. A. , Neuman, J. H. (1996). Workplace violence and workplace aggression: evidence on their relative frequency and potential causes [J]. Aggressive Behavior, 22 (3), 161 – 173.

[113] Baron, R. A. , Richardson, D. R. (1994). Human aggression (2nd ed.). New York: Plenum.

[114] Becker B, Huselid M. (1992). Incentive Effects of Tournament Compensation Systems [J]. Administrative Science Quarterly.

[115] Bennett, R. J, Robinson, S. L. (2003). The past, present and future of workplace deviance research [M]. J. Greenberg. Organizational Behavior: The State of the Science, 2nd edition. Mahwah, NJ: Lawrence Erlbaum, 144 – 189.

[116] Bennett, R. J. (1998). Taking the sting out of the whip: reactions to consistent punishment for unethical behavior [J]. Journal of Experimental Psychology Applied, 4 (3), 248 – 262.

[117] Berry C M, Ones D S, Sackett P R. (2007). Interpersonal deviance, organizational deviance, and their common correlates: a review and meta-analysis [J]. Journal of Applied Psychology, 92 (2): 410 – 424.

[118] Betti, G. , & Verma, V. (2008). Fuzzy measures of the incidence of relative poverty and deprivation: a multi-dimensional perspective [J]. Statistical Methods & Applications, 17 (2), 225 – 250.

[119] Bies R J, Moag J S. (1986). Interactional justice: Communication

criteria of fairness [J]. Research on negotiation in organizations, 1 (1): 43 –55.

[120] Bloom M, Michel J G. (2002). The Relationships among Organizational Context, Pay Dispersion and Managerial Turnover [J]. Academy of Management Journal, 45 (1): 33 –42.

[121] Bloom M. (1999). The Performance Effects of Pay Dispersion on Individuals and Organizations [J]. Academy of Management Journal, 42 (1): 25 –40.

[122] Borman, Walter C, Motowidlo, S. J. (1997). Task Performance and Contextual Performance: The Meaning for Personnel Selection Research [J]. Human Performance, 10 (2): 99 –109.

[123] Borman W C. (1993). Expanding the criterion domain to include elements of contextual performance [J]. N. schmitt & W. c. borman Personnel Selection in Organizations.

[124] Bozionelos, N, Wang, Li. (2007). An Investigation on the Attitudes of Chinese Workers towards Individually Based Performance — Related Reward Systems [J]. International Journal of Human Resource Management, 18 (2): 284 –302.

[125] Campbell, C. H. , Ford, P. , Rumsey, M. G. , Pulakos, E. D. , Borman, W. C. , & Felker, D. B. , et al. (1990). Development of multiple job performance measures in a representative sample of jobs [J]. Personnel Psychology, 43 (2), 277 –300.

[126] Campbell D. J, Campbell K M, Chia H. B. (1998). Merit Pay, Performance Appraisal and Individual Motivation: An Analysis and Alternative [J]. Human Resource Management, 37 (2): 131 –146.

[127] Chang E, Hahn J. (2006). Does Pay – for – Performance Enhance Perceived Distributive Justice for Collectivistic Employees? [J]. Personnel Review, 35 (4): 397 –412.

[128] Chen C C. (1995). New Trends in Rewards Allocation Preferences: A Sino – US Comparison [J]. Academy of Management Journal, 38

(2)：408 - 428.

[129] Chen, P. Y. , & Spector, P. E. (1992). Relationships of work stressors with aggression, withdrawal, theft and substance use [J]. Journal of Occupational & Organizational Psychology, 65 (3), 177 - 184.

[130] Churchill G A. (1979). A Paradigm for Developing Better Measures of Marketing Constructs [J]. Journal of Marketing Research, 16：64 - 73.

[131] Clark J P, HollingerR C. (1980). Theft by Employees [J]. Security Management, 24 (9)：106 - 113.

[132] Cohen - Charash Y, Spector P E. (2001). The Role of Justice in Organizations：A Meta - Analytic [J]. Organizational Behavior and Human Decision Processes, (2)：278 - 321.

[133] Cohen W M, Nelson R R, Walsh J P. (2000). Protecting their intellectual assets：Appropriability conditions and why US manufacturing firms patent (or not) [R]. National Bureau of Economic Research.

[134] Collins, J. M. & Bagozzi, R. P. (1999). Testing the equivalence of the socialization factor structure for criminals and noncriminals [J]. Journal of Personality Assessment, 72 (1), 68 - 73.

[135] Colquitt J A, Conlon D E, Wesson M, Porter C, Ng K Y. (2001). Justice At the Millennium：A Meta - Analytic Review of 25 years of Organizational Justice Research [J]. Journal of Applied Psychology, (3)：425 - 445.

[136] Colquitt J A, Greenberg J, Zapata - Phelan C P. (2005). What is organizational justice? A historical overview [J]. Handbook of Organizational Justice, 1：3 - 58.

[137] Colquitt J A. (2001). On The Dimensionality of Organizational Justice：A Construct Validation of A Measure [J]. Journal of Applied Psychology, 86：386 - 400.

[138] Conlon D E, Meyer C J, Nowakowski J M. (2005). How does organizational justice affect performance, withdrawal, and counterproductive behavior? [J]. Jaclyn Jensen.

［139］ Cowherd D M, Levine D I. (1992). Product Quality and Pay Equity Between Lower – Level Employees and Top Management: An Investigation of Distributive Justice Theory ［J］. Administrative Science Quarterly, 302 – 320.

［140］ Cropanzano R, Byrne Z S, Bobocel D R, et al. (2001). Moral Virtues, Fairness Heuristics, Social Entities, and Other Denizens of Organizational Justice ［J］. Journal of Vocational Behavior, 58 (2): 164 – 209.

［141］ Crosby F. (1976). A model of egoistical relative deprivation ［J］. Psychological Review, (83): 85 – 113.

［142］ Cullen J B, Victor B, James W B. (1993). The Ethical Climate Questionnaire: An Assessment of Its Development and Validity ［J］. Psychological Reports, 73 (2): 667 – 674.

［143］ Deckop J R, Mangel R, Cirka C C. (1999). Research notes. Getting More than You Pay For: Organizational Citizenship Behavior and Pay – for – Performance Plans ［J］. Academy of Management Journal, 42 (4): 420 – 428.

［144］ Depken I, Craig A. (2000). Wage Disparity and Team Productivity: Evidence from Major League Baseball ［J］. General Information, 67 (1): 87 – 92.

［145］ Deshpande S P. (1996). Ethical Climate and the Link between Success and Ethical Behavior: An Empirical Investigation of a Non-profit Organization ［J］. Journal of Business Ethics, 15 (15): 315 – 320 (6).

［146］ Deutch, M. (1985). Distributive Justice ［M］. New Haven & London: Yale University Press.

［147］ Deutch M. (1975). Equity, Equality, and Need: What Determines Which Value Will Be Used as the Basis of Distributive Justice? ［J］. Journal of Social Issues, 31 (3): 137 – 149.

［148］ Ding D, Akhtar S, Ge G. (2009). Effects of inter-and intra-hierarchy wage dispersions on firm performance in Chinese enterprises ［J］. International Journal of Human Resource Management, 20 (11): 2370 – 2381.

［149］ Dornstein, Miriam. (1989). The Fairness Judgments of Received

Pay and Their Determinants [J]. Journal of Occupational Psychology, 62 (4): 287 – 299.

[150] Douglas, S. C. , Martinko, M. J. (2001). Exploring the role of individual differences in the prediction of workplace aggression. Journal of Applied Psychology, 86 (4), 547 –59.

[151] Downes P E, Choi D. (2014). Employee Reactions to Pay Dispersion: A Typology of Existing Research [J]. Human Resource Management Review, 24 (1): 53 –66.

[152] Dryer, D. C. , & Horowitz, L. M. (1997). When do opposites attract? Interpersonal complementarity versus similarity [J]. Journal of Personality & Social Psychology, 72 (3), 592 –603.

[153] Edwards, J. R. , & Parry, M. E.. (1993). On the Use of Polynomial Regression Equations as an Alternative to Difference Scores in Organizational Research. The Academy of Management Journal, 36 (6), 1577 –1613.

[154] Ehrenberg R G, Bognanno M L. (1990). The Incentive Effects of Tournaments Revisited: Evidence from the European PGA Tour [J]. General Information, 43 (3): 74 –88.

[155] El Akremi A, Vandenberghe C, Camerman J. (2010). The role of justice and social exchange relationships in workplace deviance: test of a mediated model [J]. Human Relations, 63 (11): 1687 –1717.

[156] Elena, B. M. , Luis, I. O. (2007). Inequality and deprivation within and between groups: an illustration ofpproach union countries. Journal of Economic Inequality, 5 (3), 323 –337.

[157] Farh J L, Cannella A A, Lee C. (2006). Approaches to Scale Development in Chinese Management Research [J]. Management and Organization Review, 2 (3): 301 –318.

[158] Farh J L, Earley P C, Lin S C. (1997). Impetus for action: A cultural analysis of justice and organizational citizenship behavior in Chinese society [J]. Administrative Science Quarterly: 421 –444.

[159] Farh J L L. 'Modesty' in self-ratings of performance made by workers in the Republic of China [C] // 1990.

[160] Fischer R. (2004). Organizational Reward Allocation: A Comparison of British and German Organizations [J]. International Journal of Intercultural Relations, 28 (2): 151 – 164.

[161] Foa E B, Foa U G. (1980). Resource Theory//Social Exchange [M]. Springer US, 77 – 94.

[162] Foa U G, Foa E B. (1975). Resource Theory of Social Exchange [M]. General Learning Press.

[163] Folger R. (1998). Fairness as a moral virtue [J]. Journal of Business Ethics.

[164] Folger R. (2001). Fairness as deonance [J]. Theoretical and cultural perspectives on organizational justice: 3 – 33.

[165] Folger R, Konovsky M A. (1989). Effects of Procedural and Distributive Justice on Reactions to Pay Raise Decisions [J]. Academy of Management journal, 32 (1): 115 – 130.

[166] Folger, R., Skarlicki, D. P. (1999). Unfairness and resistance to change: hardship as mistreatment [J]. Journal of Organizational Change Management, 12 (1), 35 – 50.

[167] Fornell C, Larcker D F. (1981). Evaluating Structural Equation Models with Unobservable Variables and Measurement Error [J]. Journal of Marketing Research, 18 (1): 39 – 50.

[168] Fox, S., Spector, P. E., & Miles, D. (2001). Counterproductive work behavior (CWB) in response to job stressors and organizational justice: Some mediator and moderator tests for autonomy and emotions [J]. Journal of Vocational Behavior, 59: 291 – 309.

[169] Frank R F. (1989). How passion pays: Finding opportunities in honesty [J]. Business and Society Review, 20 – 28.

[170] Gerhart B A, Milkovich G T. (1992). Employee Compensation:

Research and Practice [J]. General Information.

[171] Goodman P S, Haisley E. (2007). Social Comparison Processes in An Organizational Context: New Directions [J]. Organizational Behavior and Human Decision Processes, 102 (1): 109 – 125.

[172] Gorsuch, R. L. (1983). Factoranalysis (2nded.).

[173] Gough, H. (1960). Theory and measurement of socialization [J]. Journal of Consulting Psychology, 24 (1), 23 – 30.

[174] Greenberg J. (1987). A taxonomy of organizational justice theories [J]. Academy of Management Review, 12 (1): 9 – 22.

[175] Greenberg J. (1990). Employee Theft as A Reaction to Underpayment Inequity: the Hidden Cost of Pay Cuts [J]. Journal of Applied Psychology, (5): 561 – 568.

[176] Greenberg J, Folger R. (1983). Procedural justice, participation, and the fair process effect in groups and organizations [M]. Springer New York.

[177] Greenberg J. (2005). Managing behavior in organizations [M]. Prentice Hall.

[178] Greenberg J. (2002). Who Stole the Money, and When? Individual and Situational Determinants of Employee Theft [J]. Organizational Behavior and Human Decision Processes, (2): 985 – 1003.

[179] Guo C, Giacobbe – Miller J K. (2015). Meanings and Dimensions of Organizational Justice in China: An Inductive Investigation [J]. Management and Organization Review, 11 (1): 45 – 68.

[180] Gupta N, Conroy S A, Delery J E. The Many Faces of Pay Variation [J]. Human Resource Management Review, 2012, 22 (2): 100 – 115.

[181] Gurr, T. R. (1970). Why Men Rebel [M]. Princeton, NJ: Princeton University Press.

[182] Hao Zhao, Jihong Wu, Jian – Min Sun, Charles Weizheng Chen. (2012). Organizational citizenship behavior in Chinese society: a reexamination [J]. International Journal of Human Resource Management, 23 (19): 1 – 21.

［183］He W, Chen C. C, Zhang L. (2004). Rewards – Allocation Preferences of Chinese Employees in the New Millennium: The Effects of Ownership Reform, Collectivism, and Goal Priority ［J］. Organization Science, 15 (2): 221 – 231.

［184］Hogan J, Ones D S. (1997). Handbook of Personality Psychology ［M］. San Diego: Academic Press, 849 – 870.

［185］Hollinger, R. C. , Clark, J. P. (1982). Formal and informal social controls ofemployeedeviance. The Sociological Quarterly, 23 (3): 333 – 343.

［186］Huang F – M. (2005). The Theory of Structural Equation Model and Its Applications ［M］. Beijing: China Tax Press.

［187］Hui C H, Triandis H C. (1986). Individualism – Collectivism: A Study of Cross – Cultural Researchers ［J］. Journal of Cross – Cultural Psychology, 17 (2): 225 – 248.

［188］Hui C H, Triandis H C, Yee C. (1991). Cultural differences in reward allocation: Is collectivism the explanation? ［J］. British Journal of Social Psychology, 30 (2): 145 – 157.

［189］Huseman, R. C. , & Miles, E. W. (1987). A new perspective on equity theory: the equity sensitivity construct. Academy of Management Review, 12 (2), 222 – 234.

［190］Joseph F. Hair, William C. Black, Barry J. Babin, Rolph E. Anderson. (2010). Multivariate Data Analysis (7th Edition) ［M］. Prentice Hall.

［191］Kahneman D, Tversky A. (1984). Choices, values and frames ［J］. American Psychologist, 39 (5): 341 – 350.

［192］Kaiser H F. (1960). Directional statistical decisions ［J］. Psychological Review, 67 (3): 160 – 7.

［193］Kepes S, Delery J, Gupta N. Contingencies in The Effects of Pay Range on Organizational Effectiveness ［J］. Personnel Psychology, 2009, 62 (3): 497 – 531 (35).

［194］Kevin R. Murphy. (1989). Is the Relationship Between Cognitive Ability and Job Performance Stable Over Time? [J]. Human Performance, 2 (3): 183 – 200.

[195] Konovsky M A, Cropanzano R. (1991). Perceived fairness of employee drug testing as a predictor of employee attitudes and job performance [J]. Journal of Applied Psychology, 76 (5): 698 – 707.

[196] Konovsky M A, Folger R. (1991). The effects of procedures, social accounts, and benefits level on victims' layoff reactions [J]. Journal of Applied Social Psychology, 21 (8): 630 – 650.

[197] Kulik C T, Ambrose M L. (1992). Personal and Situational Determinants of Referent Choice [J]. Academy of Management Review, 17 (2): 212 – 237.

[198] Latham, L. L. , Perlow, R. (1996). The relationship of client-directed aggressive and nonclient-directed aggressive work behavior with self-control 1 [J]. Journal of Applied Social Psychology, 26 (12), 1027 – 1041.

[199] Lazear E P, Rosen S. (1981). Rank – order Tournaments as Optimum Incentive Contracts [J]. Journal of Political Economy.

[200] Leary – Kelly, Griffin A M. , Glew R W. , David J. (1996). Organization-motivated aggression: A research framework [J]. The Academy of Management Review, 21 (1): 225 – 254.

[201] Leventhal G S, Karuza J, Fry W R. Beyond fairness: A theory of allocation preferences [J]. Justice and Social Interaction, 1980, 3: 167 – 218.

[202] Leventhal G S. (1976). The Distribution of Rewards and Resources in Groups and Organizations [J]. Advances in Experimental Social Psychology, 91 – 131.

[203] Leventhal G S. What should be done with equity theory? New approaches to the study of justice in social relationships [J]. Social Exchange: Advances in Experimental and Social Psychology, 1980, 9: 91 – 113.

[204] Levine D I. (1991). Cohesiveness, productivity, and wage dispersion [J]. Journal of Economic Behavior & Organization, 15 (2): 237 – 255.

[205] Lewicki, Roy J. , Poland, Timothy, Minton, John W. , Sheppard, Blair H. (1997). Dishonesty as deviance: a typology of workplace dishonesty and contributing factors [J].

[206] Lynn M. Shore and Kevin Barksdale. (1998). Examing degree of balance and level of obligation in the employment relationship: a social exchange approach [J]. Journal of Organizational Behavior, 19, 731 - 744.

[207] Martin, J. (1981). Relative deprivation: A theory of distributive injustice for an era of shrinking resources [J]. In L. L. Cummings & B. M. Staw (Eds.), Research in Organizational Behavior, (3): 53 - 107.

[208] Martinko, M. J. , & Gardner, W. L. (1982). Learned helplessness: an alternative explanation for performance deficits [J]. Academy of Management Review, 7 (2), 195 - 204.

[209] Masterson S S, Lewis K, Goldman B M, et al. (2000). Integrating justice and social exchange: the differing effects of fair procedures and treatment on work relationships [J]. Academy of Management Journal, 43 (4): 738 - 748.

[210] Menguc B, Barker T A. (2003). The Performance Effects of Outcome-based Incentive Pay Plans on Sales Organizations: A Contextual Analysis [J]. Journal of Personal Selling & Sales Management, 23 (4): 341 - 358.

[211] Messersmith, J. G. , Guthrie, J. P. (2011). Executive turnover: the influence of dispersion and other pay system characteristics [J]. Journal of Applied Psychology, 96 (3), 457 - 69.

[212] Miceli M P. , Near J P. (2002). What Makes Whistle - Blowers Effective? Three Field Studies [J]. Human Relations, 55 (4): 455 - 479.

[213] Moorman R M. (1991). Relationship between Organizational Justice and Organizational Citizenship Behaviors: Do Fairness Perceptions Influence Employee Citizenship? [J]. Journal of Applied Psychology, 76 (6): 845 - 855.

[214] Morrison E, Robinson S. (1997). When employees feel betrayed: a model of how psychological contract violation develops [J]. Academy of Management Review, 22 (1): 226 - 256.

[215] Motowidlo S J, Van Scotter J R. (1994). Evidence that task performance should be distinguished from contextual performance [J]. Journal of Applied Psychology, 79 (4): 475 – 480.

[216] Murphy K R. (1989). Dimensions of job Performance. In R. F. Dillon & J. W. Pellegrino (Eds.), Testing: Theoretical and Applied Perspectives [C]. New York: Prager.

[217] Murphy K R. (1993). Honesty in the Workplace [M]. Belmont: Brooks & Cole, 145 – 245.

[218] Murphy K R. (1996). Individual differences and behavior in organizations [M]. Jossey – Bass Publishers.

[219] Nelson – Horchler J. (1991). The best man for a job is a man! [J]. Industry Week, 240 (1): 30 – 34.

[220] Neuman J H, Baron R A. (1998). Workplace violence and workplace aggression: Evidence concerning specific forms, potential causes, and preferred targets [J]. Journal of Management, 24 (3): 391 – 420.

[221] Oldham G R, Kulik C T, Stepina L P, et al. (1986). Relations between Situational Factors and the Comparative Referents used By Employees [J]. Academy of Management Journal, 29 (3): 599 – 608.

[222] Organ D W. (1989). Cognitive versus Affective Determinants of Organizational Citizenship Behavior [J]. Journal of Applied Psychology, 74 (1): 157 – 164.

[223] Organ D W, Moorman R H. (1993). Fairness and Organizational Citizenship Behavior: What are the Connections? [J]. Social Justice Research, (1): 5 – 18.

[224] Pearsall M J, Christian M S, Ellis A P J. (2010) Motivating Interdependent Teams: Individual Rewards, Shared Rewards, or Something in between? [J]. Journal of Applied Psychology, 95 (1): 183.

[225] Pfeffer J, Davis – Blake A. (1992). Salary Dispersion, Location in the Salary Distribution, and Turnover among College Administrators [J]. Indus-

trial & Labor Relations Review, 45 (4): 753 – 763.

[226] Pfeffer J, Langton N. (1993). The Effect of Wage Dispersion on Satisfaction, Productivity, and Working Collaboratively: Evidence from College and University Faculty [J]. Administrative Science Quarterly, 38 (3): 382 – 407.

[227] Pfeffer J, Sutton R I. (2006). What's Wrong with Pay-for-performance [J]. Industrial Management – Chicago Then Atlanta, 48 (2): 12.

[228] Price J L, Mueller C W. (1986). Handbook of Organizational Measurement [M]. Marshfield, Mass: Pittman.

[229] Robinson, S. L. Bennett, R. J. (2000). Development of A Measure of Workplace Deviance [J]. Journal of Applied Psychology, 85 (2): 349 – 360.

[230] Rotundo M. (2002). The Relative Importance of Task, Citizenship, and Counterproductive Performance to Global Ratings of Job Performance: A Policy – Capturing Approach [J]. Journal of Applied Psychology, 87 (1): 66 – 80.

[231] Rousseau D. (1998). Assessing psychological contract: issues, alternatives and measures [J]. Journal of Organizational Behavior, 19: 679 – 695.

[232] Runciman, W. G. (1966). Relative Deprivation and Social Justice [M]. London: Routledge.

[233] Rusbult C E, Insko C A, Lin Y H W. (1995). Seniority – Based Reward Allocation in the United States and Taiwan Author (s) [J]. Social Psychology Quarterly, 58.

[234] Sackett P R, Berry C M, Wiemann S A, et al. (2006). Citizenship and Counterproductive Behavior: Clarifying Relations between the Two Domains [J]. Human Performance, 19 (4): 441 – 464.

[235] Sarin S, Mahajan V. (2001). The Effect of Reward Structures on The Performance of Cross – Functional Product Development Teams [J]. Journal of Marketing, 65 (2): 35 – 53.

[236] Scholl R W, Cooper E A, Mckenna J. (1987). Referent selection in determining equity perceptions: Differential effects on behavioral and attitudinal

outcomes ［J］. Personnel Psycholog, 40 (1): 113 – 124.

［237］ Shapiro D L, Buttner E H, Barry B. (1994). Explanations: What factors enhance their perceived adequacy? ［J］. Organizational Behavior and Human Decision Processes, 58 (3): 346 – 368.

［238］ Shaw J D, Gupta N, Mitra A, et al. (2005). Success and Survival of Skill – Based Pay Plans ［J］. Journal of Management, 31 (1): 28 – 49.

［239］ Shaw, J. D. , & Gupta, N. (2007). Pay system characteristics and quit patterns of good, average, and poor performers ［J］. Personnel Psychology, 60 (4), 903 – 928.

［240］ Shore L. M. and Barksdale K. (1998) Exarnining degree of balance and level of obligation in the employlmentrelationship: a social exchange pproach. Joumal of organizational Behavior 19 (1): 731 – 744.

［241］ Siegel P A, Hambrick D C. (2005). Pay Disparities within Top Management Groups: Evidence of Harmful Effects on Performance of High – Technology Firms ［J］. Academy of Management Annual Meeting Proceedings, 16 (3): 259 – 274.

［242］ Simon H A. (1991). A mechanism for social selection and successful altruism ［J］. Science, 250 (4988): 1665 – 8.

［243］ Skarlicki, D. P. , Folger, R. (1997). Physicist R F M P. Retaliation in the Workplace: The Roles of Distributive, Procedural, and Interactional Justice ［J］. Journal of Applied Psychology, 82 (3): 434 – 443.

［244］ Skarlicki, D. P. , Tesluk, P. (1999). Personality as a moderator in the relationship between fairness and retaliation. Academy of Management Journal, 42 (1), 100 – 108.

［245］ Spector P E, Fox S. (2002). An emotion-centered model of voluntary work behavior: Some parallels between counterproductive work behavior and organizational citizenship behavior ［J］. Human Resource Management Review, 12 (2): 269 – 292.

［246］ Spector P E, Fox S, Penney L M, et al. (2006). The dimensionality of counterproductivity: Are all counterproductive behavior created equal [J]. Journal of Vocational Behavior, 68 (3): 446 – 460.

[247] Stouffer, S. A. (1974). The American soldier: adjustment during army life. Arno Press.

[248] Tabachnick, B. G. , Fidell, L. S. (2007). Usingmultivariatestatistics (5th ed.) [M]. Boston: Pearson Education, Inc.

[249] Taylor G S, Vest M J. (1992). Pay Comparisons and Pay Satisfaction among Public Sector Employees [J]. Public Personnel Management, 21 (4): 445 – 454.

[250] Tepper, B. J. (2000). Consequences of abusive supervision [J]. Academy of Management Journal, 43 (1): 178 – 190.

[251] Thibaut J W, Walker L. (1975). Procedural justice: A psychological analysis [M]. L. Erlbaum Asociates.

[252] Tim, B., & Cheryl, V. (2000). The moderating effect of individuals' percetions of ethical work climate on ethical judgments and behavior intertions [J]. Journal of Business Ethics. 27 (4), 351 – 362.

[253] Tremblay M, St – Onge S. (1997). Toulouse J M. Determinants of Salary Referents Relevance: A Field Study of Managers [J]. Journal of Business and Psychology, 11 (4): 463 – 484.

[254] Trevor C O, Reilly G, Gerhart B. (2012). Reconsidering Pay Dispersion's Effect on the Performance of Interdependent Work: Reconciling Sorting and Pay Inequality [J]. Academy of Management Journal.

[255] Tsui A S. (1997). Alternative Approaches to the Employee – Organization Relationship: Does Investment in Employees Pay off? [J]. Academy of Management Journal, (5): 1089 – 1121.

[256] Van Scotter J R, Motowidlo S J. (1996). Interpersonal Facilitation and Job Dedication as Separate Facets of Contextual Performance [J]. Journal of Applied Psychology, 81 (5): 525 – 531.

[257] Van Yperen N W, Kees V D B, De Graaff D C. (2005). Perform-

ance-based pay is fair, particularly when I perform better: differential fairness perceptions of allocators and recipients [J]. European Journal of Social Psychology, 35 (6): 741 – 754.

[258] Vardi Y. (2001). Organizational Misbehaviour [J]. International Journal of Manpower, 22 (4): 395 – 399.

[259] Vardi, Y., Weitz, E. (2004). Misbehavior in Organizations: Theory, Research, and Management [M]. Lawrence Erlbaum Associates.

[260] Vardi, Y., & Wiener, Y. (1996). Misbehavior in organizations: a motivational framework [J]. Organization Science, 7 (2), 151 – 165.

[261] Victor B, Cullen J B. (1987). A theory and measure of ethical climate in organizations [J]. Research in corporate social performance and policy, 9 (1): 51 – 71.

[262] Victor B, Cullen J B. (1988). The organizational bases of ethical work climates [J]. Administrative Science Quarterly, 101 – 125.

[263] Wade J B, O'Reilly C A, Pollock T G. (2006). Overpaid CEOs and Underpaid Managers: Fairness and Executive Compensation [J]. Organization Science, 17 (5): 527 – 544.

[264] Walker, I., & Pettigrew, T. F. (1984). Relative deprivation theory: an overview and conceptual critique [J]. British Journal of Social Psychology, 23 (4), 301 – 310.

[265] Wang, Y. D., Hsieh, H. H. (2013). Organizational ethical climate, perceived organizational support, and employee silence. Human Relations, 66 (6): 783 – 802.

[266] Warren D E. (2003). Constructive and Destructive Deviance in Organizations [J]. Academy of Management Review, 28 (4): 622 – 632.

[267] Webber, C. (2007). Revaluating relative deprivation theory [J]. Theoretical Criminology, 11 (1), 97 – 120.

[268] Welbourne T M, Cable D M. (1995). Group Incentives and Pay Satisfaction: Understanding the Relationship an Identity Theory Perspective [J].

Human Relations, 48 (6): 711 – 726.

[269] Werner S, Tosi H L, Gomez – Mejia L. (2005). Organizational Governance and Employee Pay: How Ownership Structure Affects the Firm's Compensation Strategy [J]. Strategic Management Journal, 26 (4): 377 – 384.

[270] Werner, S, Ward, S G. (2004). Recent compensation research: An eclectic review [J]. Human Resource Management Review, 14 (2): 201 – 227.

[271] Woodruffe C. (1992). What is meant by a Competency? [M]. In Boam, R (eds).

[272] Yates, J. F. , & Stone, E. R. (1992). The risk construct. , 1 – 25 [J] Risk – taking behavior, 1 – 25.

[273] Ybema F. J, Van den Bos K. (2010). Effects of Organizational Justice on Depressive Symptoms and Sickness Absence: Alongitudinal Perspective [J]. Social Science & Medicine, (10): 1609 – 1617.

[274] Yu, K. C. , Wilderom, C. P. M. , & Hunt, R. G. , (1989). Reward Allocation Norms of Employees in the People's Republic of China [C]. Proceedings of the Third International Conference of Management of the Eastern Academy of Management, 50 – 54.

后　记

　　本书是基于我这3年的部分研究整理而来的一份结晶。值此书稿付梓之际，我要向我的博士生导师陈维政教授深深鞠躬，感谢他指导和帮助我完成相关课题的研究。在我刚踏上学术这条道路时，对研究认识并不深刻。然而从刚入学开始，陈老师就让我去做他的MBA助教，在他的MBA课堂上，总是充满了智慧的实践思考和严密的实证检验，觉得研究原来可以那么有趣，那么接地气。在之后师门的双周研讨课上，陈老师也是教我们如何去发现管理问题，如何去做研究，也不断告诫我们："研究其实没那么难，研究其实很有趣。"为了让我们走出书斋，跳出文献，陈老师还带我们去一些大型企业调研，和企业管理者们交谈，寻找现实的管理案例。另外，陈老师还资助我们去参加各类国内国际学术会议，这些会议极大地开阔了我的学术视野。因此，我由衷地向陈老师表示感谢！

　　感谢四川大学的徐玖平教授、任佩瑜教授、谢晋宇教授、贺昌政教授、毛道维教授、揭筱纹教授、汪贤裕教授、李光金教授、李蔚教授等，你们让我进一步加深了对管理研究理论和方法的认识和理解，还有西南交通大学的黄登仕教授、西南财经大学的卿涛教授、朱敏教授、石磊教授等，你们针对本书写作的中肯建议对该书的完善起到关键的作用。感谢同门的师兄、师姐、师弟和师妹们，和你们在一起学习的时光是我人生中最美好的回忆。感谢家人对我的理解和支持，尤其感谢我的爱人。迄今为止，我们已经相识了整整十年，2012年结婚后她任劳任怨照顾家里，从来没有让我操心过家里的琐事。家人的鼓励和支持是我不断前进的最大动力。

　　另外，我还要感谢重庆工商大学管理学院的各位领导和同事们，在这样一个温暖的大家庭里，大家的关心和帮助使我迅速适应了这里的生活，让我时常觉得心里充满了温暖的感动。

　　最后，本课题在研究过程中得到重庆工商大学出版基金、国家自然科学基金项目"企业员工工作疏离感影响因素、形成机制及干预策略实证研究"（71272210）以及重庆市社会科学规划青年项目"重庆市渝东南民族地区精准扶贫的治理机制与模式创新研究"（2016QNGL56）和重庆市高校网络舆情与思想动态研究咨政中心一般项目"重庆市高校大学生疏离感的影响因素、形成机制与作用效果研究"（KFJJ2016010）的资助。在此一并表示感谢。

余　璇

2016 年 11 月于学府大道